乡村振兴中的乡愁产业：理论与实践

Nostalgia Industry in Rural Revitalization：Theory and Practice

胡　豹　黄莉莉　许佳凤　著

中国财经出版传媒集团
中国财政经济出版社
北京

图书在版编目（CIP）数据

乡村振兴中的乡愁产业：理论与实践 / 胡豹等著
. --北京：中国财政经济出版社，2024.1
ISBN 978 -7 -5223 -2720 -4

Ⅰ. ①乡… Ⅱ. ①胡… Ⅲ. ①乡村 - 农业产业 - 产业发展 - 研究 - 中国 Ⅳ. ①F323

中国国家版本馆 CIP 数据核字（2024）第 034052 号

责任编辑：李 静　　　　责任校对：胡永立
封面设计：王 颖　　　　责任印制：张 健

乡村振兴中的乡愁产业：理论与实践

XIANGCUN ZHENXING ZHONG DE XIANGCHOU CHANYE：
LILUN YU SHIJIAN

中国财政经济出版社 出版
URL：http：//www.cfeph.cn
E－mail：cfeph@cfeph.cn

社址：北京市海淀区阜成路甲 28 号 邮政编码：100142
营销中心电话：010－88191522
天猫网店：中国财政经济出版社旗舰店
网址：https：//zgczjjcbs.tmall.com
北京密兴印刷有限公司印刷 各地新华书店经销
成品尺寸：170mm×240mm 16 开 22 印张 327 000 字
2024 年 1 月第 1 版 2024 年 1 月北京第 1 次印刷
定价：138.00 元
ISBN 978－7－5223－2720－4
（图书出现印装问题，本社负责调换，电话：010－88190548）
本社质量投诉电话：010－88190744
打击盗版举报热线：010－88191661 QQ：2242791300

本书的调研写作与出版支持

浙江省政府咨询委员会

浙江省农业科学院

浙江省之江乡村振兴研究院

浙江省软科学研究计划重点项目（2023C25016）：科技支撑山区26县粮油产业高质量发展的模式、路径与对策研究

序

随着城乡融合发展和美丽乡村建设的成功推进，乡村广袤田野的活力和魅力得到前所未有的释放，越来越多的农民从卖农产品到卖风景卖乡愁，从养鸡养鸭到养城里人，一批新型乡村产业业态正在加速崛起，掀起了农村创业创富的第二次大浪潮。

乡愁产业的萌发和崛起是新时代孕育的产物，城乡融合发展、绿色发展、数智发展以及品质化、个性化、多样化的新消费兴起，再加上浙江“千万工程”扎实推进，农村人居环境得到全面提升，美丽乡村不仅成为农民美好生活的幸福家园，也成为越来越多的城里人向往的休闲旅游养生乐园。乡愁产业就是把记得住的乡愁变成带得走的乡愁，通过乡愁的商业化、产业化、礼品化，让城里人喜欢的乡愁变成乡愁产品、乡愁礼品，从而变成乡愁产业。

胡豹研究员是浙江省人大常委会咨询专家，浙江省政府咨询委委员，全国著名的“三农”问题研究专家。他特别接地气、特别有创意、特别肯吃苦、特别能奋斗。乡愁产业这本书是他用时千余天，穿梭浙江大地几万里写成的新作品。他以卓越的才情和扎实的研究，为乡愁产业发展描绘出一幅幅壮美的画卷，我通读全书后觉得浙江在探索推动乡愁产业发展上为全国提供了以下几个方面的重要启示：

一是要把农业文化上升为推动乡村全面振兴的新引擎。中华民族具有百万年的人类史、一万年的文化史、五千多年的文明史，中国文化源远流长，中华文明博大精深。文化关乎农本、农运，农业文化是知识形态、价值形态、制度形态、文艺形态、伦理形态和物质形态的总和。农业文化和农耕文明是中国传统文化的源头、自强不息的精神追求和历久弥新的精神财富，它主要包括农业制度文化、哲学文化、伦理文化、遗产文化、农艺文化、节庆文化、饮食文化、品牌文化、农作文化等。农业文化是乡村社会的根基和灵魂，农业文化具有独特的历史、文化和生态价值，它既是乡村的重要资源，也是乡村旅游和文化产业的重要卖点，要把农业文化上升为乡村建设的引领力、凝聚力、塑造力、辐射力、支撑力、创新力和软实力，使之成为新时代推动乡村振兴的新引擎。

二是要高度重视挖掘乡愁这一乡村独特资源。乡愁是乡村最宝贵的无形资产，乡村是乡愁不可复制的独特载体。乡愁既是乡村的独特资源，也是乡村的文化承载，乡愁的背后，是无数个乡土故里和乡村社会的故事，是历史和文化的深厚积淀。挖掘乡愁这一独特资源，是乡村价值再认识的新思路和新方向，是推进乡村全面振兴的重要途径和重大支撑。当前可以着重挖掘以下四大类乡愁资源：手工艺中的乡愁，如非物质文化遗产中的木雕、石雕、根雕、剪纸、泥塑、陶瓷、服饰等手工艺品。舌尖上的乡愁，具有各地乡村风味的特色小吃、风味土菜等。视觉中的乡愁，如古镇、古村、古屋、古桥、古道、古井等旅游观光功能。节庆中的乡愁，如在春节、中秋节等中国的传统节庆和茶文化节、葡萄节、丰收节等农业产业节庆中的文化商机。

三是要把乡愁产业作为乡村振兴的战略性新兴产业加以培育。把乡愁上升为一种产业或一种经济，是推动乡村资源挖掘和乡村产业振兴的重大理论创新。乡愁产业不仅能够推动农业、林业、畜牧业等传统产业的振兴，还可以带动文化创意、旅游休闲、健康旅居等新兴业态的崛起。在高质量全面推进乡村振兴和聚力推动农民农村共同富裕的时代背景下，把乡愁产业作为战略性新兴产业加以培育，必将给乡村注入强劲动能，让乡村释放出无可比拟的价值潜能。把乡愁产业定位为战略性新兴产业，需要政府、企业、社会各界的共同参与和支持。政府出台相关政策，提供资金和人才支持，引导乡愁产业的发展方向。企业发挥市场优势，参与乡村旅游开发、民宿建设、农产品加工等项目，推动乡村产业迭代升级。社会各界积极参与乡愁文化的传承和传播，举办民俗活动、农事体验、乡村艺术等，凸显乡村的价值和魅力，全面增添乡村旅游的文化内涵。

胡豹研究员的这一著作是他才情、情怀与勤奋的结晶，是一部充满诗意、智慧和文化的力作。全书行文流畅而富有泥土气息，读后令人陶醉也令人振奋。作为乡村振兴领域的著名专家，胡豹对乡愁产业的深入剖析，将乡愁产业的理念与案例进行糅合，用富有想象力的文字勾勒出了乡村产业振兴的新图景，为我们提供了观察乡村的全新视角。当前，乡愁产业发展还处于探索阶段。衷心希望胡豹研究员继续创新探索，持续深化研究，推动乡愁产业百花齐放，让乡愁真正成为当代“富春山居图”最美的底色，成为和美乡村最亮的底图，成为农耕文明最厚的底蕴，成为农民美好生活最硬的底气，为乡村全面振兴和农民农村共同富裕贡献“乡愁”力量。

顾益康

2023年7月16日

（顾益康，我国著名“三农”问题专家，多次参与中央一号文件起草，曾被习近平总书记赞誉为“省级农民”，是人民网上习近平点赞过的十二个干部和专家之一。先后任浙江省委省政府农村工作办公室副主任（正厅级），浙江省政府咨询委“三农部”部长，农业农村部专家咨询委员会专家委员，浙江省之江乡村振兴研究院首席专家。）

前　言

乡愁是记忆形态、文艺形态、认知形态、制度形态、传承形态和物质形态的总和。童年的味道、家乡的味道、妈妈的味道、流淌的历史、梦中的彩带等“符号”都承载着割舍不断的乡愁。乡愁是一种记忆艺术，凝聚了群众精神和文化内涵。乡愁是中华优秀传统文化的重要组成部分，在全面推进乡村振兴和共同富裕的大背景下，推动乡愁资源的活化与转化具有重要意义。

“记得住乡愁”是习近平总书记对美丽乡村建设的殷切期待和浓浓情结。乡愁产业的培育、发展和壮大，必将给乡村发展带来又一座“金山银山”。浙江省委省政府高度重视乡愁产业的发展。2019 年 1 月 27 日原浙江省省长袁家军在浙江省政府工作报告中指出要加快发展乡愁产业。2019 年 2 月 26 日浙江省委农村工作会议强调要大力发展乡愁产业。2019 年 4 月 17 日，浙江正式发布的《浙江省乡村振兴战略规划（2018—2022 年）》明确提出要发展壮大乡愁产业。习近平总书记在党的二十大报告中提出，“要发展乡村特色产业，拓宽群众增收致富渠道”。奋进新征程，在乡村振兴和共同富裕大场景下，推动乡愁资源的产业化发展，使之嬗变为乡村特色产业，并成为“土特产”的重要构成，意义充分彰显。浙江省推动乡愁产业发展起步早、起点高，在这一领域有很好的基础和优势，也催生出了一大批案例和模式，对此开展系统的总结提炼，价值极为凸显。

本书从研究内容和逻辑结构上看，可分为三大篇，即乡愁产业背景理论、乡愁产业模式案例、乡愁产业保障措施。第一篇为乡愁产业背景理论，包括第一、第二章，主要阐释了乡愁产业产生的背景理论、内涵特征，重点剖析乡愁产业发展的 5 大支撑理论：消费升级理论、产业升级理论、文化创意理论、农业多功能理论和农业环境理论。着重概述了乡愁产业发展的10大时代背景：新消费引领新业态时代、文化软实力赋能时代、城乡融合发展时代、美丽经济兴起时代、乡村特色产业推进时代、产业链价值链拉升时代、数字智慧转型时代、共创共享共富时代、四化同步推进时代和改革创新引领时代。深刻指出了发展乡愁产业对于促进乡愁资源活化转化、促进农民创业增收、促进美丽乡村建设、促进乡村文化建设、促进乡村旅游发展、助推乡村产业振兴等的重要意义。

第二篇为乡愁产业模式案例，包括第三、第四、第五、第六、第七、第八章，围绕乡愁产业的六大类型进行相关模式和典型案例的分析。在对全省54个典型地区调研的基础上，把“乡愁富民产业”和“历史经典产业”结合起来，总结出舌尖上的乡愁（44个）、指尖上的乡愁（18个）、脚尖上的乡愁（10个）、耳畔里的乡愁（9个）、眼眸里的乡愁（7个）、节庆里的乡愁（12个）等乡愁产业典型案例100个。其中第三章“舌尖上的乡愁产业案例”：萧山萝卜干、海盐大头菜、海盐澉浦羊肉、东阳博士菜、嘉兴南湖菱、嘉兴五芳斋粽子、武义郭洞竹筒饭、武义柳城“宣平小吃”、永康肉麦饼、缙云烧饼、缙云爽面、青田北山索面、义乌南蜜枣和红糖、庆元社粿、衢州“三头一掌”、衢州烤饼、衢州胡麻饼、龙游发糕、开化清水鱼、开化青蛳、开化气糕、金华酥饼、新昌炒年糕、北仑虾蜡年糕、杭州葱包桧儿、柯桥安昌腊肠、绍兴老酒女儿红、绍兴香糕、金华火腿、东阳瓦罐鸡、绍兴茴香豆、嵊州小笼包、诸暨次坞打面、诸暨西施豆腐、宁波缸鸭狗汤圆、桐乡桃园村槜李、余姚梁弄大糕、嘉兴陆稿荐酱鸭、天台饺饼筒、常山贡面、苍南埔坪卤鹅、苍南桥墩月饼、苍南矾山肉燕、乐清芙蓉麦饼。第四章“指尖上的乡愁产业案例”：海盐沈荡酿造、桐乡蓝印花布、海宁云龙蚕桑、浦江剪纸、浦江麦秆剪贴、永康古山钉秤、永康芝英五金工艺、青田石雕、东阳木雕、仙居针刺无骨花灯、上虞越窑青瓷、瑞安蓝夹缬、温州瓯绣、舟山贝雕、淳安千岛湖鱼拓、南浔辑里湖丝、南浔善琏湖笔、东阳竹编。第五章“脚尖上的乡愁产业案例”：嘉善西塘古镇古建、庆元廊桥古桥、苍南碗窑古村落、温岭石塘镇石屋、富阳龙门古镇、临安昌化河桥古镇、兰溪诸葛八卦村、磐安管头村石屋、奉化溪口古镇、江山仙霞古道。第六章“耳畔里的乡愁产业案例”：江山大陈

“村歌”、金华婺剧、浦江乱弹、江山廿八都山歌、上虞梁祝传说、嵊州越剧、嘉善田歌、舟山翁洲走书、舟山渔民号子。第七章“眼眸里的乡愁产业案例”：海宁皮影戏、舟山嵊泗渔民画、长兴林城百叶龙、青田农遗田鱼、南浔荻港桑基鱼塘、建德严州虾灯、浦江板凳龙。第八章“节庆里的乡愁产业案例”：德清三合防风节、德清新市蚕花庙会、海宁盐官观潮节、武义白姆斗牛、金华磐安炼火、庆元月山“村晚”、宁海十里红妆、宁海前童元宵灯会、临海上盘花鼓、建德新叶三月三、象山石浦开洋谢洋节、杭州吴山庙会。

第三篇为乡愁产业保障措施，主要从组织管理、顶层设计、人才保障、科技支撑、文化引领、资金投入、宣传引导、继承改革等方面，提出了推进乡愁产业高质量发展的相关对策建议。

浙江省是党中央支持打造的共同富裕示范区，共富不共富，农民收入是关键，促进农民增收是实现共同富裕的硬核任务。浙江省高度重视农民增收工作，自 2004 年就促进农民增收出台了省委“一号文件”后，连续多年制定了一系列政策举措，引领浙江省农民收入水平长期处于全国领先地位。当前，浙江省推进农民增收正面临着不少新情况和新挑战，必须全力挖掘经营性收入对农民增收的潜力，着力形成新阶段农民收入增长的新格局。乡愁资源是农民增收的沉寂蓝海和活力源泉，深入开展乡愁产业发展的路径创新与战略研究，探索发展乡愁产业，着力在乡愁富民上下功夫，加快拓展乡愁的增收共富功能，是推动共同富裕示范区建设的一项重大课题。

作者

2023 年 5 月

目　录

第一篇　乡愁产业背景理论

第二篇　乡愁产业模式案例

第三篇　乡愁产业保障措施

第一篇

乡愁产业背景理论

第一章　乡愁产业背景理论

一、乡愁产业的由来

（一）乡愁的概念

对于什么是乡愁，最为人所熟知的是余光中的《乡愁》这首诗：“小时候，乡愁是一枚小小的邮票，我在这头，母亲在那头。长大后，乡愁是一张窄窄的船票，我在这头，新娘在那头。后来啊，乡愁是一方矮矮的坟墓，我在外头，母亲在里头。而现在，乡愁是一湾浅浅的海峡，我在这头，大陆在那头”。

一幢老宅、一株古树、一座后山、一条官河……对于远离家乡的游子来说，也许就是乡愁。按照《现代汉语词典》（2012 年第六版）对“乡愁”的定义是“深切思念家乡的忧伤的心情”。在国外，“乡愁”这一词一般翻译为“be home sick”和“nostalgia”，相对应的中文释义为“思家病”“怀乡病”“恋旧”“怀旧”。从不同的视角层面看，“乡愁”内涵也极为丰富，如客体“乡”引发人们产生一种“愁”的复杂情绪，不仅包含哀伤、也有希冀与愿望；“乡愁”不仅是一种情感、一种审美活动，也是囊括理想守望、价值追寻等深层次的向往；乡愁因乡而生，这种情绪给人提供一种意向表达，不仅是审美范畴的表达，同时也受文化历史的影响；乡愁是由城镇化过程中产生的一种情绪；等等。

综上所述，在全面推进乡村振兴和共同富裕的背景下，本书这里对

“乡愁”这一概念简要界定为：乡愁是在城市化和现代化进程中，人们对乡村、对故乡、对过去所特有的生产生活的各类资源、要素和方式的一种怀恋情结，是记忆形态、文艺形态、认知形态、制度形态、传承形态和物质形态的总和。

（二）乡愁的基因调控理论

人为什么会心生乡愁？人为什么会情系故乡故土？人为什么会恋恋不舍幼时的青葱岁月？古往今来这一特殊现象谜一般存在，至今无人能揭开谜底。经济学家大多对此不感兴趣，无望可寄。社会学家曾对这一现象略感一抹兴趣，但也仅视之为一种独特的社会现象，对这一现象的产生机理也显得无能为力。

2023 年 6 月，我随著名生物学家林福呈教授在基层调研交流。在谈到部分乡贤年老后能回乡做贡献，普遍认为这是一种很高的思想境界。林福呈教授对此提出异议，并认为这种情形没有那么高尚，从基因调控理论来讲，这是一种生物体的正常现象。一个人刚一出生，其吃的母乳，接触的人，感受的环境等对基因影响最为显著，这种行为和情感受到基因的调控和表达影响，这就是基因调控理论。并列举了国外狼孩的试验来佐证。

林福呈教授的观点让我大吃一惊，这让我看到了乡愁产生的另一种可能更有力的解读，站在生物学的视域，把社会学的“软”和生物学的“硬”结合起来，其说服力就强起来了。尽管乡愁的产生机理不完全清楚，但可以从基因调控的角度来解释为什么人们会产生这种乡愁情感。基因调控理论可以作为解释为什么人会产生乡愁的一个理论框架。由此，我开始查阅资料，初步阐明了乡愁的基因调控理论。基因在人的神经系统发展、情感调节和记忆形成中扮演调控角色，幼年家乡的一切会给一个人的基因留下最深的印迹，当人长大后离开家乡，与家庭和地理环境相关的刺激减少，这可能导致与基因调控有关的神经系统功能和情感状态的改变，这种基因调控改变会影响人的感情和记忆，进而产生乡愁。

首先，基因在神经系统的发展和功能方面扮演着重要角色。在人类基因组中，有许多基因与情感和记忆相关，如 BDNF 等，这些基因在人的认知与情感中起着关键作用。当一个人离开家乡时，与家庭和地理环境相关的刺激将减少，这可能导致与神经系统功能有关的基因活动改变，会影响大脑中的神经回路，从而影响个体产生乡愁。

其次，个体的情感状况也受基因调控的影响。基因与情感调节相关，在面对离开家乡这种从小生长的环境变化时，个体可能会经历焦虑、沮丧等情绪。因为基因能够影响神经递质的合成、释放和再摄取。当这些情绪受到基因调控的影响时，个体的情感状态可能会变得更加复杂和深刻，进而产生这种特殊乡愁。

此外，基因调控还与记忆的形成和提取有关。记忆是乡愁产生的重要组成部分，因为在新环境中，个体会回忆起与家乡相关的经历和情感。当个体离开家乡时，尤其是长期离开时，记忆的刺激和提取可能会受到基因调控的影响。这可能导致个体对家乡的记忆更加深刻和激烈，从而产生更强烈的乡愁。

（三）乡愁产业的缘起

“记得住乡愁”是习近平总书记对美丽乡村建设的殷切期待和浓浓情结。2014 年 3 月 7 日，习近平总书记在出席十二届全国人大二次全体会议贵州省代表团审议时说：“一个地方的幸福很重要，要记得住乡愁，比如小时候爱吃的东西，比如贵阳的牛肉粉”。习近平总书记深情回忆说，那是他 20 世纪 90 年代到贵阳去开全国扶贫会，当时他任中共福建省委副书记，也是分管农村和扶贫的省委领导。一天，他想在贵阳吃点小吃，就点了一碗牛肉粉当早餐，这碗牛肉粉的味道一直在他心中挥之不去，久久回味。为此，习近平总书记还特别强调，每个地方都有让大家留念的东西，不要小看这种幸福感，因为这种幸福感能留得住人。这就是习近平总书记津津乐道、最接地气、离老百姓最近的乡愁。一碗平淡无奇的牛肉粉让习近平总书记时隔二十多年还念念不忘，时至今日，习近平总书记对贵阳印象最深的还是牛肉粉，这就是乡愁变为产业的源头。

2015 年 1 月 20 日，习近平总书记在云南考察调研，来到洱海边大理市湾桥镇古生村村民李德昌家。房子雕梁画栋，院落干净整洁，植物生机勃勃，看到一家七口四代同堂，他十分高兴。习近平总书记说："这里环境整洁，又保持着古朴形态，这样的庭院比西式洋房好，记得住乡愁。"他深情地说："看到你们的生活，我颇为羡慕，舍不得离开。"听村民讲，站在苍山洱海旁，看着古生村整洁的环境，古朴的形态，习近平总书记不无感慨地说："留得住绿水青山，记得住乡愁。什么是乡愁？乡愁就是你离开这个地方会想念的。""环境整洁""古朴形态""庭院"，这是习近平总书记眼里能够记得住乡愁的庭院。思乡、念家、怀旧、守护、建设、发展，都是乡愁最可贵的基因。当你离开这个地方以后，总会时常想念这个地方，这就是习近平总书记不忘的乡愁。习近平总书记指出："新农村建设一定要走符合农村实际的路子，遵循乡村自身发展规律，充分体现农村特点，注意乡土味道，保留乡村风貌，留得住青山绿水，记得住乡愁。"

2015 年 6 月 16 日，习近平总书记来到遵义县枫香镇花茂村。看到路旁田里，连片的向日葵花开得正艳，习近平总书记下车驻足欣赏。当地干部介绍说，伴随美丽乡村建设，山花繁茂的花茂村成了婚纱拍照地，不少附近的市民结婚都到这来。沿着土墙和木栏相伴的乡村小径，习近平总书记边走边询问当地脱贫致富情况。看到鲜花盛开，道路两旁的房子干净整洁，他乡情顿起，有感而发："怪不得大家都来，在这里找到乡愁了。"

2018 年，我写了一篇调研报告《关于加快"乡愁产业"发展的建议》，时任中央农办主任韩俊批示指出"发展乡愁产业是挖掘乡村多元价值，促进乡村产业振兴的重要思路和举措，该文有助于开阔思路，农办秘书局要注意总结各地这方面的经验。"时任浙江省政府省长袁家军批示强调："可考虑建设示范县"。时任浙江省政府副省长彭佳学批示提出："在即将召开的产业大会上明确提出来。"浙江省委省政府高度重视乡愁产业的发展。2019 年 1 月 27 日，时任浙江省省长袁家军在浙江省政府工作报告中指出："要加快发展乡愁产业，打造丽水山耕、三衢味、景宁 600 等生态品牌，推进农村第一、第二、第三产业融合发展。"2019 年 2 月 26 日，浙江省委农村工作会议强调"要大力发展乡愁产业，加快发展新型乡村经济，激发农村各类创业主体活力，发展农村新产业新业态，促进乡村产业深度融合。"2019 年 5 月 9 日，浙江省委省政府出台的《关于落实农业农村优先发展总方针推动“三农”高质量发展的若干意见》（浙委发〔2019〕11号）提出：“大力发展乡愁产业，开展‘百县千碗’推广活动，实施农家传统特色小吃振兴三年行动计划，两年重点挖掘、培育、提升代表性农家传统特色小吃170100个，2020年销售额突破500亿元。”2019年4月17日，浙江正式发布的《浙江省乡村振兴战略规划（2018—2022年)》明确提出要围绕“推进乡村文化产业化发展、打造乡村文化知名品牌、做强乡村文化市场主体”发展壮大乡愁产业。

二、乡愁产业发展的时代背景

（一）新消费引领新业态的时代

党的二十大报告提出“增强消费对经济发展的基础性作用”，强调“倡导绿色消费，推动形成绿色低碳的生产方式和生活方式”。中国特色社会主义进入新时代，人民日益增长的美好生活需要和不平衡不充分的发展之间的矛盾成为新时代我国社会的主要矛盾。我国主要矛盾的变化是关系全局的历史性变化，对农业农村发展建设提出了全新要求，我国城乡居民进入了消费迭代升级的新时代。要全面确立新时代人民对美好生活追求的目标导向，着力满足城乡居民对食品安全健康营养美味的消费新追求，全力满足城乡居民对生态美丽人居环境的消费新追求，有效满足农民群众对公共服务城乡均等化和无忧无虑生活的消费新追求。坚持扩大内需的发展部署，全面促进消费，增强消费对经济发展的基础性作用和对优化产业建设的关键性作用已成为战略主旋律。要丰富乡村经济业态，引导农村第二、第三产业集聚发展，全面推动农业的绿色化、品质化、多功能化发展的新方向，大力发展乡村旅游、休闲旅游、农家乐、民宿、养生、文创、乡愁等新产业、新业态、新模式。

（二）文化软实力赋能的时代

党的二十大报告深刻阐明了中国式现代化五个方面的中国特色，其中一个重要方面就是“物质文明和精神文明相协调的现代化”。民族要复兴，需要强大的物质基础，也需要强大的精神力量。没有先进文化的战略引领，没有精神生活的极大丰富，没有民族凝聚度的不断增强，民族复兴之路径将遥遥无期。习近平总书记在党的二十大报告中提出，必须坚持中国特色社会主义文化发展道路，增强文化自信，建设社会主义文化强国，推进文化自信自强，铸就社会主义文化新辉煌。文化是人类活动演进和社会发展进程中的精神凝练、哲学提升和历史传承。纵观五千年的中华文明史，我国是具有悠久历史文化的农业大国和文化大国，农业文化和农耕文明源远流长、博大精深，是中国传统文化的源头，是自强不息的精神追求和历久弥新的精神财富，农业精神文化深深地影响着一代又一代中国人。党的二十大报告提出，要加大文物和文化遗产保护力度，加强城乡建设中历史文化保护传承。建立分类科学、保护有力、管理有效的城乡历史文化保护传承体系，定能促进历史文化保护传承与城乡建设相融合。当前，迫切需要大力推进乡村文化复兴和先进文化建设，要着力传承和发展以民为大的民本文化、以农为本的重农文化、扶贫济困的慈善文化、均富共富的大同文化等优秀传统文化，要把精神文化提升为新时代物质文明建设、精神文明建设和乡村振兴建设的强大文化力。

（三）城乡融合发展的时代

党的十八大标志着我国进入了以工促农、以城带乡发展的新时期。习近平总书记在党的二十大报告中强调，着力推进城乡融合和区域协调发展，深入实施区域协调发展战略、区域重大战略、主体功能区战略、新型城镇化战略，构建优势互补、高质量发展的区域经济布局和国土空间体系。城乡、工农的分化是社会分工发展的必然产物，随着生产力的进一步发展和社会合作的加深，城乡、工农之间必然会产生走向融合的发展道路，并重新在更高级的形态上寻求跨区域、多产业的支撑和协作。从国际经验来看，当一国的工业化和城市化发展到一定水平之后，将会出现类似的“后工业化”“逆城市化”现象。当前我国正处在全面小康向现代化迈进的发展阶段，城乡发展规划、产业布局、基础设施、公共服务、劳动就业、社会管理等一体化建设已成为当前的一项十分紧迫的任务。顺应城乡融合发展的新时代和新趋势，加快破除城乡分割的二元体制，加快推进新型城镇化和逆城镇化双向互促、构建城乡地位平等、城乡互联互通、城乡要素市场化配置的新型城乡关系，是当前推进农业农村现代化的重大战略选择。

（四）美丽经济兴起的时代

党的二十大报告指出到二〇三五年我国的经济实力、科技实力、综合国力要大幅跃升，人均国内生产总值要迈上新的大台阶，达到中等发达国家水平，广泛形成绿色生产生活方式，生态环境根本好转，美丽中国目标基本实现，到21世纪中叶建成社会主义现代化强国。党的十八大以来，在以生态文明为核心的“美丽中国”总目标的指引下，顺应从工业文明时代迈入生态文明时代的新趋势，两山重要理念和绿色发展理念正在不断深入人心，努力把美丽乡村建成为美丽中国的生态涵养基地已成为全民族共识。党的十六届五中全会提出“生产发展、生活宽裕、乡风文明、村容整洁、管理民主”的社会主义新农村建设目标和要求。党的十九大提出“产业兴旺、生态宜居、乡风文明、治理有效、生活富裕”的实施乡村振兴战略总要求。党的十九届五中全会提出实施乡村建设行动，强调把乡村建设摆在社会主义现代化建设的重要位置。党的二十大进一步提出“建设宜居宜业和美乡村”。这一以贯之地体现了党中央对乡村建设规律的深刻把握，契合了广大农村居民对创造美好生活的向往和对建设美好家园的憧憬。新时代新征程，聚焦全面推进乡村振兴，建设宜居宜业和美乡村，促进乡愁产业转化为美丽经济，对于实现具有“美丽中国”特色的社会主义的现代化强国具有深远的历史意义和重大的现实意义。

（五）乡村特色产业推进的时代

习近平总书记在党的二十大报告中提出“要发展乡村特色产业，拓宽群众增收致富渠道”。习近平总书记在河北承德考察时指出，“产业振兴是乡村振兴的重中之重，要坚持精准发力，立足特色资源，关注市场需求，发展优势产业，促进第一、第二、第三产业融合发展，更多更好惠及农村农民。”奋进新征程必须贯彻落实好党的二十大作出的重大决策部署和习近平总书记关于发展乡村优势产业的重要论述，不断做大做强乡村特色产业，让乡村活力更充沛，为新发展阶段深入实施乡村振兴战略、加快农业农村现代化提供坚实产业支撑。2012 年底，习近平总书记在河北省阜平县考察扶贫开发工作时指出：“要做到宜农则农、宜林则林、宜牧则牧、宜开发生态旅游则搞生态旅游，真正把自身比较优势发挥好，使贫困地区发展扎实建立在自身有利条件的基础之上。”产业是乡村振兴的“源动力”，要立足特色资源、关注市场需求，更要从实际出发，因地制宜培育特色优势产业。对于浙江省而言，自然条件和地貌类型多样，特色资源丰富，经过多年发展，培育了一大批区域特色产业，形成了诸多特色产业集群。要在乡村特色产业推进的新时代，紧抓机遇，进一步优化农业结构和区域布局，推动种养业向区域化、规模化、专业化、标准化方向发展。进一步发挥各地特色资源优势，打造地域特色品牌，构建乡村特色产业体系。要坚持绿色引领、创新驱动，促进乡村产业优化升级，用现代化重塑“乡愁”。

（六）产业链价值链拉升的时代

党的二十大报告指出，加快建设现代化经济体系，着力提高全要素生产率，着力提升产业链供应链韧性和安全水平，着力推进城乡融合和区域协调发展，推动经济实现质的有效提升和量的合理增长。产业链供应链安全稳定是构建新发展格局的基础。党的十八大以来，习近平总书记心系产业链供应链安全稳定，在赴各地考察时，多次作出重要指示，提出明确要求，为广大企业奋力迈向高质量发展指明了前进方向。2022 年 9 月，习近平总书记在向产业链供应链韧性与稳定国际论坛致贺信中指出，维护全球产业链供应链韧性和稳定是推动世界经济发展的重要保障，符合世界各国人民共同利益。中国坚定不移维护产业链供应链的公共产品属性，保障本国产业链供应链安全稳定，以实际行动深化产业链供应链国际合作，让发展成果更好地惠及各国人民。维护全球产业链供应链韧性与稳定，中国成为“压舱石”。当前，拉升产业链、提升价值链，推动乡村第一、第二、第三产业融合发展向深度和广度进军，提高乡村产业质量效益和市场竞争力，需要促进农业生产、加工、流通、休闲及其他服务业有机融合，要推动农业科技成果转化应用，做优品种、做高品质，提升农产品附加值和竞争力。要树牢市场化、产业化的理念，大力培育特色农业龙头企业，带动农民增收致富。

（七）数字智慧转型的时代

习近平总书记在党的二十大报告中提出，要加快建设数字中国。数字化、智慧化代表着新的生产力和新的发展方向。当前，信息技术创新的扩散效应、信息和知识的溢出效应、数字技术释放的普惠效应日益凸显。数字浙江是习近平总书记在浙江省工作期间亲自谋划、亲自部署，并写入“八八战略”的重点工作。世界经济和中国经济进入数字经济发展的新时代，数字经济正在成为各级党委政府主抓的“一号工程”，当前我们正在迈入互联网数字革命的新时代。互联网、物联网、区块链、云计算、大数据等信息技术革命已成为创新驱动发展的先导力量，以信息化、智能化为支撑的智慧农业将成为一种新型农业业态，以农产品电子商务为支撑的新型农产品的流通方式，正在对农业品牌化、标准化、智能化起到重要助推作用。推动农村生产方式、消费方式、生活方式的转变，信息化互联网与农业农村的结合将给农业农村共同富裕带来新一轮发展机遇，数字乡村将成为中国未来乡村发展的重要支撑。从浙江来看，随着数字浙江建设的不断深化，数字建设正在向乡村深度延伸，数字技术正在向乡村各领域应用，数字乡村建设正在成为乡村振兴和共同富裕的新热点。

（八）共创共享共富的时代

党的二十大报告中，习近平总书记在过去五年的工作和新时代十年的伟大变革这一篇章中指出，人民群众获得感、幸福感、安全感更加充实、更有保障、更可持续，共同富裕取得新成效。共同富裕是一个全新的文明时代，共创共享共富是千百年来亿万中华儿女的不懈追求和奋斗目标。2021 年 2 月 25 日在全国脱贫攻坚总结表彰大会上，习近平总书记指出，脱贫摘帽不是终点，而是新生活、新奋斗的起点。要以更有力的举措、汇聚更强大的力量，加快农业农村现代化步伐，促进农业高质高效、乡村宜居宜业、农民富裕富足。2021 年 5 月 20 日，中共中央、国务院联合下发文件《关于支持浙江高质量发展建设共同富裕示范区的意见》，文件明确赋予浙江为全国推动共同富裕提供省域范例的重任。2021 年 7 月 19 日，浙江省委、省政府正式印发《浙江高质量发展建设共同富裕示范区实施方案》，明确了推进示范区建设的路线图和任务书，要求“每年有新突破、5 年有大进展”，用 3 个五年规划基本实现共同富裕。一个为“共富”梦想而共同奋战、共同创造的新时代已经全面开启。

（九）四化同步推进的时代

党的二十大全面部署了到二〇三五年，我国发展的总体目标，强调要建成现代化经济体系，形成新发展格局，基本实现新型工业化、信息化、城镇化、农业现代化。党的十九大提出，要推动新型工业化、信息化、城镇化、农业现代化同步发展，这是事关现代化建设和共同富裕全局的重大战略课题和与时俱进的重大战略决策。习近平总书记在 2013 年 9 月 30 日主持中共十八届中央政治局第九次集体学习时指出：我国现代化同西方发达国家有很大不同。西方发达国家是一个“串联式”的发展过程，工业化、城镇化、农业现代化、信息化顺序发展，发展到目前水平用了二百多年时间。我们要后来居上，决定了我国发展必然是一个“并联式”的过程，工业化、信息化、城镇化、农业现代化是叠加发展的。改革开放以来，我国农业农村经济社会发展取得了举世瞩目的成就，但总体来说，与快速推进的工业化、城镇化、信息化等相比较，农业现代化明显滞后。当前迫切需要解决农业农村现代化依然是短板的问题，这就更需要把握好“四化”同步推进的内在规律，寻找“四化”同步推进的实现路径，真正做到同步推进新型工业化、信息化、城镇化、农业现代化。

（十）改革创新引领的时代

党的二十大报告中提出，“我们以巨大的政治勇气全面深化改革，打响改革攻坚战，加强改革顶层设计”，强调要“蹄疾步稳推进改革”。改革是实现共同富裕的重要法宝，改革是引领发展的核心动力。推进城乡综合配套改革，构建城乡融合发展的体制机制和政策体系，是推进共同富裕的主动力和助力乡村振兴的大动能。要从当前城乡分割的二元体制机制尚未从根本上消除、影响城乡资源要素市场化配置的政策障碍尚未从根本上消除的实际情况出发，深化城乡综合配套集成改革，形成城乡地位平等、城乡开放互通、城乡互惠互利、城乡要素自由流动的城乡融合发展新格局。以改革的集成配套推动城市的资本、资金、技术、人才等先进要素与农村丰富的资源和劳动力结合。浙江省是中国农村改革的领航地，一直坚持以改革引领发展、以改革推动发展，以敢当改革先行者的勇气和胆识，率先全面推进城乡综合配套改革。推进共同富裕涉及各方面的综合改革，而单兵突进式的改革，既无力解决乡村发展不平衡不充分问题，又受到多方面的掣肘。深化农村综合集成改革，强化目标集成、政策集成、效果集成，以综合改革集成增强发展驱动力，开拓发展新空间，必将助推共同富裕不断迈向新高度，成就新标杆。

三、乡愁产业发展的理论基础

（一）消费升级理论

消费升级理论是创意农业发展的指路明灯。消费升级顾名思义就是消费水平提高引起的消费结构改变。在我国经济新常态下，消费已成为经济增长的重要引擎，传统消费提质升级，新型消费蓬勃兴起将是消费发展的必然趋势。也就是说，消费模式将由自给型、温饱型向商品型、小康型转化；消费需求由供给制约型向需求拉动供给、调节供给型转化；消费方式由雷同化平板型向多样化梯度型转化；消费政策由限定型、封闭型向舒展型、开放型转化；消费决策由被动型向主动型转化；消费结构由生存型向享受型、发展型转化。

1. 大众消费已从物质型消费向服务型、文化型消费升级。现阶段，居民生活逐步富裕，生活质量的教育科普、养生保健、休闲娱乐、文化艺术等服务消费需求日益凸显。农业从追求“吃得饱”到“吃得好”“吃得健康”“吃得安全”的同时，又出现了农业不仅要“好吃”，还要“好看”“好玩”的新时尚。通过如农家乐、休闲农庄、农村观光旅游等形式，将自然资源优势转化为有形资产，予以共享，不仅扩大了农产品消费，还提供了越来越新颖的服务消费。而文化消费作为一种文化体验、情感享受和对自身发展、社会关系、地位的追求，其市场正逐年扩大，并被赋予新的内涵，呈现出主流化、大众化、全球化的特征。

2. 现代消费从追求数量型消费向追求质量型消费升级。随着人们消费心理和消费能力的改变，品质商品、品质服务、品质生活成为消费结构升级的重要载体。消费者越来越追求高质量、高层次的商品，消费观念趋向绿色健康且有创意内涵，这就要求把保证产品品质放到更突出的位置，保证农产品更加有机、环保、绿色，更加有内涵、有文化、有故事。

3. 消费观念从模仿型、从众型消费向个性化、多样化、特色化消费升级。传统消费呈现的是同质性和规模化，基本温饱消费品都是在统一的系列和规格之中，消费者个性受到极大压抑。新常态下，在生存需要得到基本满足的同时，消费者的欲望与个性得以释放，个人意识不断提高，更加注重个性的满足和精神的愉悦，这使居民消费追求的多元化态势日益明显，居民消费从追求大众化、标准式、流行式逐步向个性化、差异化、品牌化、时尚化转变。

（二）产业升级理论

产业升级理论是创意农业发展的目标追求。产业升级严格意义上是指在产业链内部，产业由低技术水平、低附加值状态向高新技术、高附加值状态的演变趋势和过程，包括生产要素改进、结构改变、生产效率与产品质量提高、产业链升级。从农业上讲，就是要以“调精、调强、调高、调优”为取向，推进农业产业的转型升级。

1. 在农业主体上要求“精兵农业”。新常态下，新型农业经营主体不断壮大，社会资本迅速增加，大工商、大资本正加速进入农业领域，有力地激发了农村生产要素潜能，一定程度上推进了农业产业步入高融合度化的发展阶段，促进传统农业向现代农业转变，农业生产由分散化经营向产业化发展方向转变，企业化、规模化、市场化的运营方式逐步形成。与此同时，龙头企业集群集聚趋势明显，联结带动模式日益丰富。

2. 在农产品质量上要求“精品农业”。一方面，注重农产品品质化提升。随着市场需求的不断提升，要求传统的农业必须向精细化、精品化发展转变。要加大力量发展农产品精深加工，使单一农产品发展成为多种产品。另一方面，要将创意导入农产品。其基础是农业和农产品，核心是创意附加，即在产前、产中和产后诸环节，将农产品与多种创意相结合，通过创新形成产品美学价值，产生更高附加值，提高农产品竞争性。根据农产品的产生过程，将创意分别导入“种养、加工、包装、营销”四个环节，实现农产品种养过程艺术化，加工过程小品化，包装过程品牌化，营销过程推广化。

3. 在农业结构上要求“精美农业”。按照“做强一产、做优二产、做活三产、做新四产”的路径选择，调整优化产业结构，产业融合被视为实现这一宏伟目标的关键手段。拓展农业产业的多重功能以及合理优化农业的资源配置，不仅体现了生态环境的现代化发展理念，更为推动农业结构调整向精美化方向发展提供了新的思路。如推动观光农业、生物质农业等领域与旅游、能源产业融合发展，就业不断催生出新型产业业态。如数字化、互联网和电子商务产业的发展成为推动传统农业销售模式向农业电子商务转型的颠覆者。

4. 在农业技术上要求“精准农业”。推动农业高质量发展和全面转型升级的根本出路，在于提升科技贡献率和推进现代科技进步。要强化农业全链条全领域的科技支撑，提高农业智慧化、精准化、智能化、信息化发展水平，推进传统农业与现代工业技术、信息技术、生物技术等高新技术的深度结合，构建多途径、多元化的农业开发体系。

（三）文化创意理论

文化创意理论是创意农业发展的核心思想。在创意经济的新时代和浪潮中，文化创意作为软实力，已经成为推动经济发展不可或缺的引领力和驱动力。文化的特质具有强烈的引领性、创新性、示范性、辐射性和高度的渗透性，这种特点决定了文化要素能够与生产、产业、科技、市场紧密结合，从而进一步推动各行各业的蓬勃发展，并不断提升价值链，参与经济循环。

随着文化创意产业发展日臻成熟，其理念和模式为城市乃至乡村区域的跨越式发展奠定了基础，并为农业文化创意的发展提供了前瞻性思路。这一思路的实质在于，从单纯关注农业的产能转向全面挖掘农业的潜能和创新农业业态，让文化和科技有机融合，为新农村的发展注入新的动力、带来新的变化、创造新的价值。因此，要充分发挥文化软实力的支撑作用，为现代农业提供有力赋能；要实施科技创新与文化创意“双创”战略，以科技创新为基础，积极挖掘和创新农业经营中的文化要素；将文化资源转化为文化生产力，全面提升农业文化软实力。

用文化创意引领农业，就是要依托独特生态资源禀赋和人文特征，运用创造性思维，在农业生产的各个环节注入文化元素，并以农业科技创新为支撑，以环境保护和质量安全为根本，以三次产业融合发展为引擎，提高农业附加值，满足城乡居民对农业休闲、体验、养生、文化等功能需求，促进区域经济整体发展。

首先，以文化创意产业的思维赋能农业产业发展，可在提升农产品附加值的同时，实现农业文化与农业科技的完美结合。利用科技创新改变农产品的功能、布局、形状、颜色、口味等原有的产品属性，同时注入文化要素，提高农产品生产与销售中的文化含量，将农产品转化为礼品、艺术品，进一步提升附加值。

其次，以文化创意产业的手法将农村资源转化为推动农村发展的资本。农村具有大量的生产、生活、生态“三生”资源，现有的这些农村资源，普遍面临低效利用和无法利用，通过借助文化创意产业的手法，开发一批具有地方风尚的创意农产品、农业文化产品、农事节庆活动，农业体验互动，以故事活化农业文化资源，从而实现农业农村资源的活化、转化和产业化。

最后，以文化创意产业的赋能拉升农业产业链条。文化创意产业具有融合力、引爆力和渗透力，能以多种形式与不同产业相融合，驱动形成农业的“立一接二连三进四”和实现第一、第二、第三产业互融互动，使传统农业演变为蕴含文化含量和彰显文化价值的新型产业业态，形成以文化创意为核心要素的产业系统和价值系统。

（四）农业多功能理论

农业多功能理论是创意农业发展的路径依赖。农业多功能性是指农业不仅能够提供各种经济品，而且能够提供大量具有多种用途与功能的非经济品。随着农业实践和理论的不断发展，对农业多功能性的认识已经突破了传统农业经济理论和贸易保护理论的范畴，内涵更为丰富，并被赋予了积极的经济、社会和文化意义。2007 年“中央一号文件”指出：“农业不仅具有食品保障功能，而且具有原料供给、就业增收、生态保护、观光休闲、文化传承等功能。建设现代农业，必须注重开发农业的多种功能，向农业的广度和深度进军，促进农业结构不断优化升级。”

1. 食品保障功能。通过农业活动保障食品供给，尤其是粮食供给，这是农业最主要、最基本也是最传统的经济功能。作为人口大国和农业大国，提供基本食物、满足粮食消费需求，是我国农业的最基本功能。

2. 原料供给功能。农业是众多传统产业的原料供给部门，它为人们的吃、穿、住提供原料，它为酿酒产业、皮革制品业、食品加工业、纺织服装业、农副产品等第二产业提供原料和辅助材料。同时，农业也是不少新兴产业的重要原料来源，尤其作为生物质能源、生物质产业的重要来源，如农作物秸秆、玉米、土豆、甘蔗等都是生产生物质能源的重要原材料，对缓解能源危机意义重大。

3. 就业增收功能。现代农业是农村居民重要的农业生产经营的创业产业和就业领域，提供了谋生手段和就业机会，扩大社会劳动力就业，增加了农民经济收入，促进了社会保障与政治稳定。对于低收入群体比较集中的农村，由于基本社会保障体系还不健全，农业还具有部分替代社会福利保障的功能，这是维持农村社区稳定的重要环节，还需要依赖农业来助力解决。

4. 生态保护功能。农业是生态产业，是绿色产业、是低碳产业，将农业生态系统和生活系统、社会系统和经济系统有机结合起来，对改善农村生态环境、提高农产品质量安全、实现农业生态循环发展意义重大。农业对环境的积极贡献包括净化空气、调节气候、保护生物多样性、绿化和美化城乡环境等生态涵养与保护功能。

5. 观光休闲功能。观光休闲功能是指农业向第三产业延伸，以创意农业、特色农业、田园景观、农事体验、民风民俗等为载体，通过精品农庄、教育研学、农业公园、乡村旅游、观光体验等，享受农业文化和农耕文明，通过拓展农业观光休闲功能，使农村真正实现城市居民休闲养生乐园的建设目标定位。

6. 文化传承功能。农业文化是知识形态、价值形态、文艺形态、制度形态和物质形态的总和，农业文化是农耕文化的转化，是人类文化的源头。农业以丰富多样的生产活动方式创造出各具特色的农业系统。这些多样化的独特景观和农耕文化，以节日民俗活动、特色食品、农具服装、戏曲诗歌等多种形式得以在农村保留并传承，成为人类文化的有形遗产。农业除了传承农耕文化，对促进城乡科技文化交流、先进科技应用及农业知识学习等方面都有着重要作用。

（五）农业环境理论

农业环境理论是创意农业和乡愁产业发展的根本遵循。在信息化、工业化和城市化的快速发展背景下，人口数量的增长和农业耕地的日益减少，农业生产已经不堪负荷。为应对日益稀缺的农业资源、恶化的农业环境以及威胁农业生产安全的问题，人们呼吁发展生态循环农业，倡导“资源节约型、环境友好型、功能多元型、技术密集型”模式，加强生态文明建设，这是促进我国农业绿色发展和可持续建设的现实选择。

第一，创新、推广环境保护型农业绿色发展模式。农业绿色发展是推进农业发展观蝶变的一场深刻革命，是驱动农业发展方式由“量”到“质”深刻变革的战略选择，是农产品质量安全和营养健康“舌尖上的安全”核心保障，是实现第一、第二、第三产业融合发展和推动农村生态文明建设的主抓手。当前，我国农业绿色发展亟待解决的绝大部分问题源于农业生产过程中非法投入品的使用以及合法投入品的滥用，农业投入品的源头控制和农业生产标准化体系建设成为必然选择。中共中央办公厅、国务院办公厅印发了《关于创新体制机制推进农业绿色发展的意见》等政策文件，鼓励农业绿色发展制度创新，助推我国农业绿色发展取得显著成效。

第二，建设环境友好、资源节约、文化彰显的美丽田园。美丽田园是美丽乡村振兴战略的沿袭和升华，是建设农业强国的强力引擎。推进美丽田园建设，必须牢牢把握田园“生态美、业态美、形态美、神态美、势态美”的目标要求和发展方向。着力推进整洁田园的建设，按照基础设施完善、生产环境整洁、生产设施整齐、生产过程清洁、突出改善生态环境、绿色农业发展等主导方向，持续推进整洁美化、生态循环等田园建设工作。丰富农业多功能和新业态，优化产业与功能布局，发展品质化和品牌化产品，对接需求侧和改革供给侧，在优势、产品、潜力、前景上做文章。

第三，培育、发展、壮大农村美丽经济。美丽经济是以美丽的资源要素为经济发展的主要元素，充分运用美的效应，满足消费者爱美丽、求快乐、享愉悦的消费需求所形成的综合性、低碳性的经济类型，也是美丽产品的生产供应者与美丽产品的消费享受者之间按照各种利益和发生的经济交往表现出来的各种经济活动和经济关系的总和。美丽经济学是研究美丽经济及其发展规律的一门新兴的综合性的经济学科。通俗地讲，美丽经济学也就是研究把美丽转化为现实生产力的一门经济学科。实现美丽与经济的有效对接，美丽经济为农村经济转型升级提供了一条可行路径。

第二章　乡愁产业内涵特征

乡村是承载“乡愁”的独特载体，“乡愁”是乡村不可复制的宝贵财富。“乡愁产业”是活化“乡愁”资源的新型产业业态。“记得住乡愁”是习近平总书记对美丽乡村建设的殷切期待和浓浓情结。2014 年 3 月 7 日，习近平总书记在参加十二届全国人大二次会议贵州代表团审议时说：“一个地方的幸福很重要，要记得住乡愁，比如小时候爱吃的东西。比如贵阳的牛肉粉。”可以说，“乡愁”是乡村最为宝贵的无形资产，如何把“乡愁”活化、转化、物化、产品化、商品化、礼品化、经济化、产业化，则是实施乡村振兴战略的重要考量。随着乡村旅游浪潮的兴起，“乡愁”所蕴藏的巨大价值正在逐步显现，必将成为推动乡村产业振兴的强力引擎。可以大胆展望，乡愁产业的培育、发展和壮大，必将给乡村发展带来又一座“金山银山”。

一、乡愁产业的科学内涵及典型特征

（一）乡愁产业的科学内涵

乡愁产业是把乡愁作为一种独特产业资源和一种新型生产要素，以呵护乡愁、留住乡愁和活化乡愁为目的，对乡愁进行产品化和产业化演化、升级与融合，从而催生出乡村产业的一种新业态和新门类，它充满了乡村创造力、乡土想象力、文化感染力和消费吸引力，具备同时满足物质需求和精神需求的独特魅力。

（二）乡愁产业的典型特征

1. 乡愁产业具有经济高效性

把乡愁植入乡土产品的生产和消费过程，可以满足生产者和消费者的精神性偏好，实现生产者和消费者的精神效用最大化。乡愁产业不仅能够提高乡土产品综合效益，直接增加农民收入，而且能够拓展农民就业空间，实现多环节增收。它通过为社会提供记忆化、特色化、个性化、艺术化的产品和服务，文化和情感的附加值明显高于普通农产品和服务。乡愁产品直接面对城市消费者，其产品已超出农产品作为生存物质的特性，而且还具有一种精神和文化需求的特性，更具有第三产业的特性，即满足或丰富人们精神需求的特性，具有较高的附加值。

2. 乡愁产业具有文化欣赏性

乡愁产业是以文化、创意为核心，运用知识和技术，产生出新的价值，是乡愁记忆的物化表现。它是文化与技术相互交融、集成创新的产物，呈现出情感化、特色化、个性化、乡土化的特点，乡愁产品的价值并非局限于产品本身的价值，还在于它们所衍生的文化情感附加价值。通过活化乡愁记忆，不断创造出农业和农村的新文化、新业态、新产品和新符号，它是通过乡土景观、农业遗产、传统生产系统等，将农产品及其生产过程赋予文化内涵和价值，给人以超越物质的精神享受。

3. 乡愁产业具有外部溢价性

乡愁产业发展的价值并不是源于稀缺，而是源于扩散，扩散程度越大，其价值也越大，乡愁产业具有正外部性。乡愁产业的发展、壮大与扩散，一方面，对乡愁资源能够进行有意无意的呵护、留住和活化，既能让乡村居民生产生活更为方便，又能让游子在故乡找到依恋感与归属感。另一方面，对创意农产品的消费人数的增加不仅不会带来拥挤成本，反而会带来共享收益，其消费具有收益递增性。与此同时，乡愁产业还会对原有乡土产品和相关产业带来无限产品溢价功能。

4. 乡愁产业具有产业融合性

乡愁产业是传统乡村产业、乡土产品与现代营销理念、加工技术、信息技术以及乡村经济、文化、生活习惯等相互交融的产物，乡愁产业将“文”“人”“居”与“产”融合在一起，使乡村记忆在新的时空条件下具有新的内涵、产生新的凝聚力。它是新思想、新技术、新内容的物化形式，是多领域、多知识、多文化和多种技术、多种思想交叉、渗透、辐射和融合的产物，具有较强的融合性、渗透性。

二、乡愁产业发展的战略意义

发展乡愁产业，对于促进乡愁资源活化、促进农民创业增收、促进美丽乡村建设、促进乡村文化建设、促进乡村旅游发展，助推乡村产业振兴，助力中国式农业农村现代化和加快建设农业强国，具有十分重要的意义。

（一）促进乡愁资源活化转化

乡愁产业把沉睡的乡愁资源进行活化，化乡愁资源优势为经济优势和发展优势。浙江省的缙云烧饼、开化气糕、新昌炒年糕、东阳竹筒饭等的成功实践表明，把乡愁融入乡村特色产业而催生的乡愁产业是活化乡愁、实现乡愁资源再生的重要手段。特别是乡愁与文化、旅游等的高度融合，不仅能够创造出更高的经济价值，而且还能够衍生出新的农业资源、文化资源和价值。

（二）促进农民创业创新创富

默默无闻1300年，纵身一跃有幸成了全国首个世界农业文化遗产宝座的浙江青田田鱼产业发展实践表明，乡愁产业强调对乡土传统、乡风人情、历史文化等非物质文化资源的开发利用，将其开发成为新的生产要素，并在生产经营过程中与其他生产要素产生“化学反应”，推动乡村特色精品生产、产业加工物流、休闲观光康养、历史文化教育及其他新兴产业的大力发展，优化乡愁要素再生配置，催生大量就业机会，吸引农民创业创新创富。

（三）促进美丽乡村共建共享

通过盘活闲置低值的农宅农房，打造“身心两安、共享农屋”的浙江省磐安县乡愁产业发展实践表明，乡愁产业既是乡村的文化形态，也是乡村的特色资源，是吸引城里人向往的乡村产业发展新模式。乡愁产业不仅可以实现村庄环境美化，特别是通过乡村景观创意、文化创意呈现，全面提升村庄宜居、宜业、宜文、宜游水平和绿化、序化、洁化、文化、美化水平，促进乡村产业振兴，助推美丽乡村共建、共营、共享“三步曲”的实现。

（四）促进乡村旅游内涵发展

乡愁产业通过加强乡村特色产业、产品和行业与文化、旅游业的融合发展，可以实现“养胃”“养眼”“养脑”“养心”“养身”的多重目标。五谷叶脉画、草编蔬菜书、水果尽兴摘、滑鱼徒手抓，乡愁产业能培育特色鲜明的新型旅游产品，可开发主题特色鲜明、产品创意独特、游客乐于参与的农耕文化和乡村文化体验产品。通过发展乡愁产业，因地制宜发展多种形式乡村旅游，促进乡村生态旅游、乡村文化旅游、休闲度假旅游的融合发展。

（五）促进乡村文化衍生传承

乡愁产业既有产品形态，也有活动形态，更有文化形态。发展乡愁产业，深入挖掘乡村文化资源内涵，转化农民群众文化创造智慧，引导农民群众在农村文化建设中自我表现、自我教育、自我服务、自我创造。通过搭建产业平台和推广载体，依托农事节庆和民间文化资源，组织开展农民群众乐于参与的乡愁文化活动，总结来自基层的文化创新经验，在农村营造传承、创造、展示、活化乡村文化的良好氛围。

三、乡愁产业的典型模式

通过赴缙云、江山、苍南、海宁、庆元、上虞等典型地区调研，总结这些典型地区发展“乡愁富民产业”和“历史经典产业”的典型做法，系统总结提炼出六大乡愁产业典型模式：舌尖上的乡愁、指尖上的乡愁、脚尖上的乡愁、耳畔里的乡愁、眼眸里的乡愁、节庆里的乡愁。

（一）舌尖上的乡愁产业

“食”是地方乡土民俗的一面镜子，历史、文化与记忆尽在其中，一个地方的美食往往承载着最深刻、最浓重、最惦念的家乡记忆，是在外游子无法割舍的乡愁。把具有这一特质的美食进行传统、活化、产业化，就是这一模式的根本内涵。舌尖上的乡愁产业是具有一定群众基础的民间传统美食，食物的地域文化彰显，存续时间久远，历史传承悠久，乡愁特色明显，能够反映本地区饮食风俗，有一定的历史文化内涵或与传统民俗相关，制作工艺传统，主要原料为本地生产。典型案例有缙云烧饼：饼香千年的皇宫食品。

（二）指尖上的乡愁产业

“技”是记载古人中能工巧匠的一道痕迹，优秀的传统工艺，假形于物，这种老手艺是一种不能被流失的乡愁，老艺人留下的“老玩意儿”和凸显的工匠精神，都承载着我们自古以来的文化自信和我们民族繁衍生息的文化之根。把一代一代传承下来的传统技艺进行保护开发、传承创新，就是这一模式的根本内涵。巧手中的乡愁产业主要包括能够体现传统农耕文化和生产生活方式，具有当地地域特点的种植、养殖、捕捞、手工制作技艺和加工制造工艺等；具有较鲜明地域乡土文化特征的民间手艺、传统技艺等。典型案例有上虞越窑青瓷：民间工匠文化的经典之作。

（三）脚尖上的乡愁产业

“古”是乡村乡土形态的一种肤色，传统的美、内在的美、外在的美等均在此集中展示，一片彰显古色古香、饱经风霜、年代久远、历史记忆、地域风貌的路、桥、屋、村、寨，就是转接历史与现代的重要纽带，是所有现代人的共同乡愁。把彰显这一特性的古建、古村等进行文化、文脉、文明的展示和体验，让城里人真正走进来，用脚步来丈量、体验和感知的乡愁，就是这一模式的根本内涵。脚底下的乡愁产业主要包括文物古迹、历史建筑、传统民居等传统建筑，以及古树名木、传统村落和与非物质文化遗产相关的实物和场所。它具有较为深厚的历史文化积淀，曾经作为政治、经济、文化、交通或军事要地，具有鲜明的时代特征，或与重要历史名人以及曾经发生过的重要历史事件有关，或蕴含深厚的儒家思想、道家思想、宗亲文化、传统美德和人文精神等，能够集中反映本地区的地域人文特色。典型案例有磐安管头村石屋：从贫穷村到彰显石头文化的旅游专业村。

（四）耳畔里的乡愁产业

"音"是地方乡土韵味的一片音符，是人脉、地脉、文脉、艺脉的集中体现，一个听觉上的回味是对家乡牵挂和向往的真情流露和最佳表达。把这样一种音符乡愁进行物化、展演、传承、活化，就是这一模式的核心内涵。耳膜中的乡愁产业主要是指当地世代相传的传统歌曲类艺术表现形式，包括音乐、舞蹈、戏剧、曲艺、节庆民俗等，以及作为其传承载体的地方方言。部分与乡村产业发展紧密相伴，与特色产业生产过程或劳动活动紧密相连，是劳动人民的劳作过程所首创，并永久相传，代代所知的乡音艺术和乡音文化。典型案例有江山大陈"村歌"：妈妈的那碗大陈面。

（五）眼眸里的乡愁产业

"看"是农村民间艺术文化的一方缩影，是历史场景、影像艺术、乡土作品、视觉文化的集中体现，是一段可被观看、注目、回眸的追忆和乡愁。把具有这一被时间所割裂的历史艺术进行发掘、重现、活化、翻新，就是这一模式的根本内涵。眼眸里的乡愁产业主要包括物质形态的记忆和展示展览，已经消失的历史印记，只存在于图片影音等档案资料中，作为有代表性的乡土文化符号，能够获得社会广泛认同，唤起一代人的集体记忆。典型案例有海宁皮影戏：不敢相信眼睛的影子艺术。

（六）节庆里的乡愁产业

“乐”是乡间生活色彩和民族文化的一份情愫，是生活娱乐、家事劳作、文化表征、朴素愿望的集中表达和逼真景象，一个地方的节庆往往承载着时代长久的乡愁精神文化和昭示着老家韵味的传统节日记忆。把这一独具特色的传统节日作为人们寻根和怀念精神家园的温馨活动进行呵护、传承就是这一模式的根本内涵。节庆中的乡愁产业主要包括具有传统文化和历史底蕴的各类农事活动、节庆活动、特色婚庆活动、元宵灯会活动、斗牛活动等。典型案例有庆元月山村晚：自编自导自演的草根晚会。

四、乡愁产业发展的战略路径

（一）把乡愁产业作为乡村振兴战略性新兴产业加以培育

乡愁产业是乡村特色产业和乡村文化的深度结合，可以推动新的乡村产业革命，既代表着乡村文化创新的方向，也代表着乡村产业发展的方向，在实施乡村振兴战略背景下，将乡愁产业作为乡村振兴战略性新兴产业加以培育，可以加快乡村产业振兴步伐，推进乡村产业转型升级，实现乡村发展方式转变。

（二）成立各级政府乡愁产业发展指导办公室

建议农业农村部适时明确提出“乡愁产业”的概念，对乡愁产业进行准确定位，配套成立“乡愁产业”发展领导小组，组建“乡愁产业”发展指导办公室，简称“乡愁办”。牵头统筹负责全国自上而下的“乡愁产业”发展工作，发改、财政、文化旅游等共同参与，形成乡愁产业整体推进格局。

（三）建设乡愁产业发展试验示范省、县

在全国总结推广浙江省缙云县、开化县等典型地区发展“乡愁富民产

业”“历史经典产业”的经验做法，让典型地区先行先试。建议把浙江省作为全国乡愁产业发展试验示范省，同时在国内选择若干个基础条件好、创意创新意识强、乡愁文化深厚的县（市），作为全国乡愁产业发展的试验示范县，开展乡愁产业成果展示、乡愁产业人才培训、乡愁产业发展经验交流等，做好典型示范和经验推广工作。

（四）组建专业的乡愁产业研究推广机构

建议依托专业机构和专业人员，成立乡愁产业研究机构，专业开展乡愁产业的有关理论研究，依托农业、林业、文化旅游等部门，开展乡愁文化资源开发利用等实践应用研究。同时有条件的地方，可以适时成立乡愁产业协会，通过定期举办国内外有影响力的乡愁产业会议、论坛，加强各产业之间的对话和交流，促进各产业技术的相互借鉴和融合。

（五）推动设立地方乡愁产业发展基金

创新制度供给，研究制定乡愁产业创新发展扶持政策，在乡村振兴专项资金中设立乡愁产业发展基金，撬动更大范围草根创业。适时召开乡愁产业发展交流大会。总结推广浙江缙云、开化等成功经验，在全国掀起、推动和形成乡愁产业大发展、百姓大增收、乡村大振兴的生动局面。

第二篇

乡愁产业模式案例

第三章　舌尖上的乡愁产业案例

一、萧山萝卜干：130年的餐食伴侣

（一）乡愁故事与乡愁文化

萧山萝卜干是杭州萧山最地道的农家土特产，是全国乃至世界都享有盛名的地方特色产品，也是中国国家地理标志产品，享有“色、香、甜、脆、鲜”五绝，蜚声中外。萧山萝卜干的出炉离不开当地的“一刀种”特色萝卜，这种特定品种由于长相酷似农家菜刀而得名。对于这种珍贵原料，传统技艺的脱水加工是萝卜干的重要步骤，费时长达300天。经过数百天的岁月沉淀，每一颗萝卜干成为传承了千年典雅华丽的美味之作。从生产工艺来看，萧山萝卜干是江南酱腌技艺的杰出代表。传统萧山萝卜干的制作需要“三晒三腌”。首先，将萝卜切成条状，并加盐腌制；然后进行三次日光晒干，利用大自然的力量将水分逐渐蒸发，在晾晒过程中需要经常翻动；经过晾晒后，装坛；三天后，将萝卜干再度晾晒两三天后再进行第二次腌制，拌匀后分批入坛。再腌制七天就可以出坛赏味了。

萧山萝卜干的乡愁故事要从清光绪十六年的河庄古镇说起。那时的萧山人在收割络麻之后匆忙种下一片萝卜，却意外收成过剩。有位人士便开始探究萝卜的腌制方法，他们将腌制好的萝卜晾晒在芦苇编织的窗帘上，等它干透了之后再捣碎压缩，放入小坛中，用泥巴密封。一年之后，他们终于有机会品尝到了这干脆美味的萝卜，黄色晶莹的外表，香气四溢，并

且因为盐分的作用，萝卜内含有更加浓郁的味道，比任何新鲜的萝卜都令人回味无穷。很快，这种风干萝卜就被一传十、十传百，成为萧山东片的惊人火爆之物，随着技艺的完善，也就有了如今著名的“萧山萝卜干”。经历130多年历史的萧山萝卜干成为萧山当地人一道记忆中的家乡美食，是外出游子回味中的乡愁。“萧山萝卜干”这样一道乡愁产品演变成各地吃货甚至是国外家庭餐桌上的舌尖上的美味。

（二）产业特征与发展成效

20世纪20年代初，萧山萝卜干远销上海、江西、港澳、新加坡等地，走出萧山，走向全国，出口海外，其产量甚至一度超过2万吨之多。这让人们一提“萧山”二字，便会不自觉地联想到“萝卜干”三字。为了制作这种香甜可口的美味，萧山每年都耕种着10万余亩萝卜地，全区萝卜干加工企业达近50家，萝卜干销售量达40万吨，萝卜干产值高达13亿元人民币。萧山区农业的重要组成部分就是“萧山萝卜干”，其销售网络覆盖全国20多个省、市、自治区。从2004年开始，“萧山萝卜干”成为国家原产地域产品保护产品。2009年，入选了浙江省非物质文化遗产名录，“萧山萝卜干”成为了杭州市的重要区域名牌。

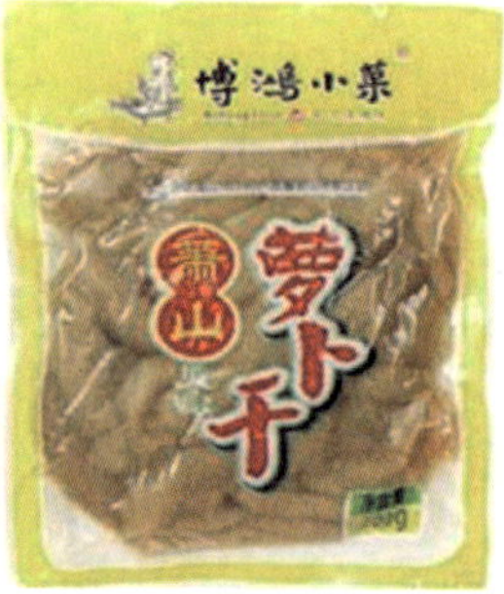

萧山萝卜干是萧山农产品加工的传统产业，依靠群体传承，弥漫着一股淳朴的土地香气。1996 年 6 月，马国荣作为萧山萝卜干第四代传承人，开创了生产“党山牌”萧山萝卜干的杭州萧山党山酱萃食品公司。每年，马国荣会带领他的年轻职工们认真挑选亲传弟子，并采用现场传授和集中培训的方式，系统传授萧山萝卜干加工的技艺。他坚持“三晒三腌”这一传统制作技法，并积极协助项目保护。在马国荣等乡村土专家和经营主体的不断努力下，萧山萝卜干获得了“杭州七宝”地方特产名录的认可，还荣获了中国农产品品牌博览会优质农产品金奖等殊荣。“党山牌”也以其卓越品质，被认定为“浙江老字号”“杭州市著名商标”称号。在这个令人心旷神怡的乡愁美食大军中，萧山萝卜干成为一道不可或缺的美食代表。

随着时代变迁，萧山本土萝卜干产量大幅度下降，传统工艺制法也面临失传的风险。为振兴萧山萝卜干这一乡愁品牌，萧山区供销联社“一村一品一合作社”积极把萧山这一乡愁产品集聚发展村列入传统萝卜干品牌村建设，授予瓜沥镇兴围村“萝卜干品牌村”称号。同时将党山酱萃食品公司作为销售合作伙伴，共同扶持这一传统产业的传承和发展，重塑萧山萝卜干品牌。萧山区供销联社将充分利用自身在产供销、人财物等方面的独特优势，采取“农户 + 合作社 + 公司”的模式，通过农科院统一育种、供销社免费赠种、农户种植、农资公司技术支撑、专业合作社深加工、公司包装销售、农旅合作社发展萝卜干产业和乡村旅游等第一、第二、第三产业融合方式，着力保护和发扬萧山传统萝卜干品牌，全力助农增收，为乡村振兴发挥积极作用。

二、海盐大头菜：天下第一汤的主角

（一）乡愁故事与乡愁文化

说起海盐的味道，无论是远离家乡漂泊海外求学就业的游子，还是世世代代生活在家乡的海盐人，脑海中想起、舌尖上泛起的第一种与家乡有关的味道，一定是海盐大头菜，海盐大头菜与萧山萝卜干、桐乡榨菜齐名，是传统的腌制加工蔬菜，在江浙沪一带颇受青睐。走进当地的大大小小的餐饮店，如果你点上一道“天下第一汤”，店家势必会心一笑，端上满满一碗“大头菜肉丝”汤，而乡间百姓人家的喜宴上，冷热荤素十七八道大菜过后，压轴的也必须是这鲜美而清口的“天下第一汤”。而这道汤的主角就是海盐大头菜。

海盐大头菜的传统生产和独具特色的加工工艺在传承中赋予了它的乡愁产业特质。海盐县是崧泽文化发祥地之一，距今5000多年前县境就有先民从事农牧渔猎活动。秦王政二十五年（公元前222年）置县，因“海滨广斥，盐田相望”而得名。武原镇历史悠久，民风淳朴，既有水乡泽园的旖旎风光，又有小桥流水的灵秀之气，素有“鱼米之乡”“大头菜之乡”“葡萄之乡”之美称。大头菜学名根用芥菜，是一个芥菜变种，当地农民习惯称芥蓝头。海盐大头菜其品种都是当地农户自己每年选留下来的，称其名为“瘪大种”（因中午瘪叶而得名）。宋《澉水志》1230年及明朝（永乐年间）《海盐县志》均记载有大头菜的种植（当时称芥菜）。《海盐县农业志》也记载了海盐1963年以大头菜支援了湖北、安徽灾区。海盐大头菜（牌号：海盐大头菜、并升、大曲）知名度极高，不仅是因为有着700多年的种植历史，还因为经过长期的传承与发展，仍然保持着其独具特色的传统生产、加工工艺。其栽培种植以施用土杂肥为主，不施农药和化肥。

大头菜腌制工艺独特，“海盐大头菜”选用土大头菜栽培，采收后的鲜大头菜，经过削根、清洗、晾晒、破片等，把大头朝上、叶子朝下排齐，在竹匾里晒至每片边上皱起来后上缸腌制，每天早上晚上各翻菜一次，脚穿专用胶鞋依靠自身的重量把菜踏结实，经过 7 天左右的腌制再把大头菜团在甏里，存放一段时间后才上市场上出售。目前，这项传统腌制工艺省内独家，国内少见，故“海盐大头菜操作技艺”已于 2008 年被列入第二批嘉兴市非物质文化遗产名录。海盐大头菜经传统工艺腌制后，香脆爽口，略带酸味，味道鲜美。可直接生吃，也可烧汤或炒菜。加工后的“并升”牌和“大曲”牌大头菜系列产品，又是另一番风味，深受广大消费者青睐。

（二）产业特征与发展成效

20 世纪 80 年代初期，大头菜面积基本维持 900 亩左右，主要分布在城西乡和城郊乡，产品主要是自产自销。80 年代中后期，联产承包责任制和乡镇企业的发展，大头菜的种植面积有所减少。随着产业结构的调整和效益农业的发展，政府十分重视当地的经济优势产业——海盐大头菜，一方面引进先进技术，另一方面开发大头菜系列产品，成立海盐县红益大头菜合作社，注册“海盐大头菜”商标，办起了海盐县天旺特色蔬菜加工厂、海盐县大曲蔬菜加工厂，注册了“并升”“大曲”商标，生产“并升”“大曲”牌大头菜系列产品。同时，积极引导农民发展海盐大头菜，并且出台了扶持政策，勤劳的武原人民积极响应政府的号召，纷纷调整种植结构，发展大头菜生产。自此，海盐大头菜（牌号：海盐大头菜、并升、大曲）得到较快发展，种植规模不断扩大，到 2005 年全街道种植大头菜面积达 3000 余亩，年产鲜菜 10125 吨，加工后年产量 5500 吨，年总产值 1050 万元。海盐大头菜（牌号：海盐大头菜、并升、大曲）产业也成为武原街道农村经济发展的主导产业和新的经济增长点，是海盐农民致富的最有效途径之一。2006 年 9 月，“红益大头菜”被农业部农产品质量安全中心审定为无公害农产品，2007 年 3 月海盐大头菜申报国家地理标志产品保护并获得通过，大大提高了海盐大头菜的品位。

为了实施名牌战略，打造海盐大头菜的传统优势产业，武原街道党委、政府主要领导亲自挂帅，组织合作社的主要成员和有关部门去上海、杭州、江苏等地，参加海盐大头菜（牌号：海盐大头菜、并升、大曲）推介会，并参加了国家级、省级的展示、展销和博览会等，不断提高海盐大头菜（牌号：海盐大头菜、并升、大曲）的知名度。经过一系列的努力，在1998年10月举行的“’98嘉兴优质农产品展示会暨农业科技交流会”上原城西乡的大头菜被评为优质产品，“并升”牌礼品大头菜被评为2002年浙江省农业博览会银奖。海盐县天旺特色蔬菜食品厂2003年被评为海盐县农业龙头企业，2004年被评为嘉兴市农业龙头企业。

2012年前后，受市场上传统手工业从业人员急剧减少的大环境影响，同时由于大头菜制作工艺对人力要求很高、一部分种植户为了追求产量产值放弃了传统工艺，受武原街道先后启动的两新搬迁、城中村改造征迁等工程影响等诸多原因，海盐种植大头菜的农户比例开始逐渐减少，例如，红益村当初有大头菜种植户430余户，大头菜种植面积1200亩左右，现今已锐减到种植户100多户，种植面积700多亩，年产值400多万元。

作为海盐人舌尖上最鲜甜的味道，海盐大头菜也是海盐人乡愁的一个符号。为了留住记忆，留住文化，秦山街道晓华农场采用传统工艺种植和腌制大头菜，现有种植面积5—6亩，年产量一万多斤，并且还和县妇儿中心合作设计了海盐大头菜制作科普亲子游产品，让妈妈和孩子们一起了解大头菜生长、收割、腌制过程，学习掌握大头菜制作流程是件富有生活情趣及文化传承意义的事。而武原街道红益村不想放弃大头菜种植这一蕴含着地理特征和非物质文化遗产的传统产业，他们克服种种困难，没有场地，部分种植户就在“四无企业”腾退后的海盐惠尔斯食品有限公司的

1000 平方米的厂房内继续做大头菜腌制加工。

鲜香味美的大头菜，在海盐的土地上生长，不单单是为农户创收，也因其腌制技艺所承载的农业文明而逐渐成为了一种乡愁文化。

三、海盐澉浦羊肉：古镇“八大碗”的灵魂

（一）乡愁故事与乡愁文化

海盐有句老话：“澉浦八碗，羊肉第一。”在澉浦不论是摆喜酒、吃年饭还是招待朋友，红烧羊肉总是主人端出来的第一道美食。早在 20 世纪 30 年代，澉浦羊肉已驰名沪上。很多上海人开着小汽车特地到澉浦来吃羊肉。时至今日，一提起海盐南北湖，一些老上海便要联想起澉浦羊肉。同样地，那些自小便离开家乡出外闯荡的澉浦人，舌尖上始终挥之不去的便是那一碗羊肉香。

老澉浦人的乡愁，就是那冬日清晨一块热气腾腾的羊肉。在老澉浦人的乡愁记忆里，当地老饕们会在清晨的 4 点就来羊肉馆子里吃上头锅羊肉，酌一杯小烧酒，在充满市井味的馆子里觥筹交错，入境者飘飘欲仙，服务者颠前跑后，形成了当地特有的饮食文化——“早烧”。澉浦名出北魏郦道元《水经注》：“东南有秦望山，旁有谷水流出为澉浦。”据史载，“唐建镇、宋通商、元兴曲、明筑城”，澉浦是座具有千年历史文化底蕴的古镇。澉浦镇位于海盐县南端，东、南濒临杭州湾，西与海宁市黄湾镇接壤，北靠秦山镇，素有“浙北侨乡“之称，自唐朝建镇开始，就陆续云集了国内外众多的商贾，因此形成了多元化、特色化的美食文化。澉浦在宋至明代畜牧养殖业兴盛，宋《澉水志》载“吴家山等六山，不种林木，百姓牧养牛羊处所”。至民国时期，更以养羊为主。《澉志补录》云“乡间豢羊，冬日恒以枯桑叶作饲料，故其味腴美。”可见，澉浦羊肉已是当时流行菜肴。民间传说海盐腔创始人杨梓私房家宴——“八大碗”的主菜之一即为澉浦红烧羊肉，其后历代至今，已成了澉浦人办大事设宴的主要菜品，“八大碗”作为澉浦美食的代表和灵魂，引领着这座古镇的美食记忆。

百姓对美食的追求，已经从吃得饱转化为吃得好。红烧羊肉虽各地都有，唯澉浦羊肉口感独树一帜，令人回味无穷。《海盐县志》《海盐民俗风情》《澉浦镇志》《南北湖志》等均有记载，其地方餐饮文化代表地位显著。

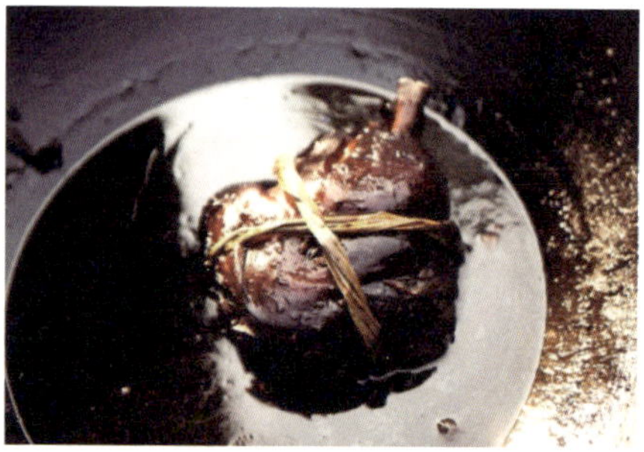

澉浦红烧羊肉，经历代澉浦人的不断继承和发展，如今已经成为深受长三角地区游客喜爱、海外澉浦人甚为想念的餐饮品牌和文化品牌。《食品与生活》1997 年 5 期、2006 年 12 期，2011 年 12 月央视二套“消费与主张”栏目、2010 年 5 月央视《方志与中国》宣传片等国内主流媒体都专门报道了澉浦羊肉，南北湖风景区自 2012 年起年年举办羊肉美食节，2012 年，澉浦红烧羊肉被评为海盐十大特色菜。2018 年，澉浦红烧羊肉技艺被列入嘉兴市第六批非物质文化遗产名录。

（二）产业特征与发展成效

澉浦羊肉作为舌尖上的品牌早已成为澉浦、海盐旅游和餐饮产业的招牌，一直助推着海盐餐饮文化的良性发展，从民国时期早烧文化的主打产品，发展到 20 世纪开始的农家乐时代的拳头产品，与千年古镇、浙江省旅游强镇相互成就。为传承和发扬当地悠久的澉浦羊肉烹饪文化历史，2012

年，南北湖羊肉美食节应运而生，至今已经连续举行了十一届，向来自全国各地的游人和食客分别展示了南北湖羊肉文化和产业发展成果，更是推动了澉浦文旅融合以及澉浦羊肉品牌的塑造。

近年来，为了促进以澉浦羊肉为代表的传统餐饮产业的发展，地方政府积极运作，一方面强化硬件，在2016年，澉浦新市镇农贸市场建成，金良羊肉店在新菜场开设新店，设施和环境卫生状况都得以改善，2018年底，澉浦完成了澉浦古镇小城镇环境综合整治工程，古镇面貌彻底改变，位于古镇上的金良羊肉店老店，也更新了店招和外观，引得国内美食栏目媒体陆续前来给予报道。另一方面强化品牌，通过积极申报争取，澉浦红烧羊肉技艺于2017年被列入海盐县非物质文化遗产名录，继而又因其日渐增强的影响力于2018年被列入嘉兴市非物质文化遗产名录。与此同时，以澉浦古镇金良羊肉店和建生羊肉店为代表的一众老字号招牌老店近年来也开始注重宣传推广，金良羊肉店对品牌Logo、包装、门店等进行了一系列的设计塑造，“澉浦羊肉”除了现烧现吃外，也提升为简装精装的品牌礼盒，随着互联网销往全国各地甚至海内外。近几年来，大大促进了羊肉门店的销售额。

特殊的技艺里蕴含着的地域文化和乡愁，成就了澉浦餐饮文化的品牌。澉浦羊肉制作属于手工技艺，加之羊肉的时令性，一段时期内不可避免地面临着传统手工业普遍存在的传承困难和发展困难，但是随着饮食观念的转变，羊肉美食早已不计较季节，原先局限于冬季食用也随着羊肉面、羊血汤等衍生产品延伸至全年。在长三角地区，“喝沈荡黄酒、吃澉浦羊肉”已逐渐成为游人和吃货们的一句时尚话。而且作为海盐十大特色名菜，加之域内既有澉浦古镇又有南北湖风景区，又处在浙江省美丽乡村“湖光山色”精品线主要地缘带，其作为旅游特色餐饮主打地位日益凸显。目前，澉浦各大星级酒店、民宿和农家乐均以“澉浦羊肉”为招牌菜，大力推动了澉浦三产发展，也扩大了产业在区域内的影响，成为澉浦乡村振兴的闪光点，提升了海盐特色餐饮产业的竞争力，对于地域经济发展和生活水平的提高都有促进作用。

随着澉浦古镇旅游的进一步开发和南北湖未来城建设发展，澉浦羊肉将寻找优质的原材料生产供应区域并建立全产业链生产基地，建立完善的保护食品传统工艺的后勤保障基地，按照百年老店模式扩建金良羊肉店，继续举办羊肉美食节，打造澉浦羊肉金名片，并会同沈荡酿造强强联手，形成稳固而系统的地域品牌优势，提升产品效益和品牌竞争力，也将使区域经济更具活力。

四、东阳博士菜：梅干菜造就了博士

（一）乡愁故事与乡愁文化

东阳博士菜是东阳特色菜，俗称“梅干菜”。据说在改革开放前，东阳丘陵地区很穷，山区里的学生到城里读书，半个月甚至一个月才能回一趟家，梅干菜方便长期储存，所以基本上家家户户都会炒一罐，让孩子带去学校吃，很多贫穷的东阳学子就是吃梅干菜成长为博士，故美其名曰“博士菜”。

东阳博士菜的乡愁故事，那要从一个个博士说起。东阳自古重视文化，教育底蕴深，被誉为“教育之乡”，人文故事源远流长。“兴学重教、勤耕苦读”，朱熹、陆游等一大批巨匠，曾踏足东阳的“石洞书院”，传道授业解惑，栽培后世人才。明代宰相宋濂所作的《送东阳马生序》，流传至今，数百年来传颂不衰。历史上，东阳英才辈出，行至京城的进士高达305人，其中武状元占据6席，可谓青史留名，演绎着东阳的崛起传奇。

古代有名宦舒元舆、乔行简、张国维等，近代有北伐名将金佛庄、著名铁道专家金士宣、地学元老葛绥成，“一代报人”邵飘萍、著名物理学家严济慈、著名植物学家蔡希陶、台湾报业巨子王惕吾等，更有网络时代凭借手提馒头矿泉水接受采访冲上热搜的北大数学大神（简称“北大韦神”）。据统计，目前，东阳籍“两院”院士有13名，高校校长、科研院所领导100多人，博士1100多人，教授和教授级高级工程师10000多人。被《人民日报》称誉为“百名博士汇一市，千位教授同故乡”。

博士菜一般是用九头芥来腌制、发酵、晒干而成。在清明节前，将九头芥菜洗净晒干，然后切碎装在坛中腌制，待卤汁回落，成熟后取出，放在太阳下晾晒，直至色泽红亮，香气扑鼻，即可密封贮藏，以待食用。用九头芥晒制成的干菜，越蒸越乌，越蒸越软，越蒸越香。利用梅干菜可以制作出许多美味佳肴，比如干菜扣肉、干菜烤饼、干菜拌豆腐、干菜炒大肠、干菜鸭等。这道菜名蕴含着东阳人学习勤奋、刻苦的精神。对于走出去的东阳人来说，它不仅是一种食物，更是一种象征传承和乡愁记忆。正是得益于博士菜的美名，如今，东阳的梅干菜不仅香飘全国，还走进了欧美等国。

（二）产业特征与发展成效

东阳博士菜的产业依靠的是纯手工晾晒。每到春天晒梅干菜的季节，东阳市许多村庄都会飘起九头芥的菜香，特别是在制作梅干菜专业村，例如城东街道东联村跃进自然村。一般过了元宵节就开始收割九头芥，将其清洗干净，然后晾晒去除水分，再放入缸里腌制。一个月后开缸就成了农家食用的咸菜，过了一段时间再将咸菜晾晒，就变成了梅干菜。原先村里制作梅干菜的农户产能低下，近年来为了响应“机器换人”的政策，一些大户便购入切菜机，产能也随之提高。这使因为要带小孩没办法出门赚钱的村民也能用空闲时间干点农活为家里增收。跃进自然村梅干菜走俏，据说是沾了东阳土索面的光，村里祖祖辈辈都会做东阳土索面，名气很大，最初，很多商人是来村里购买东阳土索面的，看见村里有人制作梅干菜就采购了一些回去，一吃觉得口感很好，于是就一传十、十传百，越来越多的人来村里买梅干菜。于是，村里制作梅干菜的人就多了起来。

东阳是“教育之乡”，早年许多学子都是吃梅干菜，勤学苦读成长成才。因此，梅干菜又被称为博士菜。跃进村民们手工腌制梅干菜耗时长，口感好，炒起来也香，市场上很受欢迎。村里家家户户都会做梅干菜，产销梅干菜已经有多年历史，是附近出了名的梅干菜专业村。每年4月份梅干菜制作完成时，都会有上海、杭州、金华、义乌等地的商人过来收购梅干菜。村民制作的梅干菜，会留一小部分家里吃，大部分会售卖出去。全村有近百户农家出售梅干菜，数量在3万斤左右，现在每斤梅干菜的售价在5.5元到7.5元之间，销售额达到15万元。

每年春季，在外的游子或食客都会回乡收购一些梅干菜，带回城里或饭店炒菜用。或用梅干菜炒豆角、烧五花肉、做干菜肉饼。梅干菜带给食客的不仅是味蕾上的鲜美享受，更是一股浓浓的乡愁。

五、嘉兴南湖菱：乾隆赞不绝口的贡品

（一）乡愁故事与乡愁文化

南湖菱既是水果，又可当菜，风味独特，清朝时曾被列为贡品，现在已成为嘉兴独具代表的乡愁味道。嘉兴南湖菱，因产于南湖烟雨楼前的荷花池而得名，是菱中罕见的珍品。主产于浙江省嘉兴市南湖、千亩荡、磨糖荡、湘家荡及嘉善县杨庙等地。原为带角的小青菱品种，经多年选育，培育出独具的无角菱，又称圆菱、和尚菱、馄饨菱等。皮薄色青，肉白水多，清香、脆甜、爽口，有四种吃法，即嫩菱生食、老菱煮食、菱肉做菜

和制作风菱，最宜鲜食。为秋季应时佳果，应市时间从 8 月中旬至 11 月上旬，长达三个月之久。中秋前后是采摘的季节，每到南湖菱上市，嘉兴人吃菱角的风习，虽未经明文公约，但也确实是“万众一心”，相习成俗的。

南湖菱的乡愁故事与乾隆有关。话说乾隆三下江南期间，曾三次驻在南湖烟雨楼，在楼前荷花池摘食南湖菱后赞不绝口，写下了“夏中让彼泛锦芰（芰为菱之称）的诗句。据说当时乾隆扮作一个富商模样，带了三名太监，雇一条小游船到麟湖游玩。其时正是八月金秋季节，是菱角上市的时候。乾隆一看刚采摘的菱角果然鲜嫩可爱，便命小太监买了一斤。当时的菱角生有四只尖角，十分锋利，乾隆又是第一次吃菱，不懂吃菱角的窍门，不小心嘴巴被菱角刺了一下，十分疼痛。乾隆皱着眉头十分不快，自说自话道：“菱角肉虽然好吃，可惜有刺。”说着命太监把余下的菱角全部倒入了湖中，并且说：“明年长出来的菱角不能再有角了。”说也奇怪，第二年秋天这个地方生出来的菱角真的完全没有角了，圆圆的既不刺手，也不刺嘴。农民们把这些菱角全部当作种子，以后这里生长的菱角全部成为无角菱。后来这种无角菱传到嘉兴南湖里，很受消费者欢迎，于是大家把这种菱角叫作南湖菱。但是，大家都不知道的是，这种菱角的原产地却是麟湖，这就是南湖菱的传说故事。

南湖菱的种植历史可以追溯到六千多年前，从生产发展史的角度来看，南湖菱的历史源远流长。在历史上的某些时期，南湖菱的种植规模非常庞大，正如文艺巨匠陆龟蒙所言："水国烟乡足芰荷"，这些经典诗句描绘了过去南湖菱生产的辉煌场景。无角炭化菱是嘉兴马家浜文化遗址的发现物，南湖菱在嘉兴市有悠久的种植历史，具有鲜明的产品特色和浓郁的文化底蕴。文物考古部门的发掘资料表明，嘉兴市马家浜新石器时代遗址中出土的一只炭化圆角菱与嘉兴南湖菱十分相似，这证明嘉兴是南湖菱的原产地，在历史上其分布范围相对较小，因此其珍贵之处也由此可见一斑。元代至元《嘉禾志》和明代李日华的《紫桃轩杂缀》都对南湖菱的分布范围做了明确的描述："周遮只百里内耳"，也从旁验证了南湖菱的价值，也再次突显了南湖菱的独特价值。

（二）产业特征与发展成效

南湖菱的营养价值较高，具有药用功能。同时南湖菱作为一种水生作物，不仅有一定的经济价值，而且有良好的生态功能，平原水乡，水面种菱，有利净化环境，改善水质。据考查，1932 年南湖菱种植面积达 4000 余亩之广，平均亩产 750 公斤左右。1964 年南湖菱种植面积为 9082 亩，产量为 3250 吨，成为历史上产量最高的年份。在 20 世纪七八十年代，南湖菱的种植面积逐年减少，其产量下降幅度很大，后移至嘉兴市油车港镇千亩荡种植，得以发扬光大。南湖菱的主产区嘉兴镇水产大队，在 1964—1982 年 19 年中平均每年种植面积 293 亩，产量为 294. 4 吨。坐落在南湖边的许家村菱农积累了极其丰富的种菱经验。

由于南湖菱属水生植物，产品又以鲜销为主，因此历史上主要产区集中在市区南湖及北部近郊水网密布的几个乡镇。油车港镇由于紧靠市区，辖区内水网密布，在历史上一直是"南湖菱"主产区。"南湖菱"在当地的栽培历史有史料记载就有 800 年以上。近年来，由于嘉兴市对南湖水域的治理，南湖菱的栽培区域已由南湖及其附近向北片迁移，形成了以油车港和王江泾两个相邻水产大镇为主的南湖菱生产集中区。

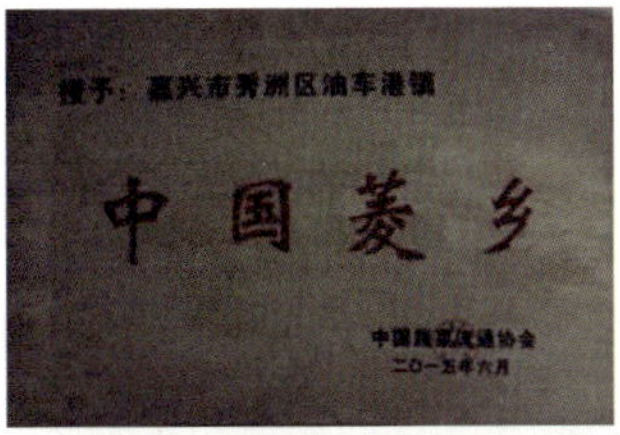

2009 年 7 月“南湖牌”南湖菱的地理标志产品保护通过了国家质检总局（现国家市场监督管理总局）的评审，列为国家级地理标志产品保护项目。2015 年 6 月中国蔬菜流通协会授予嘉兴市秀洲区油车港镇“中国菱乡”。2018 年 1 月浙江省粮食安全和推进农业现代化工作协调小组农业“两区”办公室授予嘉兴市秀洲区油车港镇“省级菱果特色农业强镇”。2018 年油车港镇南湖菱种植面积 3200 亩，其中稻田种植面积 546 亩，外荡 2654 亩。亩产量平均在 1700 市斤左右，产值 6000 元，净利润稳定在 2500 元左右。

为了深化南湖菱产业的发展，嘉兴秀洲区倡导当地农民充分运用水域资源，改变单一水产养殖模式，扩大南湖菱种植面积。同时，油车港镇也因其北部地形低洼的特点，积极实践以稻田种菱的优良方式，进一步提高单位面积的产量和经济收益。通过一系列规范化和升级措施，有力地促进了南湖菱特色产业的可持续发展。这些举措，不仅在经济上带来了显著成效，也为南湖菱的文化传承与保护注入了新的活力。

南湖菱承载了六千多年来的水乡传统文化，蕴含着百姓勤劳朴实、吃苦坚韧的品格和圆润通达的品性，针对目前南湖菱产业发展面临的困境，当地政府不断探索湿地种养结合多模式的发展战略，自然环境得到改善，村级经济减少支出，增加了收入，农民得到了实惠，农业主体得到了财富，使油车港镇农业农村工作有了较大提升。下一步将大力发展水生蔬菜产业、积极探索多种模式的种养结合、抓好产品营销、引进南湖菱深加工企业、继续做深湿地种养核心区文章，进一步做好南湖菱的文化延续与挖掘，每年举办“菱文化节”，组织采菱比赛、划菱桶比赛、剥菱壳比赛、唱菱歌表演、品菱质活动等，不断创新活动形式和内容，着力推进中国菱乡建设和水乡传统文化传承。

六、嘉兴五芳斋粽子：乾隆年间安居乐业的画卷

（一）乡愁故事与乡愁文化

传说中，“五芳斋”这个响亮的名字源自清朝道光年间，其创始人名叫沈某，他有五个娇嫩可爱的女儿，分别被赋予了玫芳、桂芳、莲芳、荷芳和芝芳这五个美好的名字。与此同时，他所经营的店铺也需要一个独特而富有辨识度的名称。机缘巧合，店里的原料中，恰好有着与沈老板的孩子们名字相通的地方。于是，凭借着这巧妙又富有故事情节的灵感，沈老板毅然将他的粽子铺取名为“五芳斋”。

根据《古禾杂识》《太平欢乐图》可知，在乾隆年间，粽子已是一种深受嘉兴百姓喜爱的食品，不但店铺售卖，还有人挑着担走街串巷叫卖。可见，嘉兴人喜食粽子的习俗由来已久，粽子也是每个嘉兴人的一缕乡愁，而五芳斋粽子已然成为嘉兴的一个标志性符号。董棨临摹的《太平欢乐图》中第七十三图为“端午包粽子”：一个挑担人，挑着一副食挑，后挑有三层笼屉，笼屉上方放着一个箩筐，箩筐内盛满粽子，前挑一个柴灶，柴灶上坐着一只铁锅，铁锅内同样也盛满粽子。以图推断，后挑为冷粽子，前挑为热粽子。这与现今五芳斋总店大堂内的挑担老人雕像颇为相似。可见旧时，嘉兴粽子的商业形态是从挑担售卖开始。

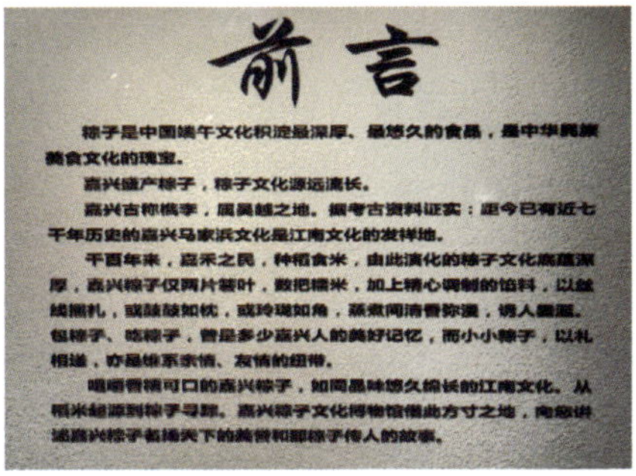

《太平欢乐图》记录了乾隆年间杭嘉湖一带的市井百工与人生百态，展现了乾隆年间政局稳定、经济繁荣、百姓安居乐业的场景，据说此画册受到乾隆皇帝的嘉奖。而乾隆三十四年（1769）嘉兴人项映薇（1730～1789）所撰《古禾杂识》是以文字形式将乾隆年间嘉兴地区风俗、物产、轶闻掌故记录下来的。《古禾杂识》记载：“寒食节，有青团灰粽。乡人则作茧团，其形如茧，以祈蚕也。立夏节有麦芽团；端午节有端午粽；七夕有馓子、油堆；中秋有荤素月饼；重阳有栗糕，上插小红旗四面；腊月祀灶有汤团、赤豆饭；新岁有年糕、元宝、寿桃等。”这记载与《太平欢乐图》异曲同工。最有意思的是，《古禾杂识》中记录一首嘉兴民谣，中有“南门大粽子”之句，并注释道：“南市极短，止通乡儆，无大店铺，仅见鬻糕，团小经营，而某家角黍最大，乡下人竟趋之。”这又是对《太平欢乐图》中“端午包粽子”图画的印证与互补。

追溯到1921年，当时一位浙江兰溪商人，在嘉兴城内张家弄开设了五股合伙的粽子店。为彰显浓烈的谷米之香，这家店铺便定名为“五芳斋”，

用芳馨之意象征五谷飘香。从此，这个老字号品牌犹如花开般迎接历史的百年风云。20 世纪 40 年代到 50 年代，五芳斋以独特的特色：糯而不糊，肥而不腻，香糯可口，咸甜适中享誉江南，其口碑之高更被誉为“粽子大王”。1956 年，五芳斋在当时特殊的政治气氛中公私合营，陆续开启着新的发展篇章。在半个世纪之后，五芳斋依旧坚持着高品质的经营理念，其金字招牌成为了嘉兴市的一张闻名标签。

（二）产业特征与发展成效

自 20 世纪 90 年代中期起，五芳斋便奋力向外拓展市场，将江浙沪地区创造为经营核心，走向全国。随之而来的，是全渠道新商业模式的融合发展，集零售、快餐连锁和电子商务于一体，成为中国餐饮业最极富创新的桥头堡之一。五芳斋集团则脱胎于这样的理念，2004 年组建，致力于全国市场战略布局，从“土地”到“餐桌”的整个食品产业链逐渐完善。最新成果是：拥有着东北稻米、江西粽叶两大原料基地以及嘉兴、成都、武汉三大生产配送基地。五芳斋在全国创立了 16 家销售分公司，构建了全国销售渠道资源体系。其强化的国际拓展计划也已展开，产品已经进军世界各国和地区，以崭新的姿态，掀开了新的行业篇章。2008 年以来，公司加速发展中式快餐连锁产业，现已拥有 400 多家餐饮门店，覆盖上海、杭州、嘉兴、宁波、苏州等长三角核心城市以及高速服务区、高铁站点，并辐射至港澳地区，年营业额达 7 亿元。同时，五芳斋在嘉兴、湖州、绍兴等地布局了 700 多个早餐经销网点，年营业收入近 1 亿元。

2009 年，五芳斋充分发挥传统品牌的优势和实业产业链基础，纵横电商市场。数年间，公司业绩翻升，每年坐拥倍增的增长，并连续 11 年稳坐网络销售第一品牌宝座。粽子、月饼等休闲食品领域更是被五芳斋妙手推展于互联网舞台，直至 2018 年，电商销售额猛进 7 亿元，贺彩怒放。

五芳斋愈显注重老字号品牌建设。曾荣获“中华老字号”“国家地理标志”等诸多国家级、省级荣誉。五芳斋粽子制作技艺，更在 2011 年被推入国家非物质文化保护名录。五芳斋不赶时髦，但掀起了时髦。这当中，固然非中西域跨界莫属。自 2016 年起，五芳斋便开始与诸大品牌跨界联手。借助联名合作之力，五芳斋成功将传统文化与现代趋势融合，成为席卷年轻一代的潮流中心。无论是不一凡例的广告，抑或者双方在联名合作之中奠定了品牌新境。倚仗消费者的情感及记忆，五芳斋的品牌形象焕然一新、充满生机。面对互联网潮流，五芳斋直抒胸臆，并赢取了新生消费者之夸赞与推崇。

具有百年历史的五芳斋，遵循着“和商”的经营理念和企业精神，致力于成为中华传统美食标志者。目标定位已向“轻、快、互联网化”的方向升级转型。众所周知，对于老字号的传统美食，令如今的年轻人投以欣赏的目光是困难重重。可五芳斋，却凭借其次次成功营销以及耀眼时尚的跨界联名，成功蜕变成了当下的“中华节令美食创导者”，以“粽子大王”的名号更是迅速崛起。并且，在 2022 年 8 月 31 日，五芳斋更是在上交所成功上市，担当着“粽子第一股”的美誉。

七、武义郭洞竹筒饭：吱吱作响的民间便当

（一）乡愁故事与乡愁文化

乡愁是什么，是游子在外，一丝回忆涌上心头。是记忆中的某种食物，是味蕾的自然流入。郭洞让人回味的就是那刚烤出来吱吱作响的竹筒饭。

武义郭洞的竹筒饭已流传200多年了。而竹筒饭的饮食习惯与当地的生产、生活习惯息息相关。郭洞村以“山环如郭，幽邃如洞”得名。村庄三面环山，东边龙山高踞，西边伏虎山起伏，南边山脉连连，只留北面一个进出口，而山上森林资源丰富，特别盛产毛竹。据传几百年前智慧的郭洞村民把米、玉米等东西放进竹子里放在火上烤。用竹子代替碗吃饭，到山上干活就带一桶竹筒饭，风吹不到，雨打不着的，凉了就扔到火堆里热一热，十分方便又美味，后来沿边的村子也这样吃。中国多竹，在陶器十分珍贵的年代里，竹子理所当然成为人们最好的盛器。古人讲“一箪食”，这个“箪”本义就指古代盛饭的圆形竹器。到了清代，“竹釜”更是盛行，清代学者陈鼎在《滇游记》中说：腾越铁少，土人以毛竹截断，实米其中，炽火畏之，竹焦而饭熟，甚香美。竹筒饭的烹制方式可谓传世之宝，彰显出野炊所独具的特色。取一节竹筒，将山兰米和适量水倒入其中，然后放置火堆中悉心烤制，当竹筒表面烧焦时，米饭便已熟透。此时，一劈开竹筒，米饭被竹膜所包裹，香气四溢，香软可口，浑身散发着竹的清香和米饭的醇香。如果将猪瘦肉、香糯米和盐混合放入竹筒中进行烤制，则可制成珍贵美食——香糯饭，其异香扑鼻，用以迎接贵宾可谓恰如其分。在郭洞，几千亩竹林支撑着竹筒饭代代相传，于物质匮乏年代提供神奇的盛具，到了物质丰富的今天，则丰富着我们的日常生活。武义郭洞村竹林婆娑，绵延不绝，竹香阵阵，一管管被炙烤出的竹筒饭，透彻地回荡着岁月的珍藏，勾起人们满满的乡愁。

（二）产业特征与发展成效

去过郭洞的游客想必都看过当地的竹筒饭，这道美食已成为当地众多农家乐的“主食”。人们现在所到的郭洞，大凡是指郭下村。郭下村作为郭洞景区的其中一个行政村，占据地理优势，依着聪慧，把祖先的竹筒饭进行了改良，成为一道乡愁产业。1998 年郭洞景区的开发，儿孙们自然而然地想到了竹筒饭，如今竹筒饭已成为郭洞村的一道味蕾上的产业，全村现已有 16 家竹筒饭农家乐。和风细雨中，在水口聚友饭店门前，一位百岁老人何宝德正在帮儿子烘烤竹筒饭。这张多年前的照片让我记忆深刻。竹筒饭在郭洞村已流传几百年，技艺代代相传，味道纯真本味。随处可取的食材加低成本的制作，竹筒饭一开始就定位在了大众化。十元一只的竹筒饭价格多年未改，它成为餐桌上必不可少的一道特色菜，也成为了郭洞的一张名片。竹筒饭的产业化，带动的是近百来人收入的提高，从毛竹销售到毛竹加工再到竹筒饭的制作，2018 年度实现了年收入 30 余万的收益。

但产业的发展遇到了瓶颈期，原先的砍竹人越来越多地外出打工，使毛竹砍伐的成本增加，在竹筒饭单价不变的情况下，利润越来越低。景区人流的受限使产业的扩张受限。这个时候有的农家乐老板为了让更多的人尝到竹筒饭，把竹筒饭需要的材料全部提前准备好装入竹筒然后密封，客人购买只要用微波炉加热一下，就能品尝到地道的山里竹筒饭。这种半成品的竹筒饭放在冰箱里能保存好多天，竹筒也是经过特殊加工的，市民吃完后还可以把侧面的盖子打开做成一个竹制小花盆。目前，这种竹筒饭还只能用微信预订。打造品牌让郭洞竹筒饭走得更远，利用互联网思维，打通物联网。当前郭洞村已成立了公司，应该尽早成立竹筒饭办，确立商标，制定标准化，改进技术，走向更大的市场，这个舌尖上的乡愁产业才能走得更远。

八、武义柳城“宣平小吃”：杭州太守连吃三大碗

（一）乡愁故事与乡愁文化

“客人来，侬（烧）点心，侬达些（烧什么）？端碗面食香喷喷。”这是在宣平广为流传的一首民谣，宣平一带称馄饨为“面食”，是当地有名的早点主食，也是招待客人必备的点心。而柳城畲族镇原为宣平县治所在地，畲民勤劳，小吃种类繁多，春节、元宵、端午、中秋、重阳等节日都有特别的风味小吃，柳城畲族镇、桃溪镇等南部山区的小吃统称为“宣平小吃”。

“宣平小吃”的乡愁故事与杭州太守有关。相传乾隆年间，杭州太守由金华府府太爷陪同到宣平县游玩。到了宣平县北城门口正值中午，一行人鞍马劳顿、饥肠辘辘，看到有一爿面食铺，就找了个位置坐了下来。随从连声叫喊快上点饭菜，老爷饿坏了。面食铺的老板娘说：“我们这里只烧面食，不烧饭菜。”杭州太守是北方人，最喜欢吃面类食品，听说烧面食，心里乐坏了，连忙说：“好好好，俺最喜欢吃面食了。只是面食做得太慢了。”但是不一会，一碗热腾腾的“面食”就上桌了。杭州太守看这薄如蝉衣的面皮，透着诱人的鲜肉馅，吃了一口后连连称赞，一口气吃了三大碗。太守吃完后回味无穷，说：“我以前在别的地方吃的馄饨没有这么鲜，你如果到杭州开家面食铺，我给你免租金，我天天来吃，保你生意兴隆。”结果这位老板娘真的在杭州开了个馄饨铺。后来一传十，十传百，很多宣平人都到外地开馄饨铺，“宣平馄饨”也就慢慢做出了名堂。现在，在杭州、金华、武义、永康等地都有“宣平馄饨”铺，在外游子只要吃上

一口“宣平馄饨”就能勾起浓浓的乡愁。

柳城山清水秀，土特产丰富，人民心灵手巧，加上环境较封闭，形成了与周围县市相比更富有特色的饮食文化。一方水土养一方人，不同季节、不同物产，当地人们以饮食顺应物候，以达成人体内循环与外界气候大循环的协调，立春时节吃年糕、饭粿、发糕、实地糕、山粉糕、艾糕、手工年糖、千层糕片、糕干等，雨水时节吃汤圆、宣平面食，等等，惊蛰时节吃沙炒番薯片、沙炒番薯粿、沙炒饱萝、沙炒黄豆、沙炒米，等等，形成了当地独具特色的“二十四节气小吃”。

（二）产业特征与发展成效

柳城作为宣平县治所在地时间达 500 多年。悠久的历史加上畲汉文化的交融，共同孕育出了柳城独特的小吃文化。对于游客来说，“宣平小吃”是舌尖上的美食，对于游子来说，那就是舌尖上的乡愁。“民以食为天”。随着“互联网 +”的运用、节后经济的发展、美丽乡村的培育、小吃品牌的打造等等，“宣平小吃”不断孕育出甜蜜可口的“乡愁经济”。2015 年 11 月 11 日，柳城畲族镇举办了首届“双十一”畲乡土货网购节，“宣平小吃”第一次在公众面前集体亮相，宣平馄饨、手工麻糍、红薯条、发糕、千层糕、乌米饭等众多小吃搭载着互联网的快车，获得了线上、线下双丰收。据武义农村电商柳城分中心统计，当天接单量达到3500单，日销售额达10万元，正式拉开了“宣平小吃”发展的序幕。

在全省“千村示范、万村整治”工程的推动下，柳城畲族镇迅速响应上级号召，开展了轰轰烈烈的美丽乡村建设。金山尖村盛产红薯，因销路不佳，大量红薯只能烂在地里，为了减轻损失，村民只能将红薯晒干制作成红薯条，但是销路还是差强人意。2016年，金山尖村以美丽乡村建设为契机，以“晒制甜蜜”为主题，通过建设主题村标、番薯文化墙，举办首届“斗薯大会”等，成功打响了红薯“翻身战”。从此，烂在田里的“泥粑粑”成了村民增收致富的“金疙瘩”，村民户均增收3000元。

柳城畲族镇是浙江省非物质文化遗产主题小镇，民俗文化及节庆活动十分丰富，有正月十五“擎龙等”、二月二“龙舟会”、三月三“畲歌会”、五月十六“擎抬阁”、中国宣莲节、番薯节、发糕节等。正所谓文化搭台，旅游唱戏，“宣平小吃”也成了柳城各大节庆活动的主角之一。2017年，正月十五当天，来柳城观看“擎龙灯”的游客达5万余人，当天“宣平馄饨”卖出8126碗，千层糕卖出6823盒，油饼卖出约11000个，当天各类小吃销售额突破 100 万元。2019 年 4 月 2 日，浙江省第六届畲族风情旅游文化节系列活动之“宣平小吃”品牌发布会在柳城畲族镇成功举办，精心设计的“宣平小吃”Logo 正式发布，涵盖二十四节气的 88 种小吃在柳城畲族镇司前古街展出，样式精美、种类繁多，场面震撼。

为振兴“乡愁经济”，柳城畲族镇将着眼于“宣平小吃”品牌建设，以此掀起经济振兴新浪潮。将“宣平小吃”品牌做强做大，与当地旅游、特产等相关产业全面协同发展。凭借强大的品牌影响力，提高农民收入，搭建就业平台，催生新兴产业，为乡村经济振兴注入新动力。同时，“宣平小吃”品牌也将成为一个新的窗口，展现出柳城的新面貌，成为外界认识柳城、宣传柳城的金字招牌。

九、永康肉麦饼：黄帝铸鼎之余的创意美食

（一）乡愁故事与乡愁文化

永康肉麦饼，一道别有风味的特色小吃，被誉为永康市的美食标志。在丰收喜庆的日子里，永康农家便会采用自然、健康的食材，制作出美味的肉麦饼。虽然外表粗糙，但却是“人不可貌相”的美食代表。与寻常的面饼相比，永康肉饼更是色香味俱佳，一口下去，咬在嘴里的鲜汁和干菜肉香定会让你爱不释手，放在任何时候都是一道不可或缺的美食之选。

相传黄帝曾在永康铸鼎时，用麦粉和碎肉来制作烤饼，以解饥饿之苦。这种传统的做饼方式便在永康广泛流传。而据说北宋兵部侍郎胡则则特别钟爱这种古老美食。每当他重回故土寻根探亲，定必要品尝几只肉麦饼，以解乡愁之情。至今，旅居外地的永康人同样对这种小吃情有独钟，偶尔也会手烤一些，怀念家园的味道。而当这些旅外游子重返故土，他们的家人也会烤上几个肉麦饼，以迎接他们的归来。

永康肉麦饼，制作简便，配料精选，以其别具风味而享誉中外。因其价廉物美，更是经济实惠的美食代表，深受人们喜爱。如今，永康儿女旅居他乡，同样保持对肉麦饼的热爱，甚至不时亲手制作，以怀念家乡风味。而家乡亲友也喜欢烤上几个肉麦饼，共同品味这一地道的美食。

（二）产业特征与发展成效

2017 年，永康肉麦饼在省农博会被评为“浙江省十大农家特色小吃”。更有由本市 50 多位企业家众筹创办的浙江品丽州食品股份有限公司，充分挖掘地方饮食文化，专注经营永康地方经典小吃，凭借其标准化的经营、健康营养的理念，已成为安全健康的特色美食标杆，产生了巨大的社会效益。如何促进永康肉麦饼特色美食品牌建设，政协委员舒洪品建议，尽快成立永康市肉麦饼特色美食品牌建设工作领导小组，明确各相关部门的职责，制定促进永康肉麦饼特色美食发展的实施方法和具体细则，大力倡导永康肉麦饼特色美食发展走品牌化、标准化、产业化道路，形成永康肉麦饼特色美食的产业体系。同时，要成立永康市肉麦饼特色美食品牌行业协会；加大财政支持力度，安排专项资金，培育肉麦饼美食标杆企业；加大从业人员队伍建设，建立从业人员培训基地；加大品牌建设步伐，聘请专业宣传营销团队，线上线下推介营销永康肉麦饼特色美食，统一注册商标，申报“永康肉麦饼”国家地理标志证明商标和老字号。讲好永康故事、唤醒乡愁记忆，让永康肉麦饼成为五金之都的“新名片”。

随着人们对“土特产”美食的追捧，肉麦饼不仅在永康非常出名，而且深受浙江省人民的喜爱。永康当地人早餐都会吃肉麦饼，越来越多的城市居民早餐也把它作为必选品类。永康肉麦饼专营店不仅遍布永康的大街小巷，而且在浙江省各地普遍开花，特别是杭州街头随处可见。一般一家这种肉麦饼店，都会供应梅干菜肉馅和雪菜肉馅两种肉麦饼，肉用的是金华两头乌，薄薄的皮里馅料货真价实，一天就能销售近1000个以上，是典型的乡愁富民产业。

十、缙云烧饼：轩辕黄帝的炼丹炉美食

（一）乡愁故事与乡愁文化

“去过缙云你就知道，缙云有烧饼。香喷喷的吊你胃口，菜干肉包包……”这首具有独特地域符号的歌曲是由缙云本土歌手创作的，名为《缙云烧饼》，据说在当地大人小孩总能哼上那么几句，寄托了每个缙云人的浓浓乡愁。

作为一张“乡愁饼”，缙云烧饼也称“桶饼”，是浙江省缙云县传统小吃，千百年来，缙云烧饼具有独特的地域文化，是缙云的人文和精神的重要载体，是家乡的一个符号。缙云烧饼，是一道历史悠久的美食，现有的文献记载已有650多年。相传，轩辕黄帝在缙云仙都鼎湖峰架炉炼丹时，一次专注加身，饥饿难忍，便将一块面团贴在丹炉壁上烤烤食用。糊口之际，香味弥漫空气，引得百姓争相前往品尝。而当黄帝乘龙离开后，当地

百姓为了追忆黄帝的壮举，便学习陶炉制作技艺，用炭火将贴上饼坯的炉膛烤制成饼。世代相传，细致耐心的制作工艺，卓越口感与独特风味，逐渐形成了令人回味无穷的缙云烧饼。因此，缙云烧饼又有“轩辕饼”“皇帝饼”之美名。

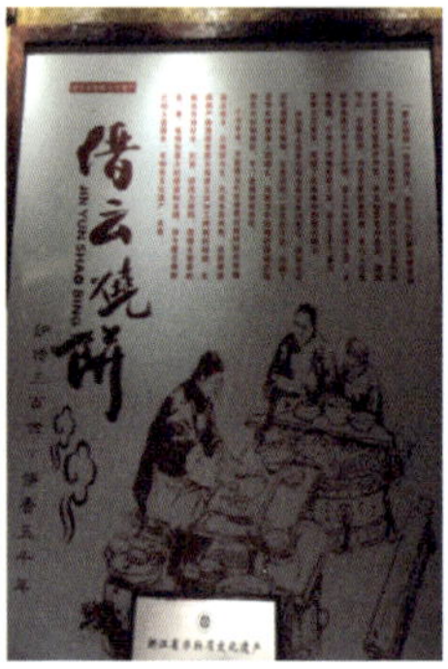

缙云烧饼的乡愁故事一半是古时传说的成就，一半藏在一个个勤劳的缙云人在漫长岁月中的声声叫卖声中。因缙云地处山区，旧时车马不便，所以缙云人靠着双脚，挑着烤桶，夫携子、夫携妻地将烧饼带出了层峦叠嶂的大山，卖到了一个个异乡村口、街头巷尾、集市码头。据当地老人口述，粟裕将军领导浙西南独立师直属部队在缙云活动期间，部分队员便曾经假扮成烧饼师傅，将情报、药品等藏在烧饼担底部的隐秘暗格，利用走街串巷叫卖烧饼或上门祝寿的来伪装身份，从而传递信息和物资。“卖烧饼”凝聚着缙云人民的智慧与创造，也浸润着一方的风物和文化。

“卖烧饼”卖出了一方产业。缙云烧饼也是老百姓传统的创业就业方式，烧饼师傅挑着饼桶，走南闯北，传播文化，维持生计。《缙云县志》记载，20 世纪 90 年代，在外经营缙云烧饼的师傅 1000 多人，据统计 2013 年底烧饼产业从业人员 2300 多人，产值 2.5 亿元。缙云烧饼先后被评为“浙江名小吃”“中华名小吃”“中国首届金牌旅游小吃”，被列入“浙江省第五批非物质文化遗产名录”。2017 年 10 月缙云烧饼在欧盟商标注册成功，2018 年成功注册地理标志证明商标。2021 年，缙云烧饼制作技艺入选第五批国家级非物质文化遗产代表性项目名录，缙云烧饼作为“舌尖上的非物质文化遗产”成为缙云一张闪亮的金名片。

（二）产业特征与发展成效

2013 年末，缙云县提出将缙云烧饼产业视为弘扬传统文化和推动农民致富的重要行动，有计划地打造品牌，引入现代产业模式，促进缙云烧饼产业的培育和成长。以缙云烧饼为龙头的小吃产业被塑造成缙云县崭新的“新名片”，并成为一项山区特色“土特产”。缙云烧饼产业在发展过程中形成了“政府主导 + 自主创业”“政府 + 企业 + 合作社 + 基地 + 农户”“农户 + 合作社（基地）+ 协会”三种利益联结模式，在这三种模式的合力之下，缙云烧饼产业得以迅速发展，成为缙云县乡愁富民产业中的龙头。

在 2014 年的初春，缙云县成立了名为“烧饼办”的品牌建设领导小组，旨在负责策划和执行“缙云烧饼”品牌建设的策略和政策。这个小组下设办公室，旨在支持和指导缙云烧饼打造更有影响力的品牌形象。按照“六统一”“二集中”原则打造缙云烧饼品牌，传统乡愁走上了规模化、标准化、特色化、品牌化发展之路。破解了在烧饼产业发展初期没有统一商标、没有统一制作技艺、没有统一经营标准、没有统一门店装修特色的产业发展问题。并且通过政府的影响力，2014 年以来每年开展缙云烧饼节，在扩大影响力的同时，也促进了农民持续稳定增收。经过多年的不懈努力，截至 2022 年底，缙云烧饼产值从不足 2 亿元飙升至 30 亿元，万名缙云烧饼大师得到了专业培训，他们的年平均收入已超过 15 万元。更为可喜的是，烧饼产业的蓬勃发展也催生周边及上下游产业的蓬勃发展，实现了“烧饼兴、百业兴”的美好愿景。

缙云烧饼品牌建设的成功实践得到了两任浙江省委主要领导的充分肯定并作出批示。品牌建设成功实践也引发了周边县、市、区极大的关注，目前仅缙云烧饼办就接待了100多批次学习取经、研究团队。“步步为营推动产业振兴，稳稳当当帮助百姓增收”，这是一个烧饼的初心。

十一、缙云爽面：轩辕黄帝连声称赞的贡品

（一）乡愁故事与乡愁文化

缙云爽面，又名缙云索面，是浙南山区县浙江省缙云县的一种乡土特色的手工制品面。一碗口感清爽、入口柔嫩的土面配上蛋和各种香料，不仅是缙云当地人的挚爱之物，更是离开家乡的缙云人藏在味蕾里的乡愁，让游子回味无穷。

缙云爽面的乡愁故事，一方面渊源于轩辕黄帝的贡品，另一方面流传于传统风俗中。相传黄帝南巡，驻足鼎湖九炼金丹的同时，广泛传播中原文明，缙云百姓感恩戴德，遂以自制的面条礼待黄帝君臣。索面上口，柔韧爽滑、满口清香……黄帝连声说：“爽！爽！爽！”缙云爽面由此而来”。缙云话的“爽”字，就与“苦”字意义相反，饱含着舒畅、享意、富足之义。爽面长长，谐音“寿命长长”，黄帝食之腾龙升仙，百姓食之幸福安康，爽面自此成为缙云百姓款待贵宾、寿诞喜庆首选的珍馐美馔。《缙云县志》有关缙云爽面的记载：“拜年上门，先喝茶，吃糖果，随后吃索面卵。旧俗碗底垫肉不得吃，意谓“有剩余”，近年此俗无存”。据说以前一年到头，缙云的孩子只有在生日和春节才能吃到土面，因是以前每家每户的土地不够多，让全手工制作的索面更加稀贵。可见历经千年，缙云爽面这样看上去朴素的地方美食已成为缙云的标志性风俗民情。

缙云爽面制作有和面、发酵、搓条、上箸、抽面、晾晒、包装等九道工艺。2008年缙云爽面制作技艺已被列为丽水市非物质文化遗产。爽面的烹饪方式也多种多样，可煮、可炒、可拌，还可以根据个人的喜好调制成各种口味，尤以煮的爽面口味最为纯正，同时具有易消化和改善贫血、增

强免疫力和平衡营养等多种功效。2016 年被评为浙江名小吃。

（二）产业特征与发展成效

一碗爽面是乡愁面，也是致富面。近年来，缙云县发扬民族特色，大力推行爽面、烧饼、黄茶、茭白、麻鸭等“五彩农业”，筑起了一道美食、农业、旅游三位一体的壮美画卷。这些口感丰富、让人垂涎欲滴的美味佳肴，舍我其谁？富有乡土气息、营养丰富、顶呱呱的特产将缙云县打造成了一片充满生机和活力的乡愁产业基地。缙云县的美食节活动，不仅满足了人们的味蕾，更顺应了人们返璞归真的生活潮流，成为了致富路上的新亮点，是一条“蚂蚁雄兵”式的乡愁产业富民之路。为激发农民群众的创业热情，缙云更是制定了《“草根创业”专项行动方案》，旨在通过打造包括缙云爽面在内的“十大乡愁”产业发展，助力农村特色产业和乡土经济的腾飞。

为了大力推动缙云爽面产业发展，把缙云爽面打造成农民增收的新产业、成为缙云乡村旅游的新基地，缙云制定了《关于助推缙云爽面发展“十个一”两年行动计划实施意见》，明确通过深入挖掘、提升缙云爽面的文化，打响缙云爽面品牌，壮大缙云爽面产业，促进农民增收致富，并通过缙云爽面品牌建设涌现一批有文化、有特色、有产业支撑的特色小镇、特色村。

通过多年的努力，目前已经成立一个农合联、建成一个培训中心、建立了一套生产标准、提炼了一个品牌故事、建立了一套品牌视觉系统、建成了908小麦种植示范基地、打造了缙云爽面节等，投入1000多万元建成一个集文化展示、体验、配送中心、销售为一体，总用地面积10亩、总建筑面积4352.3平方米的缙云爽面博物馆。

如丝细面千年传承，销售“出海”重焕生机……浙江丽水缙云地区乡村爽面制作已有1300多年的历史。如今通过线上和线下等渠道，爽面已销售至欧洲多国以及国内多个省份。2021年缙云地区爽面产值已达到2.4亿元人民币，从业人员达7000多人，建成6个缙云爽面特色村。缙云爽面被浙江省农业农村厅评为“浙江十大农家特色小吃”，获得浙江省农博会优质农产品金奖。通过缙云县农民学校，累计培训缙云爽面师傅1140人，带动当地村民增收，真正把传统技艺打造成为乡村共富的产业。

十二、青田北山索面：长福长寿的好彩头

（一）乡愁故事与乡愁文化

青田索面，千百年来，历经沧桑，仍闪耀着历史的辉煌。尤其是北山索面，其口感、品质足以媲美天下美食，成为老北山人攫取生计的重要法宝。索面早已超越了普通百姓的心灵味蕾，更成为产妇月子里不可或缺的传统食疗之一。这道美味佳肴，不单单是一个口感，更是一份记忆。每每品尝，那深深的乡愁便如潮水般涌上心头，让人忍不住回想起那属于故乡的风土人情与民俗文化。

北山索面的乡愁故事，源自一次特殊的皇家盛宴。据传，在公元557年，陈武帝举办了一场盛大的庆祝宴会。这场特别的宴席以庆祝陈朝的诞生为目的，要求宫内的官员和宫女们各自做一道饭菜，以展现出庆祝活动的特色与喜气。这些大厨们都需遵循几个严格的标准，饮食要吉祥、可口、健身、且拥有独特的特色。盛宴开启之后，上了十六道佳肴，色香味俱全，让所有在席者都赞不绝口。经过各位大厨们的精心准备，所有上菜的饭菜都完美地符合了要求，唯独陈武帝的金口却迟迟不开。最后，一位宫女呈上了一盘细长、工艺精湛的面。陈武帝注意到了这道面，便立刻询问上菜者的姓名，那宫女回答："万顺彩"。陈武帝一听，倍感吉祥，便又问起菜名。"长福长寿面"，万顺彩答道。陈武帝听罢，龙颜大悦且大加赏赐。他告诉在座的宾客们，此面预示着陈朝将有"万顺"之福，而人民也将"长福长寿"。此后，每当宫中有贵客到来，总要由万顺彩亲自供奉一碗长福长寿面，以示重视和美好的祝愿。而后来，这道传统美食成为了坐月子的女人和做寿的老人必备的美食，前者食用该面可以为身体补充充足的营养，后者则是由于它的名字足以让人倍感祝福和长寿之福。

（二）产业特征与发展成效

北山索面面条均匀，白如羽毛、细如灯芯。因入口滑嫩、清香可口、风味独特而一直深受人们喜爱。它不仅是青田特色食品，更是送人佳品，寓意吉祥，大家心中的"长寿面"。

索面是一种极其美味的传统美食，它的制作十分讲究，在生产过程中，制作人通常会根据季节的变化，对盐和面的比例进行相应的调整。当面团发酵到一定程度后，就会被迅速索成粗条，而后挂到杆子上进行晾晒。在晾晒的过程中，它们会渐渐变得干燥，变得更加坚硬。等到似乎已经达到了足够的干燥程度，它们便会被拉成细丝。在人工拉成细丝的过程中，制作人会不断地回转和拉扯面条，使它们更加光滑。直至它们干透后再将其绞成一团，放在精心制作的竹匾内进行包装。因此，索面的制作过程虽复杂，却也正是由于制作人的勤劳和智慧，才能创造出如此美味的佳肴。

随着北山移民纷纷落户青田县各地，许多移民们又开始重拾起了旧业——手工制作索面，如此美味而传统的北山索面也因此在各地安家落户。这些勤劳的村民妇女在新家乡展开了他们老行业的新篇章，自己生产自己销售，为追求致富的梦想打下了坚实的基础。此举也加强了索面产业的产业链，提高了北山索面产品档次。许多移民点还成立了北山索面专业合作社，通过集体合作，走向了更广阔的销售市场。这不仅延续了一种传统的手工艺，更为青田特色农产品发展带来了新的契机。

凭借良好的市场口碑，北山索面逐渐打开了一条致富之路，它不仅畅销全国各地，还销往遥远的欧洲国家。为了保持这种纯手工工艺的传承和品质，许多合作社开始统一包装并销售移民加工的索面。现在，所有移民点都有索面的加工小作坊，经过统一的包装，通过时下流行的微信等网络平台销售，近年来也取得了不小的佳绩。

十三、义乌南蜜枣红糖：鸡毛换糖的义乌精神

（一）乡愁故事与乡愁文化

南蜜枣、红糖是“义乌三宝”之二的珍馐美食。南蜜枣的外貌优美，皮色乌黑发亮透红，常被誉为南方乌枣（实则也有北方的乌枣）。此外，南蜜枣还具有个大、匀称、花纹细密、肉质肥厚金黄等特点，口感可口，味道甘美。它不仅是一种滋补珍品，还是一种非常有效的药物，拥有养脾、平胃气、止咳嗽、润心肺、补五脏、治虚损等诸多药效。而“鸡毛换

糖”则是代表了江浙人民毫厘争取，积少成多、勇于开拓的创新精神和百折不挠、善于变通、刻苦务实的实干精神，是义乌的重要城市文化，更是一枚传承地方文化的乡愁符号。

据了解，南蜜枣的历史可以追溯到1700多年前。“日食三粒枣，一生不易老。”在义乌民间，流传着一则南枣的动人故事。相传义乌江畔有个姓张的大财主，人称张老财，家有枣地50余亩。可他尖酸刻薄小气，不让长工吃一个枣子。有一年枣子丰收，一时吃不光，卖不掉，眼看就要腐烂，这可把张老财急坏了。他万不得已找长工们讨主意，说：“谁若想出久藏枣子的妙计，我就重赏谁，一年四时枣子让大伙尽管吃。”常言道：“蛇有蛇路，鳖有鳖路，穷有穷办法。”长工们经过一番琢磨，终于想出了一个办法，就是把枣子煮得半生半熟，后再晒得半干，然后用猛火烘烤，排去水分，这样就便于久藏，不易变质，不仅可以吃上好几年，而且越存越滋补。“六月六，枣尝生熟；七月半，枣当顿，糖梗二节半；八月中秋，枣下苏州。”义乌种植蔗糖、加工红糖的历史可追溯到清朝顺治年间（1644—1661），已有340多年历史。据史料记载，初时由佛堂燕里村人贾惟承（1604—1670）客游闽越，模仿糖车之式，教人栽培甘蔗，制为红糖，邑民享其美利，置庙祀。清朝康熙三十一年（1692），《义乌县志》亦有“蔗糖：墨者近始习熬”的记载。清朝嘉庆七年（1802），《义乌县志》载：“糖蔗，俗呼沙糖。其蔗似黍，秆可啖，俗称糖梗”。在清朝乾隆时期，义乌人就将红糖加工成糖饼、棒棒糖、芝麻糖、生姜糖等产品，挑起货郎担，走南闯北到全国各地“敲糖换鸡毛”。好的鸡毛加工成出口商品，销出去赚钱，差的鸡毛用来肥田，“鸡毛换糖”的故事源于糖蔗种植。

（二）产业特征与发展成效

义乌大枣经历了千年的发展历程，曾经辉煌无比，并被乾隆皇帝封为贡品。枣树种植面积曾最多达到3000余亩。然而，在20世纪六七十年代，由于农业学大寨等政策的实施，大量枣树被毁，产量大幅下降。枣农转为经商，南蜜枣产业逐渐衰弱。近些年来，义乌稠城街道为重振南蜜枣业雄风，大力扶持挽救义乌大枣物种繁衍，培育了一批大枣种植场等蜜枣重点产地，并开发了集生产、加工、休闲、创意于一体的多个相关特色休闲农庄。其中，同心乐农庄积极拓展东阳等外埠的种植基地。此外，企业还投资180万元，收集、引进50余个大枣品种，目前已有成年结果枣树5万余株，成为江南枣区品种最多的种植地。随着产量的提升，义乌还积极指导、帮助枣农改进加工工艺，向产业化、规模化发展，使之成为义乌的又一大农业主导产业。2022年，稠城街道还开办了首届南蜜枣品尝会，以休闲体验、农家乐为载体，促进南蜜枣的销售，同样喜获丰收。由于非常出色的加工工艺，义乌南枣和蜜枣的加工工艺已被列入金华市非物质文化遗产名录，并正准备申请省级非物质文化遗产，这为义乌做大做强蜜枣产业奠定了良好基础。

义乌与红糖一直有着神奇的缘分，20世纪50年代至90年代初，义乌糖蔗种植面积不断扩大，红糖便成为当地农民重要的经济来源之一。1997年，义乌被原农业部、原国家计委列入国家“九五”第一批糖料生产基地建设县（市）。1999年，义乌被认定为红糖之乡。2012年，义乌市红糖登记保护面积1000公顷，现有糖蔗种植面积566公顷，年产红糖6350吨。2007年，义乌红糖制作技艺被正式列入浙江省第二批非物质文化遗产名录，为这座城市增光添彩，义乌红糖产业的发展与地方政府的重视是分不开的。为了保护和进一步开发义乌红糖产业，提高义乌红糖的知名度，自2005年以来，义乌市政府已成功举办了10届“义乌红糖节”，同时还专门出台了《义乌红糖产业保护开发项目实施方案》，成立了义乌红糖产业保护开发项目领导小组并设办公室。

十四、庆元社粿：吃足七家社粿社羹

（一）乡愁故事与乡愁文化

“一都馒头二都粽，三都社粿满村送……”这首代表着“春社日”的歌谣，自从诞生以来便一直在庆元民间流传不衰。这一众所周知的乡村传统不仅是对农民辛勤劳作的一种期待，更是促进了社区之间以及邻里之间的友情与凝聚力。烙制社粿迎春社，为庆元市民提供了一种为家园奋斗的方式，催生出了一种兼具文化和社会意义的瑰丽景象。

庆元社粿，亦称庆元社果、庆元锅贴，源远流长，自古至今不曾消逝。这种美食在庆元民间的地位日益显赫，这从传承至今不断流传的歌谣可窥一二。正如古时俗语所说的“靠山吃山、靠海吃海”，庆元人民依托自然，精心利用每寸土地，创造出来的适地适市之法，充分体现了中华民族对大自然的感激之情和对生存的非凡智慧。从此可见，在这个以农耕为生的村庄中，凭借着超脱尘世的智慧和美食的魅力，社粿成为了连接邻里、凝聚感情的特殊象征。在庆元农村，庆元社粿有两种做法：一种是用面粉煎，一种是用米浆煎。第一种做法是取嫩叶切碎，加进鸡蛋、香菜等配料和调料搅拌均匀，即可以小勺取量放入锅中煎熟食用；第二种做法是把洗净的鼠菊草放入石臼捣烂成泥状，并且在捣的过程中要加些食盐，滤去汁液后放入米浆中，再加入切碎的香菇、腊肉、香菜和糖等配料搅拌均匀，然后以小勺取量置入锅中煎熟，即可食用。每逢“春社”，庆元农村都有“烙社粿”的习俗，每年春天，田塍及潮湿的坡地上，有一种开黄花的草本植物，俗称“社曲”（学名“鼠曲草”）。春社时令，社曲嫩芽初长，妇女们三五成群，上山采摘，然后放在舂臼中舂成富有黏性的酱状，与糯米浆掺和烙成薄饼，称为“社粿”，其色翠绿诱人、味清香可口，还具有止咳、理气、燥湿等药用功效。

记载于甲骨文中的春社，是中国历史上最为悠久的节日之一，经历了两千余载的风雨沧桑。在元朝之前，它一直是中国传统文化中的一大重要节日。春社这一传统节日的举行，往往分为官社和民社两类，各具特色。官社典礼庄严肃穆、礼节繁复，而民社则更富生活气息，是邻里欢聚、欢腾畅饮的日子。各色娱乐活动在热闹中翩然展开，整个节日充满了传统民间节庆的欢乐氛围。而在庆元，每逢春社佳节，村落里的几户人家都会灶火熊熊地烙社粿。无论是哪家恭请大众，来宾们也是毫不客气地欣然光临，围坐一堂，品尝美食，畅谈人生。这样纯朴的传统，以口味为媒，让庆元村民共享天赐之美，流传至今，仍是村庄文化的一道清泉。

传说社节这天吃社粿，不可以只吃一家，必须当日走遍七家，方可名正言顺地品尝到它的真正滋味。而“社羹”则是社粿配合的羹汤，制作方法同样讲究。伴随这些口味的传承，还有一个令人好奇的传说：若在社节这天吃社粿时没有吃足七家，便会投胎为猪。这个传说，或许只是一个老一辈人出于鼓励大家互相走动，增进邻里感情而编纂的。

（二）产业特征与发展成效

随着时代的发展，庆元社粿也在不断发展，庆元社粿早已成为家乡的独特味道。作为庆元当地独具特色的一道特色小吃，庆元社粿原材料从早期社曲和糯米，慢慢地加入了更多的食材，使其口味更加的独特，让人食指大动。“烙社粿”时，庆元不同区域略有差异，东部喜咸，西部喜甜，各具风味。随着社粿制作工艺和配方的不断优化，社粿不再是仅在春社的时候制作，渐渐地从家里的饭桌上被“端”到了农家乐、酒店的餐桌上，更是在庆元形成了特色小吃，路边总能见到烙社粿的摊位，让人食指大动。

庆元社粿在不断延伸，在当地举办的各类大型活动中总能见到社粿的身影。庆元每年都会举办美食节，社粿制作技艺作为县级非物质文化遗产传统技艺，庆元社粿的摊位总是有许多人围绕着品尝庆元的乡味。在 2019 年 5 月廊桥国际越野赛上，社粿作为庆元人民亲和、友善、热情好客的代表，供各国的参赛选手品尝，展示庆元特有的乡愁味道。

庆元社粿的乡愁味道不但在庆元形成了产业，更是被制成真空包装销售，许多微商也开始从事庆元社粿的销售工作，社粿的衍生品社粿片更是被摆上了淘宝。但是，由于鼠曲草生长的特殊性，庆元社粿只有在春天的时候能大量采摘，之后使用的大多是冷冻保存的鼠曲草，很难供应整年的生产制作，以至于庆云社粿在春季是旺季，季节性比较明显。据了解，在庆元全年制作社粿的目前只有 7 家，全年收入可达 4 万—5 万元。在旺季时，制作社粿的商铺可达数十家，收入可达 2 万—3 万元。

庆元社粿效应在不断加强。许多游客专门趁着春季赶来庆元，住农家乐，吃农家特色社粿，有的还与当地村民一起采摘鼠曲草，制作社粿，体验农家生活。庆元社粿与农家乐结合成了庆元最具特色的乡愁产业，不但为村民们创造了财富，也提升了庆元的知名度。

十五、衢州“三头一掌”：来自徐霞客的肯定

（一）乡愁故事与乡愁文化

传统的浙江衢州特色美食鸭头、鱼头、兔头、鸭掌“三头一掌”，融

合了汉族独有的风味，口感细腻，又透着疏松可口的气息。它不仅富含高蛋白、低脂肪、低胆固醇等“一高两低”成分，还含有丰富的营养元素，对身体代谢有积极影响，理所当然被誉为是美容肉、健康肉的代表。作为衢州的一道招牌菜，它更是衢州菜在南方无“辣”不欢的味蕾中的一种代表，一种文化符号。

“三头一掌”的历史久远，它的乡愁故事要从徐霞客先生说起。传说很早以前，衢州府有户人家，一个瞎子奶奶和孙子两人相依为命，靠孙子上街捡破烂维持生活，一年到头能吃上的荤菜就是街坊丢弃的鸭头。一天正午，一位路过的客人闻到一股扑鼻的香味，不禁好奇，感到自己的肚子像个空城计。他满怀疑惑地问瞎子奶奶，锅里到底在煮什么美味佳肴？可奶奶半天口齿不清，似乎也说不明白。于是，过路客自己动手，掀开锅盖，只见里面烹制了许多令人垂涎的鸭头，带着香辣刺激的味道令人心动不已。他顾不得多想，开始尽情享用起来，还没等奶奶意识到，锅里的美食已被一扫而空。为了弥补过失，这位客人不仅诚挚道歉，还出具了十两银子，并留下了一张纸条：“头头可道”，旁边还附有一行小字：“用这些钱，开个小店，一定能赚大钱。”等孙子回来后，不妨见机行商，开了一家卖卤味的小店，果然生意兴隆，客源不断。后来，人们才知道这位客人，其实是明代著名的旅行家、文学家——徐霞客。

在20世纪50年代的衢州，有一家专门屠宰兔子的冷冻厂，将兔皮和兔肉充分利用，而兔头则不受各方青睐。由于那时的生活水平一般，许多穷人开始买兔头回家烹饪食用。美味过后，他们便将兔头的骨头充分晒干，然后拿到市场上卖掉，用所得的钱再去买更多的兔头享用。这种循环最终促使了衢州大街小巷流行吃兔头的风气。由于兔头价廉物美，渐渐地，触类旁通，鸭头、鱼头、鸭掌也流行起来，家家户户争相仿效，风靡衢城，使三头一掌登上大雅之堂，并走出衢州，风靡全国的是“国良鸭头”“一粒志”。“国良鸭头”的掌门人张国良，1991 年下岗，在市区新桥街摆起小吃摊，做夜宵生意，主营馄饨、水饺、粉干，兼卤鸭头。见顾客偏爱鸭头，经过不断摸索、改进卤制技术，那时，一个晚上能卖 200 多只鸭头。

20 世纪 80 年代初，神奇的“一粒志”“三头一掌”先后降临在了衢州餐饮业的土壤上。“三头一掌”自推出以来，便受到了餐饮界内外的广泛关注和热烈追捧。它跨越餐桌的边界，赢得了无数客人的心，成为不少餐厅的制胜法宝。许多人不择远道而来，仅为了能品尝到这道美食。有的人甚至会特意购买高压锅，到店里运回大堆鸭头、兔头等，借餐厅的厨具自行烹制。在衢州，不论是什么餐馆、什么大小排档，你都能找到这道美味的身影。有趣的是，就连一些不爱吃辣的杭嘉湖地区的人也成为了“三头一掌”的铁粉，他们一旦品尝过它辣而美妙的味道，便再也无法割舍，每逢到衢州就必去品尝这道美食，一边喝啤酒，一边顺手吃掉七八个兔头，仿佛自己就是地地道道的衢州老乡。

在衢州无数美食中，这一道名为“三头一掌”的小吃，却占据着极为重要的地位，深入人心。它之于衢州，不仅是一种口味，更是一种文化，一种气息，一种情趣。曾经默默无闻的它，在饭桌上迅速发扬光大，成为招待客人的特色菜，也成为亲朋好友之间赠送礼物的绝佳选择。在各大媒体的深度报道下，“三头一掌”更是成为衢州乃至浙江餐饮业的一张金名片。在这个小小的美食上，浓缩了衢州人对待生活的热爱和态度，也为整个地区的文化传承增光添彩。

（二）产业特征与发展成效

“三头一掌”已成为名副其实的乡愁产业。占金根投资 5000 多万元，建起年产 700 万只真空包装“三头一掌”的衢州一粒志食品有限公司，产品远销全国及东南亚、非洲、美洲和欧洲的一些国家。张国良在柯城区万田乡炉头村租用一所闲置小学，投入400多万元创办了衢州国良阿头食品有限公司。一包包精美的产品以代销形式进驻超市，拓展市场。不但销往省内，还进军江西、江苏等附近省份。“三头一掌”不仅促进了新农村经济发展，更是促进了农民增收致富，衢州一粒志食品有限公司和衢州国良阿头食品有限公司吸纳村里200多名劳动力，年支付工资1300多万元。

目前，衢州一些小饭馆、小店铺还是以现烧现卖为主要模式，做法不一，没有统一的标识，也没有统一的店堂设计，这些都是“三头一掌”产业做大做强的瓶颈所在。要打响“三头一掌”的品牌战略，衢州必须申请注册一个统一的地名商标，每个人都可以用，每个店都可以自主经营。政府更要整合全行业的力量，打造行业公共品牌，制定生产标准，建立产销模式，进一步将衢州特色小吃这块蛋糕做大做强。

十六、衢州烤饼：孔子后代在此安家的理由

（一）乡愁故事与乡愁文化

衢州烤饼，又名衢州烧饼，作为浙江衢州的传统汉族特色小吃之一，不仅承载着诱人的美味，更是一张乡愁饼。对离家漂泊的游子而言，每当思念家园、念念不忘，那香辣味已经浓缩成衢州人心中最美好的记忆，无可比拟，无法替代。它沁入衢州人的骨髓，以食品的形式寄托了一座城市的乡愁故事。

衢州烤饼主要原料为面粉、葱花、猪肉、梅干菜等。因为饼要贴在炭炉壁上烘烤到熟，所以叫烤饼更为恰当。跟其他烤饼不同的是衢州烤饼较为迷你，原因是烤饼的炭炉开口的直径只有30厘米左右，这样可以将在炉子内形成对流，香味得到很好的保存。这样的设计可以尽可能多地放置小烤饼，烘上一会，小烤饼就开始吱吱地直流油，香气也从狭小的开口串出来，此时便可以用钳子一一夹出食用了。

衢州烤饼的乡愁故事跟孔子的第四十八代嫡长孙有关。相传孔子第四十八代嫡长孙衍圣公孔端友当年为保护孔氏家族，率领近支族人，随飘零的宋氏南渡。至衢州境内，众人已是饥肠辘辘，疲困难挡，恰好路过一村夫家，好客的村夫便做面饼招待他们。因天气寒冷，面饼只能一边烤一边吃，饼中的肉由五花肉剁成，肥瘦相间，香而不腻，加上特制的香葱辣椒等拌料，竟是香飘四溢，美味异常。孔端友咬了一口，赞叹道："小小烤饼，皮薄馅多，外脆里嫩，实乃美味也。"又见此地民风淳朴、交通便利，便在衢州安了家。1985年，一户庄姓夫妻在衢州市区摆起了一个烤饼摊。传说中招待孔端友的那个村夫就姓庄。不过，到底是真是假，已无从考证。后来技艺传到女婿余树华手上，就有了余记烤饼品牌店。烤饼在衢州声名鹊起，吃的人也越来越多。"一座衢州城，半城烤饼香"，现如今，数不清的烤饼店、烤饼摊已遍布衢州城的大街小巷。每一位踏足衢州的游客，在尝遍天下美食之后，只有沐浴在烤饼的那股浓郁香气中，方能领略真正的味蕾盛宴，赞叹声一片。不仅如此，出众的美味也吸引了许多外地游客听闻而来，更是让衢州烤饼的声誉遍布大江南北。

（二）产业特征与发展成效

烤饼，已成为衢州名副其实的乡愁产业。仅衢州市内烤饼店现有 500 多家，年产值近 4 亿元。衢州市外烤饼店有 1000 多家，年产值 10 余亿元。同时，也涌现出一些鼎鼎有名的烤饼品牌，一家夫妻有只烤饼炉，只要肯吃苦，一年 10 多万元的收入不成问题。一个烤饼店，可以带动 10 来个人就业。作为最早依靠烤饼发家致富的余记烤饼，现如今，在衢州、杭州等地都有自营店，连锁加盟店则遍布浙江、江西、江苏、安徽等地。

经过时间的打磨，衢州烤饼成了衢州这座国家历史文化名城的饮食文化名片，一个富含乡愁元素的文化地标。它的香味飘出了衢州，飘向全国各地，烤饼效应不断彰显，烤饼产业也不断延伸。衢州烤饼制作还带动猪肉、香葱、梅干菜等销量，作为餐桌佐料的辣椒酱的销量也随之上升，因为客人的认可，成了畅销货，15 块钱一瓶，一个店月销量就达 500 多瓶。当然，还有稀饭、馄饨、饮料等，都是烤饼的黄金搭档。余记烤饼还鼓励大学生自主创业，对外地的直营分店采用店长管理制，并给予股份。为了推广烤饼品牌，衢州烤饼专门设计了店铺的 Logo，还将产品通过点餐 App、微信公众号销售。新型的理念带来新的商机，一个店一天的大烤饼销量 500 多个，小烤饼销量 2000 多个。

为使烤饼真正走向产业化发展之路，使其成为富民增收的“新产业”，建议启动“衢州烤饼”品牌建设模式，整合全衢州市力量，统一商标、统一门店、统一产品，甚至统一装修标准，并给予一定的创业补助。对有兴趣从事烧饼行业的人进行免费培训，或与职业学校对接，专门开设一个特色小吃烤饼专业，制定烤饼的制作规程，以保证衢州烤饼特有的味道。

在衢州，“生活在别处，总会没完没了地思念”，这是余记烤饼张贴在店堂内的广告牌。有的人几天没碰触烤饼香味，就念得慌。有亲友来衢，必会请他们尝尝烤饼美味。外地人在衢州吃烤饼，尝的是美味，品的是文化；衢州人在外地吃烤饼，嚼的是慰藉，品的是记忆。一只烤饼，不仅引出了历史，牵出了文化，更蕴涵了百姓心中美好的期盼和愿望。

十七、衢州胡麻饼：杨贵妃爱吃　白居易“打 call”

（一）乡愁故事与乡愁文化

衢州胡麻饼，自古以来即为民间传统月饼之首，堪称中秋月饼的元祖。其别称浙式月饼，更是一道汉族传统名点，源远流长，早期为方便食品，而今更是引领衢州几代人的“舌尖乡愁”产品。

胡麻饼为中秋月饼的始祖饼的功劳要给杨贵妃。相传唐代杨玉环曾在衢州太真洞听经学道，被唐明皇封为“太真妃子”后，还念念不忘衢州的点心小吃。八月十五，唐玄宗、杨贵妃在华清宫赏月，宫人呈上衢州选送的胡麻饼。胡麻饼采用西域传入中原的胡麻（芝麻）、胡仁（核桃仁）为辅料制作，故名。杨贵妃嫌“胡”字不雅，觉着月光下吃饼叫“月饼”甚好，“月饼”之名便由此传开。

除了杨贵妃钟爱的胡麻饼，白居易亦曾为这道香气诱人、酥脆可口的佳肴而赋诗。唐代名诗人白居易 17 岁时，随其父白季庚担任衢州府别驾，踏遍江南之地，深造诗歌艺术。

在东溪水景之上，“江南好，风景旧曾谙。日出江花红胜火，春来江水绿如蓝。”他笔下的这座城市，既有壮美的山水之形，更有胡麻饼这道赞不绝口的佳馔：“胡麻饼样学京都，面脆油香新出炉。寄与饥馋杨大使，尝得看似辅兴无。”足见，衢州的胡麻饼不仅让神仙为之倾倒，更让文人墨客为之挥洒诗文。

作为闽浙赣皖的水陆交通枢纽，衢州自古便是商贾必经之地。风味独特，保存方便的麻饼，因为其延续了丝绸之路上的美味，历经千年的洗礼与传承，如今已成为中华饮食文化中的一朵奇葩。这座城市自古经商务农人众多，传承深厚的传统文化浸润着每一个角落，其中饮食文化更是别具特色。在衢州人的生活中，麻饼一直扮演着重要角色，除了赏月，麻饼还在人生礼仪中占据着重要地位——无论是生日、结婚、上梁、祭祀等红白喜事，都少不了这道美味的陪伴。人们会选购大麻饼作为“长寿饼”分享，祈愿岁岁平安；亲友之间交换“喜饼”，寓意甜蜜美好的未来；年轻人到祠堂里领香饼，激励自己勤奋读书，为国报效；而在丧葬场合，人们也会品尝“祭奠强身饼”，祈愿家族后代身体健康，生命富足。早在 1929 年南京博览会上，衢州邵永丰胡麻饼就凭借着独特口感和卓越品质荣获国家级“名品传点”称号，从此驰名远播。

（二）产业特征与发展成效

胡麻饼作为衢州的乡愁饼，在衢州流传千年，拥有上百年的品牌发展历史，传统制饼技艺也被代代相传了下来。在传承发展中涌现了一批鼎鼎有名的企业，如浙江邵永丰成正食品公司是一家集千年产品、百年品牌、传统技艺于一体，专业生产和销售“衢州麻饼”的纯手工企业，是国家商务部首批认定授牌的“中华老字号”，浙江省非物质文化遗产单位。所生产的产品因其独特的传统制作方法、饼的两面沾上芝麻以及用白炭炉烘烤工艺而闻名，因其形如满月、饼面金黄、皮薄馅足、油而不腻、口味醇美而著称。

制作麻饼可谓百工百巧，从选料到成品，需要经过一百多道工艺，而最让人瞩目的莫过于“上麻”这项极富技巧的步骤。在制作过程中，将 30 只麻饼放在直径 80 厘米的竹匾上，师傅稳稳地托起竹匾开始施展绝技，铺

满了白芝麻之后，竹匾犹如杂技演员般在空中转动、翻滚，饼面也在这过程中获取了完美的芝麻涂抹。这项独具特色的制作技艺，不仅是邵永丰麻饼的制作过程中最为重要的一环，更是一种对传统手工工艺的坚守。正因如此，邵永丰麻饼品牌得以历久弥新，焕发出传统饮食文化的璀璨光芒。

在设备上，公司不断改良、更新，将百余道工艺和现代技术巧妙结合，制定了更高效、卫生的制作规范和流程。除生产传统的以糖为主馅的甜麻饼、甜月饼外，该公司还根据现代人的口味和健康新理念，开发无糖、低糖的麻饼和月饼，品种达 20 多个，并改进包装，以适应不同层次、不同市场的需求。

如今的邵永丰公司以“品牌共享、和谐发展、共同创业、铸就辉煌”为理念，已经集产品研发基地、农业种植基地、培训基地、原材料加工基地、半成品加工基地、成品加工基地、旅游观光和连锁经营为一体。公司相继在杭州、宁波、北京、上海、深圳、南京、重庆、成都、台北等城市多次参加非物质文化遗产手工技艺展、文化产品展、食品博览会、旅游交易会、农业博览会、工商业联合会烘焙食品展和新产品开发研讨会等，在市场上享有较高的声誉。产品除外销南京、上海、深圳、喀什等全国大中城市，还远销新加坡、菲律宾等国。麻饼产业的发展，也解决了部分城市市民和城郊农民的就业问题，促进衢州旅游兴旺，促进新农村经济的发展，促进农民增收致富。

十八、龙游发糕：朱元璋点赞的“福糕”

（一）乡愁故事与乡愁文化

龙游发糕，又名“步步高”，是龙游地区的传统贡品，由此也被纳入浙江通志十大名小吃之列。熟悉龙游的人，定会知晓龙游发糕的美味口感；而身在龙游的人，更是品尝过这道令人回味无穷的美食。而对于龙游人来说，每到农历新年，炊制发糕就成了一种如梦如幻的传统记忆。发糕凭借其惊人的口感和扑鼻的香气，深植各位游子心中，就算远离家乡，也在那魂牵梦萦的乡愁中，记起这份难忘的美食。

龙游发糕的造型多为圆柱形，大小不一，成品的色泽也各有不同，或洁白如玉，或金黄如铜，孔隙细腻到仿佛针尖一般。一闻，便有来自竹叶的清新香气和淡淡的酒香扑鼻而来，凭借这鲜香扑鼻的特质，它成为人们挚爱的美食之一。此外，发糕的口味也多种多样，品种琳琅满目。食之甜而不腻，糯而不黏，松软可口，老少皆宜。而且这种绿色健康食品更是江南一绝，无人能出其右。每次过年过节，龙游的家家户户都会蒸制发糕，祭祀先祖，或馈赠亲友。这种传统已成为龙游过年的特有习俗和内涵。祈求来年“福高”，成为龙游过年时欣赏龙游味的特有风情。

发糕的乡愁故事追溯至600年前。传说中，一位徐姓员外的小妾，在夕阳西下之时，悄悄地溜进了厨房，开始做自己最擅长的粉蒸糕。就在她全神贯注地摆弄着厨具的时候，一阵山风呼啸而来，吹灭了整个厨房里的灯火，四周顿时一片漆黑，让小妾感到十分的惊慌失措。突然间，一瓶米酒“砰”的一声被打翻在了灶台上。小妾慌不择路，默默地把沾上米酒的米粉拌好，放进蒸笼里开始蒸制。在那漆黑的夜晚里，她不敢喊叫，深怕遭到家人责罚。然而没想到，奇迹发生了。通过米酒的发酵，粉蒸糕变得松软可口，散发出淡淡的酒香以及让人流连忘返的香气。徐员外以及他的一家子都惊呆了。这一天，龙游民间老百姓开始流行了一种新的食品，用糯米和甜酒混合制作发糕。至今，这个让人怀念的故事仍然为人们所铭记于心。

《龙游县志》中记载，发糕源于明代。相传，朱元璋攻取了衢州后，将其更名为龙游府。朱元璋为了表达自己从“潜龙勿用”到“飞龙在天”的巨大跨越，需要一个顺口溜的地名。于是，龙游府成为了他的心头爱。朱元璋曾经在马戍口和三叠岩等处遇到危险，但是他得到了当地人的帮助，免受了祸患。因此，朱元璋对龙游府格外钟情。一年腊月，朱元璋领着几个亲信，假扮成普通游客潜入龙游境内。在神仙山下来之后，他停留在一户农家中休息。农家用头道酒、二道菜、三道发糕盛情招待，朱元璋品尝发糕时感到十分满意，对此大加赞赏。此发糕不同于他曾经品尝过的任何其他发糕，因此被称为“福高”。后来，传闻乾隆下江南时，尝到了这种“龙游发糕”，对其非常喜爱。从此，“龙游发糕”成为了皇家食品中不可或缺的一部分。这个故事，彰显了发糕的历史渊源以及与皇家密不可分的关系。

（二）产业特征与发展成效

自古以来，“龙游发糕”都是农户在年节时手工制作的，但由于当时的社会和生活水平限制，生产规模和商品化程度都很低。直到1959年，食品厂才开始按照祖先的传统手艺进行“龙游发糕”的批量季节性生产，并将其投放市场。在20世纪90年代之后，实现了发糕的工业化生产和品牌经营，让“龙游发糕”走出了家门，实现了传统产业向现代产业的转变。现在的“龙游发糕”产品不仅销售到江、浙、沪等大中城市，还远销到北京、深圳等地。这个历史性的转变，标志着“龙游发糕”向着更广阔的市场发展。

2014 年，浙江善蒸坊食品有限公司、浙江金谷食品有限公司、龙游铜鸟食品厂生产的“龙游发糕”均获得浙江省商务厅授予的“浙江老字号”品牌。2016 年浙江善蒸坊食品有限公司的“龙游发糕”荣幸被挑选为 G20 杭州峰会的食材供应单位。2016 年 11 月 18 日在首都北京首届“中国金牌旅游小吃”评选中获得金牌。2017 年 5 月 20 日，龙游厨跃红糖发糕漂洋过海，在美国餐饮协会、美国农业协会共同举办的美国食品博览会上，挺进了纽约联合国总部和华盛顿美国国会。

近年来，“龙游发糕制作技艺”被列入省非物质文化遗产名录，获得“浙江老字号”品牌，国家商标总局也已经受理“龙游发糕”国家地理标志证明商标申请。“龙游发糕”产业在县“政府引导、产业培育、市场运作、行业管理、部门配合”下，目前已发展 69 家生产企业，其中有生产许可证的 22 家，无证小作坊企业 47 家，其中初具规模、自有品牌的企业有 13 家。“善蒸坊牌”“金谷牌”龙游发糕为“浙江名牌”“浙江省著名商标”产品。目前全县发糕年加工量 500 万笼，年产值近亿元，产品主销省内杭州、宁波、金华、衢州、兰溪、建德等地，北京、广州、深圳、上海等大城市也有一定的市场份额，同时也走向了世界，具有巨大的发展前景。

十九、开化清水鱼：玉龙鳞甲的传说

（一）乡愁故事与乡愁文化

“山不在高，有仙则灵；水不在深，有龙则灵。”钱江源的水中虽然没有龙，但却有一种闻名遐迩的鱼——“开化清水鱼”，开化清水鱼不仅是一条鱼，更是山区好生态的“旅游代言人”，更是每个开化人引以为傲的舌尖上的乡愁。

开化清水鱼的乡愁故事跟东海龙王有关。《济阳江氏宗谱》载：“福源村水口有青鱼潭，两岸皆峭壁，岩险不堪俯顾，顾之则毛发俱悚。相传有龙潜其下，每逢岁旱犹祈焉。”据说，此龙名叫玉龙，乃东海龙王第九子，因酒醉丢失项下一颗骊珠，被玉帝贬到深潭修炼。有一年大旱，六个月不下雨，田地龟裂，溪涧干固，村民纷纷至潭边，点烛焚香，求降甘霖。玉龙目睹乡亲们苦难，心如刀绞，于是，不顾自身安危，驾云直上碧霄，悄悄溜进南天门，穿银海，过金桥，东寻西找，却找不到一个地方有水，眼看时光流逝，心中越想越慌，忽闻一阵优美的仙乐顺风飘来，他抬头张望，见远处彩旗飘扬，玉母高坐凤车，率众仙女离开瑶池，向修仙得道的故地王母尖浩浩荡荡前行。见此情，玉龙灵机一动，转身急忙潜入瑶池，见四面无人，吸了一口仙水，匆匆逃出南天门，急向福岭山奔去。谁知被奉命巡天的千里眼看见，急令天兵天将追赶拦截。玉龙边战边走，浑身被刀剑刺得鲜血淋淋。千里眼见状，知道玉龙已难支持，大声喝叱道：“逆龙，你偷盗仙水，违反天条，此乃死罪，只要你将仙水送回瑶池，我饶你不死。”一句话提醒玉龙，它拼死冲出重围，向下一望已到福源，忙张开大口将水喷出，化作漫天细雨，纷纷降下。

此雨一连下了三天三夜方停，旱灾解除，百姓欢呼，声震云天。这一下恼怒了天兵天将，一哄而上，刀剑齐下，一片片龙鳞，带着血肉如血雨四洒。说也奇怪，鳞甲一落到龙潭、浯溪，就化成一条条活蹦乱跳的青鱼，在碧波荡漾的清流中游来游去。从此这潭就改名叫青鱼潭。因为水是瑶池仙水，鱼是玉龙鳞甲，所以自此以后，不仅这里的鱼，肉嫩味鲜，清纯可口，就连饮这里水长大的男人女人，肌肤也特别洁白。清·光绪时，中村文士何介庵诗云："境僻岩峦未易探，青鱼自昔号龙潭，险凭峻壁开奇窍，侧泻清泉出石龛。祷雨有灵杯珓掷，入山无路鸟花酣。藤萝百尺参差挂，洞口云深锁翠岚。"

何田清水鱼的养殖始于明代。据开化县志记载，何田一带的村民利用开化独有的生态优势，在房前屋后或居室中，用石块砌成四方形水池，面积有5—10平方米，水深0.8—1米。他们引进溪涧山泉，投鱼于鱼池中进行养殖。因是清水养鱼之故，一年一尾鱼也只长半公斤。但是这种用流水坑塘养出的清水鱼背部溜黑、鳃色红艳，其肉细腻鲜嫩而有弹性，且无塘泥腥味，成为鱼中上品。

（二）产业特征与发展成效

好山好水出好鱼。何田乡森林覆盖率达85%，是名副其实的国家级生态示范乡。作为开化县的传统特色农产品，开化清水鱼以其特有的颜色、鲜味和口感，在长三角地区有着较高知名度，但规模小、多且散的养殖特点及价格较高也成为无形的“枷锁”。2009 年，开化县政府将清水鱼产业列入农业主导产业扶持，实行县领导、部门负责人重点工程领导联系制度，形成了全县上下齐抓共管，合力推进的工作格局，在政策引导和市场需求带动下，开化山泉流水养鱼步入发展快车道。

现在，清水鱼养殖已由原先的何田、长虹、中村等零星几个乡镇拓展到全县乡镇基本都在养殖，从以前一家一户的养殖方式也发展到了规模化的基地养殖。开化清水鱼产业规模由原先的坑塘 1500 多口、200 亩，发展到现在的 11000 多口、2250 多亩。

2017 年 9 月，何田乡举办“第二届中国何田清水鱼文化节”，吸引了全国各地的游客欢聚一堂，何田乡的农家乐供不应求。除了清水鱼文化节，何田还先后举办了“2017 商学院公益跑步巡回赛”“第二届乡村厨艺大比拼”“最好的一餐”等活动，集聚了人气，带动了清水鱼产业发展。2022 年，开化县“清水鱼流水养殖省级标准化试点项目”经浙江省市场监管局标准化项目验收组考察评估后，通过浙江省标准化试点项目验收，成为开化县第一个省级农业标准化试点项目。

优美秀丽的风景、风味独特的农家美食，令“美食 + 乡村游”成为当地的一个特色。开化清水鱼不仅是一条鱼，更是山区好生态的“旅游代言人”，正所谓“好山好水出好鱼”。近年来，开化县不仅致力于科学化发展清水鱼养殖产业，也将清水鱼和旅游观光、休闲度假相结合，许多各具特色的休闲旅游项目应运而生，提升了清水鱼的经济效益、社会效益和生态效益。

走在何田，处处可闻流水响，步步能见鱼儿游。2017 年，何田引进投资 4000 万元建“十一都清水鱼养殖基地”，引导整合家家户户坑塘散养资源。乡渔产业协会建立了清水鱼溯源体系，一条条有“身份的鱼”让清水鱼的价格成倍增加，游向更多的知名酒店餐桌。还新建了清水鱼博物馆，完整地展示了何田鱼文化体系。虽然受到了“6 · 24”洪灾的影响，但全年清水鱼产量达 32 万公斤，总产出 2000 万元，从业人员人均增收 6000 元。开化对清水鱼品牌的推广，对清水鱼产业标准化、生态化、规模化发展的推动，让清水鱼“游”出了大山，成为了乡愁富民的一张“金名片”。

二十、开化青蛳：治好了将士“红眼病”

（一）乡愁故事与乡愁文化

开化青蛳是浙江省开化县传承至今的一道珍馐佳肴。生长在钱江源头的开化地区清澈的溪水中，让这种青蛳与普通螺蛳截然不同。其细长的黑色外壳下隐藏着灰绿色的鲜嫩肉质，裹着丰盈美味。开化青蛳的肉质口感极其鲜嫩细腻，风味独特，荟萃了大自然的灵气与丰厚元素，不仅美味可口，更是营养丰富。青螺碧玉一般的颜色和质感，更令其跻身于高雅珍馐之列。

相传，元至正二十三年（公元1363年），朱元璋携带将士掩杀至鄱阳湖，却连战连败，士兵们身体羸弱，纷纷感染上了“红眼病”，病情危急。为了避免继续损兵折将，他们只得进入乐安江，沿着海口和苏庄溪，不惜转战至富户和古田山区域休养。在富户村休整期间，将士们的“红眼病”症状不断恶化，朱元璋的健康状况也难以挽回。刘伯温忧心忡忡，苦思冥想，不经意间来到一间茅屋前，只见有一位老者独自坐在屋外，面前只摆放了一只菜和一杯酒，却吃得津津有味，仿如甘露滋润心灵。刘伯温躬身问道：“尊敬的老先生，这是何等美味佳肴，让您心旷神怡如此拿捏？”老翁谦和地告知，这道菜名为“青螺碧玉”，表面黑色细长，毫不起眼，而却是他难以忘怀的救命之恩。

此言一出，把个神机妙算的刘军师弄得丈二和尚摸不着头脑。老翁笑着解释：“几年前，村里来了一群强盗，烧杀抢掠，无恶不做，村民们都闻风丧胆，逃之夭夭，而我年岁已高，也不想离开，便留了下来守护家园。那日，正坐在屋前喝老酒，吃青蛳，强盗来了，见我泰然自若，一副享受美味的样子，抢了我的老酒和青蛳，边喝边吃起来，不一会，酒干螺尽，禁不住大喊道‘妙不可言，妙不可言！’临行时，还笑着说下次有此美食，别忘记叫我。于是，便有了后人‘青蛳沽老酒，强盗来了也不走’的笑谈。”

两人聊得非常投机，刘伯温不禁向那位老翁倾吐内心的焦虑。老翁不紧不慢地建议他们去河边捡青蛳，用清水慢火一炖，饮汤便也能祛热消炎明目。刘伯温听了大为振奋，连忙向老人告别，列队将士们火速前去取青蛳。此刻是盛夏季节，青蛳成群结队，捉起来轻而易举，即使不剪去青蛳尾巴，士兵们也兴致勃勃地烹制了一大锅清汤，添了些许食盐，便开始大口畅饮。青蛳汤呈现着一抹青绿色，汤味略带苦涩，但口感极其鲜美，面对炎炎烈日，将士们将其当作消暑圣品饮用。令人神奇的是，短短两日，将士们的“红眼病”神奇地消退了，双目因此更加清晰明亮。朱元璋也品尝了青蛳汤，难耐的口腔上火顿时缓解，他的精神状态也变得更为振奋，情绪更加高昂。不久之后，部队恢复了旺盛的战斗力，历经一场胜战，最终开创了大明帝国的光辉历史。朱元璋晋升为皇帝后重归南京，尽管赏尝了各种美味佳肴，但他始终铭记苏庄青蛳的味道，用心珍藏，不舍回忆。

（二）产业特征与发展成效

青蛳的美味，重在于它自身食材的干净与新鲜。青蛳的生长对水温、水质和周围环境的要求极高，必须具备三个条件：一是要纯净的清水；二是要流动的活水；三是水中要有大大小小的鹅卵石。因此出了开化便鲜有青蛳，吃青蛳除了螺肉的紧致口感，享受的更是吸食本身的乐趣。

在《舌尖上的中国第二季》播出之后，开化青蛳从“农家菜”一夜变身“土豪菜”。《舌尖2》播出开化青蛳的当晚，开化青蛳的价格就涨到了40—50元一斤，最贵的甚至要100多元一斤。如今距离《舌尖2》的播出已经过去5年，节目热度逐渐消退，开化青蛳却已经打开了市场。青蛳的价格虽有所回落，但依旧保持在30—40元一斤。

尽管开化青蛳身价倍增，但仍然挡不住全国各地“吃货”们的热情，如今来到开化旅游的游客，几乎已经将“点一盘青蛳”作为了“到此一游”的最好见证。许多外地游客专程赶到开化，一上餐桌，主动点名要吃开化青蛳，而且很多人要求一定要是《舌尖2》上所播出的那种烧法——紫苏炒青蛳。当然，仍有游客吃不惯辣辣的“紫苏炒青蛳”，为了吸引顾客，开化县各大酒店的大厨小厨们，纷纷想办法，除了传统的紫苏炒青蛳外，清炖青蛳、青蛳拼盘、青蛳两吃等新式菜品纷纷出炉。

开化青蛳自然是火了，就连作为配角的紫苏，如今也是“鸡犬升天”。“很多来自外地的游客，开化青蛳要带回去，开化青蛳的炒法要带回去，紫苏自然也要带回去。”开化县文化和旅游局的工作人员介绍。不仅本地的饭店对紫苏的需求量大增，就算是外地游客，也会购买一些紫苏带走。

然而开化人也发现，青蛳比以前难摸了不少。名声大噪的开化青蛳不仅带动了青蛳价格的水涨船高，更让一大批人投入摸青蛳的队伍中。开化县有不少人专门摸青蛳、贩卖青蛳，还有些“半职业”的人摸半天、卖半天的。除了这些职业摸青蛳的，在开化无数大河小溪的急流浅滩上，还有无数“摸着玩”“摸着自己吃的”。

日益壮大的摸青蛳队伍，让河里的青蛳变得越来越少。在频繁产出和高消耗的影响下，开化本地青蛳的产量和个头受到了不小影响。青蛳对水质的要求非常高，大多生活在一二类水中，只要加强对水环境保护，全面推进‘五水共治’工程，使水质得到保持甚至更优，这些都利于青蛳的生长。开化青蛳只是对水质的要求非常高，自身的繁殖能力，还是蛮强的。从长期来看，青蛳的资源有逐渐衰退的可能，但只要开化保持住目前总体优良的水质环境，青蛳绝种的可能性就不会发生。现如今，开化青蛳已经实现了华丽转身，它俨然从过去仅仅只是餐桌上的一道佳肴，变身为开化的一种代言。

二十一、开化气糕：素有“东方比萨”之美誉

（一）乡愁故事与乡愁文化

开化气糕历史悠久、久负盛名，几乎是家喻户晓、无人不知。它是当地小吃店每日打卡商品、每日必备，也是开化齐齐分享、无人能拒绝的美食之一。

民国时期，《开化县志稿》便详尽地记载了开化人创造的气糕美食。1984 年的《金华地区风俗志》则更进一步记录了开化气糕的盛行：“七月半以食气糕为多”。如今，气糕已不只是小吃餐桌上的美食，而是开化百姓生活中重要的一部分。尤其是在每年的农历七月半，重阳节，这一习俗从古至今依然绵延不绝，家家户户蒸制气糕，就如同端午赛龙舟，中秋观赏月亮，愉悦而又难以割舍。

开化气糕的制作工艺无不呈现出一种高度关照的态度，对于水质以及环境的温故知新，也寄希望于食客们对其予以悉心维护。开化气糕的制作需要把控好水质和环境的温度，制作时要一丝不苟，完成时还要在雪白的糕面上镶嵌各类特色食材。不仅极富视觉盛宴之美，而且吃在嘴里更有柔软又有弹性，各种食材融合在嘴里回味无穷——这也是它素有“东方比萨”美名的缘由。不过，趣味横生的是，尽管许多人尝试将开化气糕引进杭州、上海等地制作，即便使用相同的材料、工艺，都难以展现出开化气糕卓越的口感和风味——这才是开化气糕独特魅力之所在。

开化人实在朴素，但这并不妨碍他们在美食领域里展现出璀璨的光芒。正如这地道美食般——简单、抗饿、便宜，却百年屹立不倒，揭示了深厚的文化底蕴。因此，气糕才能在开化舌尖上的乡愁产业历史长河中持续长盛不衰。无论严寒还是炎热，每个清晨都伴随着洁白瓷实的气糕，充满诱人的香味，为开化人的胃口“按下启动键”。无论是街头巷尾的早餐店，还是家里的饭桌，在稀粥的陪衬下，气糕似乎才是开化人新的一天的开始。开化的小孩子从小便紧跟气糕成长，在开化，气糕的品种多种多样，如山茶油气糕、乌饭气糕、五城豆腐干气糕，颜色亦是五彩缤纷、花样各异、甜咸皆宜，令人目不暇接、垂涎三尺。近年来，开化的农民还开始尝试将新鲜的气糕放到灶上烘干，制成气糕干，以便延长保存期限。但没想到，气糕干吃起来不仅能品尝到气糕的浓郁味道，而且保存方便，好吃到让人欲罢不能。

随着开化全域旅游的发展，来开化旅游的客人越来越多，很多游客会在店主指导下体验参与发气糕、烧柴火、吃气糕，吃好了就顺带气糕干回去。开化气糕交织了节日的味道、时间的味道和亲情的味道，藏在每一个离家游子的心目中，才下舌尖，又上心头。在开化人的心目中，气糕永远是无法代替的家乡符号，承载家乡的味道和父母的爱，会留在每一个开化人一生的记忆里。

（二）产业特征与发展成效

开化人立志要把传统美食吆喝到全世界，“气糕里有乡愁，也有产业”。县美食办（气糕办）负责人介绍：“气糕虽然只是一种小吃，但其中蕴含了开化的饮食文化和历史。”“我们鼓励开化人把气糕小吃店开到全国各地。气糕办还将在全国范围内推介开化气糕。”气糕办每年安排专项经费，一部分用于政策扶持，一部分用于品牌推介。2018 年全县气糕年产值已达 1.5 亿元，其中商品率为 60% 左右，带动农民增收致富，增加 1500 余人就业。

开化气糕产业在发展的同时，也面临着一些难题。比如目前气糕门店建设与分布存在地域不平衡的问题。由于老百姓外出创业的愿望还不够强烈，导致推广的门店在县内占大多数；由于开化气糕在制作工艺上的特性，在运输、储存、包装等还存在一定技术难题，加之外地人口感习惯等原因，距离成为“无人不晓，人人爱吃”的小吃还有一定差距；另外，开化气糕宣传推介方式及品牌提升等方面还有待突破创新。

因此，开化气糕虽说大众喜爱，但仅处于“养在闺中无人识”“湖畔开花湖畔香”的境地。为了更好地打响开化美食品牌，开化县迎难而上，采取一系列措施，力争做大做强气糕产业。

县美食办每年都联合人社、职教等单位组织开化气糕制作培训和开化气糕师创业培训，截至目前，已分别完成5000余人和1500余人；都市快报、浙江农村信息报、衢州日报、开化新闻网分别对开化气糕产业发展做了大篇幅宣传报道；开化气糕产业还组织参加了省农博会、省食品博览会、体育赛事等活动，开展开化气糕“百校千企”活动，大力宣传推介开化气糕。

如今的开化气糕已经远销杭州、上海、甘肃、内蒙古、温州等地，在全国各地开设300余家统一Logo、统一风貌、统一模式的开化气糕经营店。

开化气糕还先后获得中国名点、2016年浙江省农博会优质农产品金奖、首届浙江省点心展评会金奖、2017年浙江省十大特色小吃、世界中餐名糕点、衢州名点等称号，知名度逐步提升，创业氛围渐浓。相信在不久的将来，开化气糕一定能扎根开化、走向全国。

二十二、金华酥饼：程咬金的创业故事

（一）乡愁故事与乡愁文化

金华酥饼，源自浙江省金华市，一道承载着浓浓乡愁的传统名点。饼身金黄诱人，外脆内嫩，令人垂涎欲滴。金华酥饼不仅是金华地区的特色食品，更是被广泛送给亲朋好友的传统佳品。其馅心以干菜为主要原材料，因此也被称为干菜酥饼。如今，这道源自地方小吃的美味已逐渐成为金华人引以为傲的乡愁产业，让人不禁为之倾倒。

金华酥饼自有八百载历史，早在南宋年间，婺州浦江吴氏所著的《中馈录》中，就有关于这一美食的记载。当时的金华酥饼以蜜糖为馅，与现今的干菜肉馅稍有区别。据考证，全国有十八本书籍记录了有关“金华酥饼”的传说和制作方法。可追溯至南宋时期的这道传统美食，在菜谱的点心部分也有详细的记载。如今，八百载传承下来的金华酥饼，依然散发着

浓郁的历史与文化气息，令人回味无穷。

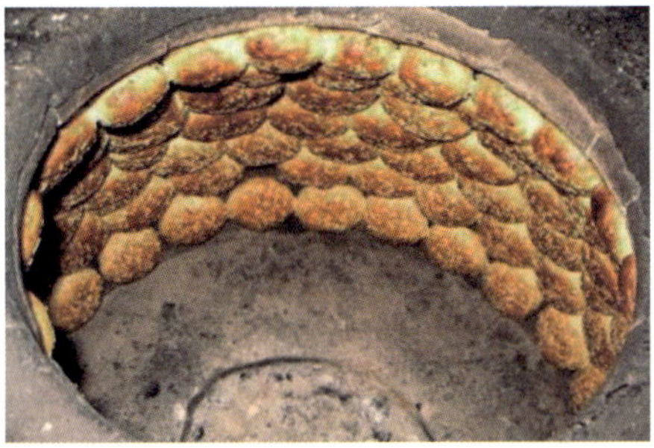

说到酥饼的乡愁故事，它与程咬金开创事业的故事有紧密联系。传说程咬金在隋朝末年，因为官府通缉而来到了金华，开始经营一家饮食店。可是，与当地百姓的口味并不合拍，生意清淡，无人问津。直到有一天，他发现对面邻居做的梅干菜炒肉香味四溢，于是受到启发，开始尝试制作酥皮炸肉饼。这道美食一下子俘获了金华人的胃口，成了人们垂涎的佳肴。而程咬金为了让饼更香更酥，甚至烘烤了一整夜，烤出了一种令人咋舌的酥脆松香口感。从此之后，酥饼在金华越传越火，以程咬金命名的酥饼更是被看作酥饼业的祖师。而后来，程咬金投奔瓦岗军，成为唐朝建立的功臣，人们常说他在打仗时总是一双一双的动作，犹如点酥饼般潇洒。如今，金华人还流传着这样的谚语："程咬金酥饼——好汉做买卖从不欺人。"

（二）产业特征与发展成效

20 世纪 80 年代，随着金华酥饼的逐渐发展，技艺也不断精进，酥饼的品种越来越多，制作出琳琅满目的佳肴。随着酥饼业的发展，他们也改变了烘烤方法，从木炭烤换成了远红外线烤箱，包装也从纸包换成了无毒聚乙烯型袋。1989 年，金华酥饼获得了"省优产品"称号，标志着金华酥饼行业的逐渐壮大。如今，在金华市区，金华酥饼店遍地开花，散发着诱人的香气，来自各地的游客在品尝这些美味佳肴时享受滋味无穷的美食之旅。

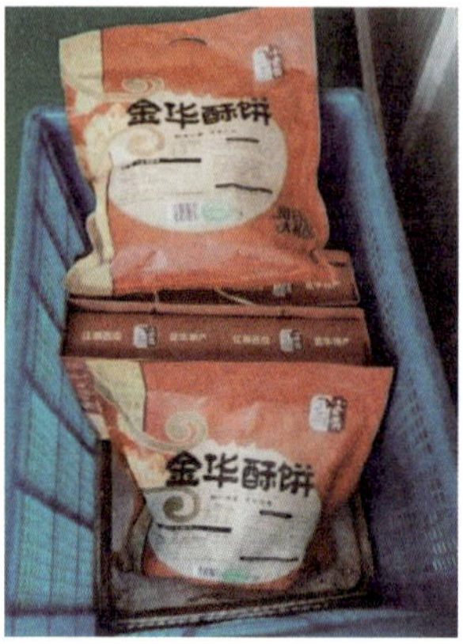

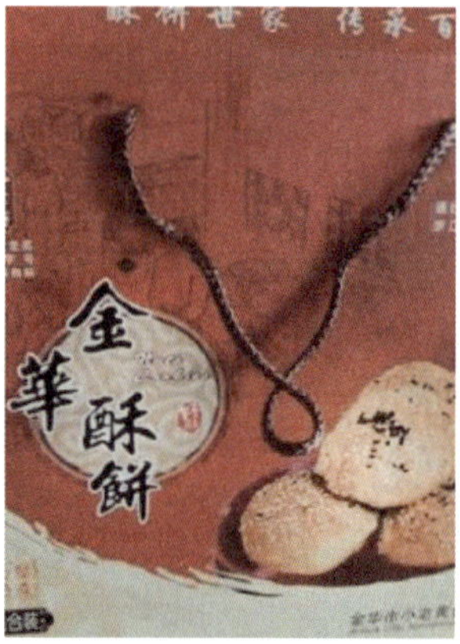

曹宅镇大黄村，如今是金华酥饼的“根据地”。这个酥饼专业村培育出了“黄家春莲”“苏香”“黄仕兄弟”等众多知名品牌，而“黄家春莲”是其中的佼佼者。“掌门人”黄坤龙专注酥饼产业 26 年，带动越来越多的村民走上了致富路。

在 20 世纪 90 年代，酥饼行业的“探路者”黄兆成以“苏香酥饼”的名号为行业内注入了新生机。越来越多的村民放下锄头，揉起面粉紧跟其后。二十多年前，黄坤龙夫妻俩同样贫穷潦倒。为了维持生计，黄坤龙作出了选择，拜师求艺不断锤炼自己的技艺。他在市区开了一家酥饼店，为创业付出了接二连三的苦辣经验。曾多次争吵的夫妻俩决心做好每一个酥饼，他们在日夜相伴的状态下不断修改口味，这样小小的酥饼在他们的世界里不断壮大。从当时的三只炭炉和一间小店，到现在的标准化工厂，黄坤龙依旧坚定地抱着初心，不断精益求精。在坚持做好的过程中口碑颇佳，机器制作的酥饼绝对是无法媲美手工制作的。这二十多年，黄坤龙耐心地将他的精湛技艺传承给年轻的学员，黄家酥饼的制作技艺得以延续。黄兆成黄坤龙等的工匠精神不仅是坚守本身，更是意味着传承。

金华酥饼的制作技艺被列为浙江省第三批非物质文化遗产目录。2010 年被评为浙江省非物质文化遗产生产性保护基地，2 人被省非物质文化遗产委员会评为金华酥饼传承人。协会中荣获浙江省名牌一家，金华名牌 6 家，金华市著名商标 2 家，国家级高、中级中式面点师 62 人，高级技术能手 1 人，金华酥饼大师 14 名。

二十三、新昌炒年糕：一碗“步步糕升”

（一）乡愁故事与乡愁文化

新昌县是一座典型的山区县，却是浙东唐诗之路、佛教之旅、茶道之源的精华，充满了诗篇、文人和智慧。新昌迎面而来，灵山秀水和文化之美令人心醉，这里有着400多位唐代诗人的足迹，留下了超过2000首传颂千古的诗篇，其中，李白诗仙的《梦游天姥吟留别》堪称不朽绝唱。这里的灵山秀水吸引了无数文人墨客前来休养生息，更孕育了老百姓一双双智慧的巧手，创造了独一无二的新昌乡愁小吃文化。

新昌传统小吃多达20多种，年糕、芋饺、镬拉头、春饼、麦糕、麦虾汤，形色味俱全，流传千年而不衰。新昌年糕，是新昌传统小吃中流传最为广泛的一种。新昌年糕，民间俗称“岁糕”，读音同新昌方言的“水”。

从1100多年前新昌置县开始，新昌年糕已经融入新昌的各个角落。新昌城乡每个村落，一到岁末，家家户户碾米、浸米，再挑到加工场制成年糕，热闹繁忙，年味大都是在年糕里的。1994年版《新昌县志》“岁时习俗”记载：“祝福，腊月后半月，家家“掸尘”、办年货、舂年糕、裹粽子、炒馈货、煮福礼、做小吃，准备过年，天天忙到深夜。”旧时，用人力、水力作为舂年糕的动力。水力加工场称水碓，遍布新昌城乡各地，据清朝袁枚的《新昌道中》记载，清代美食家随园老人袁枚道经新昌城外时，老树婆娑、烟岚飘忽、青山秀水环绕下的村庄，水碓声和着流水声，家家户户碾米制作年糕热闹繁忙的场景。明清时期，年糕已经是新昌城里乡下过年必备的食物，无论贫穷富贵，不可或缺。因此，宕（捣）年糕是家家户户年边的一件大事，农村里宕（捣）年糕基本集中在腊月。先把自家种的粳米淘净，浸上3—5天，再把米洗净，备用。因为近年关，白天忙着备年货，宕（捣）年糕一般在晚上进行。在大村里有专门磨粉、碾米、做年糕的加工厂，晚饭后，几户人家早早就商量好，谁家先做，谁家后做，互相帮衬。一只只大竹箩里装了浸透洗净的粳米，旁边堆着捆好的木柴。女人们用自家带来的木柴把土灶头烧起来，把用机器磨成的雪白的粉放在蒸桶里猛火蒸起来。加工厂的另一边，放着几只很大的的石捣臼，几家壮汉摩拳擦掌早就候在一边，小孩子们则兴奋得直盯盯远远看着咽口水。滚烫的熟粉倒入很大的青石捣臼后，米粉特有的香味顿时溢满了空间。第一个“宕糕花”的汉子就轻举捣子，柔柔地将这糕粉搡作糕团后，便可尽力地宕了。壮汉后生一个宕得乏了，一个接上去，一个个轮换着举起几十斤重的石捣子，狠命地砸向糕团，而年糕师傅在石捣子落下的瞬间翻动米团，让一旁的孩子们惊呼，但每每安然无恙，一宕一翻，尽显娴熟的技艺。于是“澎”“澎”的宕年糕声在这热气腾腾的空气里飞扬，伴随他们“嗨索嗨索”的吆喝声，应和着年糕师傅翻动米团时“嗨嗨”声，又夹杂着孩子们的吵闹声，组成了一曲欢快热闹的交响乐，驱赶走了冬夜的寒冷。

新昌年糕有三大特色：一是原材料用粳米制作而成，质地细密，韧性十足；二是制作方法丰富，有煎、炸、炒、烤、汤、炖等；三是配料众多、营养丰富。单单炒年糕，就有十来种口味，并因“带汤”而更具特色，先炒后煮，年糕充分吸收汤汁，久煮不烂。四季变换，大自然馈赠的鲜美肉蔬皆可作为配材，草子、萝卜丝、四季豆、土豆、春笋、冬笋、青菜、黄芽菜，腌雪菜、梅干菜，搭配肉丝、蛋丝，嫩豆腐都可为年糕增色添味。

在新昌人的食谱里，炒年糕不仅是必不可少的家常主食，更是一道具有美好寓意的传统小吃，“吃年糕，年年高”，逢年过节，招待亲朋好友、远归的游子，来一碗热腾腾的“炒年糕”，祝福新的一年里“步步高升”“学业有成”。

（二）产业特征与发展成效

乡村振兴，产业振兴是关键，而新昌炒年糕作为名副其实的乡愁产业为百姓增收致富贡献了不小的功劳。新昌传统小吃多达20多种，芋饺、镬拉头、春饼、麦糕、麦虾汤，形色味俱全，流传千年而不衰，其中以新昌年糕为众多传统小吃之代表。2017年新昌县首次把“新昌炒年糕”产业发展写入政府工作报告，把新昌炒年糕产业发展作为一项富民工程、创业工程来推进产业发展，出台扶持政策，打造“小吃大产业”，让“一碗炒年糕”成为撬动新昌老百姓增收致富的重要“杠杆”。为更好更快地推进新昌炒年糕产业发展，新昌县成立了新昌炒年糕产业发展领导小组，设立了新昌炒年糕产业发展工作办公室，专门为新昌炒年糕量身定制产业发展计划，着力在品牌培育、新型农民培育、标准创建等环节下功夫，实行标准化推广、产业化升级、品牌化立名，全面推进该产业华丽蜕变。并以新昌炒年糕为突破口，打响新昌传统特色小吃品牌，重续新昌名点、名小吃辉煌，借此打造农民增收致富的新引擎、乡村旅游发展的新平台、对外宣传交流的新名片。

“新昌炒年糕”先后参加省农家乐菜肴比赛、省农博会等大型活动，2017年获浙江省十大农家特色小吃第一位、省农家乐“百味菜谱”金牌小

吃等荣誉，成功入选浙江农业博览会“舌尖上的浙江——2017 年浙江农业博览会金奖产品鉴赏推介会”推荐食材。荣登 2018 年“最受欢迎的旅游美食 TOP10”榜单。品牌效应已然凸显，“从‘名小吃’到产值 3 亿的‘大产业’，新昌炒年糕炒出金饭碗”案例成功入选《乡村振兴看浙江——产业兴旺 50 例》为全省“乡愁产品”两例其中之一。新昌县小吃行业协会先后注册了“新昌炒年糕”集体商标和“新昌年糕”地理商标。新昌炒年糕烹饪技艺也已成功列入第七批新昌县非物质文化遗产代表性项目。

当前，新昌县从基地生产——年糕原材料加工——营销——年糕门店开设的产业链已基本形成，县内外现有门店 600 来家，在 12 个省新创建示范店 230 多家，联结年糕加工企业 11 家，粳米、九心菜、茭白、冬笋、草籽等种植农户 300 余户，糟猪肉、糟鸡肉等加工企业 2 家，促进农村剩余劳动力转移 1600 多人，带动农民经营性收入增长 3 亿多元，新昌炒年糕产业形成了独特的品牌效应、规模效应和带动效应。新昌炒年糕产业发展的路如何走得更快更稳更远，2019 年新昌县政府出台了《新昌炒年糕富民工程推进计划》，在健全协调服务机构、办好微信公众号、动员社会各界参与的基础上，努力在以下三个方面下功夫：

以“互联网 +”为途径，不断扩大新昌炒年糕的影响力。坚持“互联网 + 培训班”，办好学习培训班，依托互联网加强传播广度；坚持“互联网 + 创新赛”，开展炒年糕创新大赛，依托互联网加大传播力度；坚持“互联网 + 门店汇”，筛选一批形象好、口碑佳、效益高的炒年糕门店，依托互联网加强传播宽度；坚持“互联网 + 乡愁吟”，组织异地商会会员品尝新昌炒年糕，依托互联网加强传播深度；坚持“互联网 + 现场会”，积极承办或参加现场会、推介会。

以“一街三馆”为依托，不断增强新昌炒年糕的带动力。顺应“全域旅游”趋势，梳理“回归自然”理念，在风景名胜区、历史文化区、省 2A 级以上景区村广泛开设小吃（美食）街和乡村蒸菜馆、经典茶食馆、特色小吃馆，展示“1 +9”特色小吃、农特产品，重在做精做优新昌炒年糕，进而带动其他特色小吃的发展。

以“三走进、四扎根”活动为载体，不断提升新昌炒年糕的发展力。

深入开展新昌炒年糕“走进机关、企业、酒店和扎根民宿、校园、商场、服务区”活动，到重点场所、核心地段大搞展示展销、开张仪式，不断提升新昌炒年糕的发展力、影响力。努力让新昌炒年糕与全国知名小吃一道走得更快、更稳、更远。

二十四、北仑虾蜡年糕：龙王派大虾挡水的故事

（一）乡愁故事与乡愁文化

北仑白峰虾蜡年糕是白峰农产品的代表，也是每个谈论起北仑第一个想到的代名词。有民谚说：“荠菜肉丝炒年糕，灶君菩萨伸手捞。”意思是说荠菜炒年糕，连灶君菩萨都忍不住想吃上一口。虾蜡年糕口感柔韧滑糯，久煮不烂，入口不黏、清香爽口，而且年糕的吃法可以随个人的喜好和口味，或煨或蒸或炒、或淡或咸或甜。

虾蜡年糕的乡愁故事要从虾蜡这个奇怪的名字说起。据说当地有一个美丽的传说，很久以前村子的后山有一龙潭，龙潭里住着一位有时会犯迷糊的龙王，有一年大旱，山下村民多次到龙潭求龙王下雨，却迟迟不见效。于是大家愤怒地抬了狗血上山，喷在龙潭上。此举激怒了龙王，龙王一气之下发动了一场大水，将山下村里的房子都冲垮，唯有一座安然无恙。原来，这是全村唯一没有参加侮辱龙王行动的一户人家，所以龙王派了一只大虾拦在房子前。后来人们便相信，有虾拦着，发大水时房子就不会被冲走，于是村庄就以“虾拦”命名，用当地话讲是“虾蜡”。

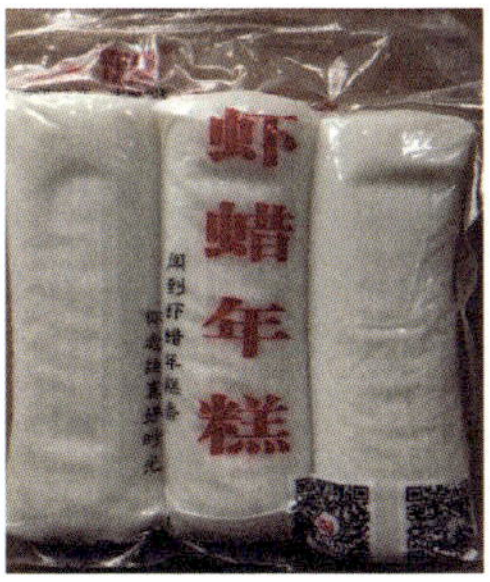

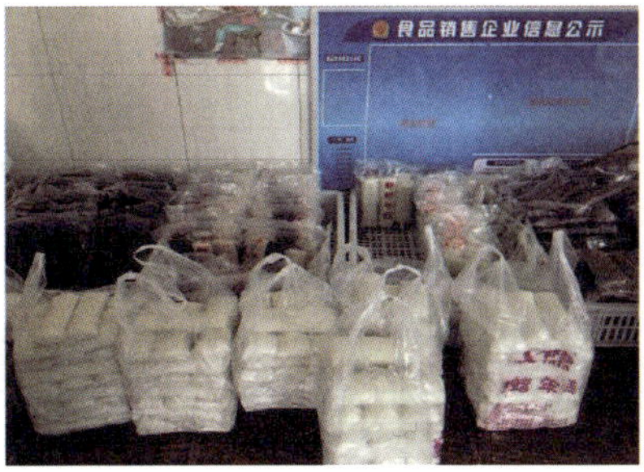

虾蜡年糕起源于明清，虾蜡拥有五六百年的制年糕历史，而流淌着的龙潭山泉水清澈甘甜、富含矿物质，成就虾蜡年糕美味之源。虾蜡村内白峰水库右边的龙潭步道，是最美的森林步道，夹峙在群山之中的龙潭，水清澈透明，且深不见底。独特的地理位置孕育的山泉水，不仅清澈无污染，更能直接饮用，入口甘甜，清凉宜人。虾蜡年糕则是以此水进行浸泡，清甜味道由此而生。泉水经山脉日夜流淌，丰富的矿物质与泉水融为一体，多重营养让虾蜡年糕成为了非常养人的食物。

虾蜡年糕的乡愁故事之所以能够流传甚广，是因为有着乡愁情怀的非物质文化遗产传承人的代代相传。以宁波非物质文化传承人王国强等乡贤为代表的年糕师傅们就驻扎在村子里。而虾蜡年糕的独特口感正是因为纯手工的敲打，程序讲究，需要几个师傅默契的配合，更考验的是耐心。一个师傅用木杵捶起臼内的米面团，一开始是轻捣几下，将这团米面团摊开，随后需高高地举起木杵向下舂去。另一个师傅随后要将双手迅速伸进臼内，湿手先在韧性渐足的米面团上拍打几下，然后迅速地将米面团彻底翻身。之所以要拍水，是为了不让米面团粘着木杵和石臼。“年糕年糕年年高，一年更比一年好”，年糕体现了虾蜡人对于生活最美好的期盼。而打年糕的技艺是劳动者对乡愁记忆的最好传承。

岁月悄无声息地在虾蜡这个小村庄里流淌，大地上的人们心怀感激，领受大自然的馈赠，勤勤恳恳地生活在这里用劳动者的智慧传承着古老的技艺，在外的游子尤其惦记这份乡愁。

（二）产业特征与发展成效

虾蜡年糕如今已成为北仑名副其实的乡愁产业。虾蜡年糕的生产主要以家庭生产作坊为主，并形成了福口乐虾蜡、虾龙水、阿辉年糕等“白峰虾蜡”系列年糕，包括传统的白年糕，各种花色年糕，现已创设六福系列年糕（金福、银福、红福、清福、紫福、厚福）。

小年糕带动大产业。2018 年 12 月 30 日上午，北仑区白峰街道在下阳村上王文化长廊举办了第五届年糕文化节。赏民俗、打年糕、品小吃……丰富多彩的活动吸引了近 5 万名游客前来感受浓郁年味、体验传统文化，销售年糕 8 万斤左右，所有摊位总销售额达到 25 万元左右。“虾蜡年糕”作为年糕文化节的主角，人气逐年攀升，供不应求，2018 年更是代表宁波亮相浙江省农博会，获得省级金奖。白峰街道还依靠旅游产业带动虾蜡年糕产业，贯彻落实乡村振兴战略，打造农村文明示范线，鼓励商户在白峰菜市场设置虾蜡年糕展位，供游客挑选和品尝，在提升虾蜡年糕的品牌名气的同时也带动了农户的增收。同时依托“互联网 +”在“虾蜡年糕”特色品牌的基础上，白峰街道对特色农产品进行全面整合、规范、提升，成立了品禾专业合作联社。依托“品禾”农产品品牌，拓展年糕互联网销售的平台，进而拓展产业链、打通销售链、提升价值链。相信通过讲好乡愁故事、打响虾蜡年糕品牌，会自动破解当前虾蜡年糕从手工、粗放、散小向自动、精细、产业化发展的难题。

二十五、杭州葱包桧儿：南宋“键盘侠”对秦桧的恨意

（一）乡愁故事与乡愁文化

“葱包桧儿”是杭州特色传统小吃，早已成为人们品味江南精髓和北方滋味的美食典范。用一根油条和一些葱叶裹在面饼内，经过铁锅的烤制或油炸，看着它变得脆黄，咬一口，味蕾即刻被浓郁的甜面酱和辣酱所征服。正如人们所说，这个小吃是北方和江南糅合而成的精华，既有精致别

致的江南风味，又蕴含着北方食品独有的味道。

“葱包桧儿”这道传统小吃的故事跨越了千年，源于南宋“键盘侠”岳飞与秦桧的恩怨纠纷。故事得以传承，是因为一位店主王二，将恨意化为创意，捏出秦桧夫妇的面块，在炸油条的时候加了些许特别的感慨和诅咒：“油炸桧”吃。他的店铺位于望仙桥畔，名声在外，不断有人来尝这个新奇的面点。可是有些时候，他所炸的油条，一下子就炸多了，怎么办呢？这个顽固不化的店主，想起了他对秦桧仇家的愤懑之情。于是他拿出烤锅，将油条烤熟后再加上葱段，拌上甜面酱，用铁板压烤。经过烤制，油条变得香脆，外皮呈金黄色，发出“吱吱”的声响，王二终于解恨。此刻，他品尝到了烤熟的油条的美味，想到这个新食品如此可口，他便将这样一种口味命名为“葱包桧儿”，这种特殊的味道一直流传到现在。请注意，这里的金字塔式的创意被深刻地深化、扩展，而“木”变成了“火”，因为王二为了避免秦桧起疑，将“桧”改成了“烩”，这也推动了“油炸烩儿”等更加妙趣横生的名称的产生。这种早点食品的美名迅速传遍全国各地，成为许多饕客们心中美食的代表。

（二）产业特征与发展成效

杭州“葱包桧儿”对杭州人来说，它既是一道传统美食，又是一道乡愁文化，因而它既受到杭州当地人的喜欢和偏爱，同时通过杭州人的热情推荐，又越来越受到全国各地人的热情追捧。“葱包桧儿”成为了典型的“老字号”舌尖上的乡愁食品。

“葱包桧儿”作为杭州一种经济实惠、甜辣可口的传统风味小吃，受到了老杭州人、新杭州人、老人、小孩等的喜爱。南宋御街、东坡路、西湖景区、老小区、学校门口等都是杭城一些小摊贩制作“葱包桧儿”的热门地段。同时各大餐厅、饭店都会备上“葱包桧儿”作为小吃和主食，供食客享用，吃上热乎乎的葱包桧，可以充分感受到杭州人的快乐与满足。

“葱包桧儿”作为杭州蕴含岳飞遇害而带有民族情感的乡愁食品，越来越多受到外地游客来杭州旅游时的忠实选择，民族英雄岳飞为秦桧所害，人们对秦桧恨之入骨，恨不得食其肉，这是所有中国人的普遍情感，来到杭州，有这样一道有着深厚感情寄托的小食品，自然不会错过，这也是杭州各大餐厅、饭店都会提供“葱包桧儿”这道美食的文化内涵。

二十六、柯桥安昌腊肠：岁寒宴席的佐餐佳品

（一）乡愁故事与乡愁文化

安昌腊肠因其产地绍兴县安昌镇而得名，而这座历史悠久的小镇又被列为了浙江省公布的首批历史文化名镇之一。安昌民间一直有一项传统，那就是制作灌香肠。这种手艺流传至今已有数百年的历史，而每逢过年，游人闲逛于江南水乡安昌古镇的街头巷尾，便能看到密密匝匝的腊肠悬挂在红红绿绿的灯笼下，这道别具一格的乡愁风景，便唤起了人们最真挚的怀旧情感。

安昌腊肠的乡愁故事发生在明朝嘉靖年间的古镇安昌，据传说，当时镇上有一位好食肉类的大户人家，然而雇用的厨子却无法创新烹制方法，屡屡被解雇。这时，一个名叫王丫鬟的新厨师不想再被辞退，于是创意地将日常做菜剩下的猪下水和肉末做成了自己的食物——肉肠。老爷尝后大喜，厨师也因此留了下来。这个环用猪肉灌肠的新方法很快传遍了镇上，百姓们纷纷效仿，将这款香味四溢、寓意团团圆圆的肉肠视为款待亲朋好友的必备菜。安昌腊肠由此名声大噪，成为了远近闻名的绍兴特产。清朝时期，安昌镇聚集了很多仕宦商贾，对酒席上各种佐酒之物格外讲究，于

是有人开始改进制作方法，精选猪后腿肉，并选择独特的佐料，将其做成优质的腊肠。经过多年的精心制作，安昌腊肠在工艺和配料上愈加精细讲究，成为岁寒之时餐桌上不可或缺的美味佳品。在民国时期，镇上的酒肆开始自己晒制腊肠、鱼干等，作为“酤酒坯”来招揽顾客，生意十分兴隆。如今，每年的腊月，在古镇街道河边翻轩下、居民窗口、廊前、道地上都晒有这款香气扑鼻的腊肠，而古街上数十家酒店和小店都将其作为代表菜肴，因此安昌又被誉为“无肠不酒店”的美名。而每年晒制腊肠也成为每个安昌人年味和乡愁的代表。

安昌腊肠的乡愁味道凭借着绍兴特色佐料酱货和手工制作的精湛工艺。从刮肠、选料、切丁、漂洗、腌渍、灌肠到晾晒，每一个环节都充满着地方特色，无可替代。全程手工制作，能够令每一根腊肠都饱含了制作者的热情和心血。这些食材和小工艺之间的交织，灵奇的配方，共同创造出了安昌腊肠专属的乡愁味道。安昌腊肠采用上等精肉（后腿精最佳），瘦肉和脂肪比例搭配合理，在家乡手工制作时使用当地绍兴酒、手工酱油和糖，调和最佳的味道。每个工序都必须照做，刮肠、灌肠、晾晒等的巧妙搭配，是其他地方无法模仿的。当腊肠晾干五到七天后，就会变得香气四溢。切面肉质光滑无空洞、无杂质、肥瘦分明、手质感好，腊肠切面香气浓郁，略带甜味，油而不腻，色味特殊，胜似火腿。这份烦琐的手工制作方法在2010年9月列入绍兴县第四批非物质文化遗产名录，在10月也被列入了绍兴市第四批非物质文化遗产名录。安昌腊肠因其独特的制作技艺和味道，成为许多人心目中的乡愁，也是绍兴地区的知名特产之一。

（二）产业特征与发展成效

作为名副其实的乡愁产业，在传承和发展中诞生了一批传承人和企业，作为古镇安昌规模最大的香肠企业，安昌哈哈香肠食品厂的创始人成永才是绍兴市、柯桥区非物质文化遗产安昌香肠制作技艺的传承人，成家祖孙四代都有灌制香肠的习俗，据成永才母亲潘阿濮讲述：在清朝时永才的爷爷和奶奶就曾为镇上的饭店酒楼灌制过香肠。

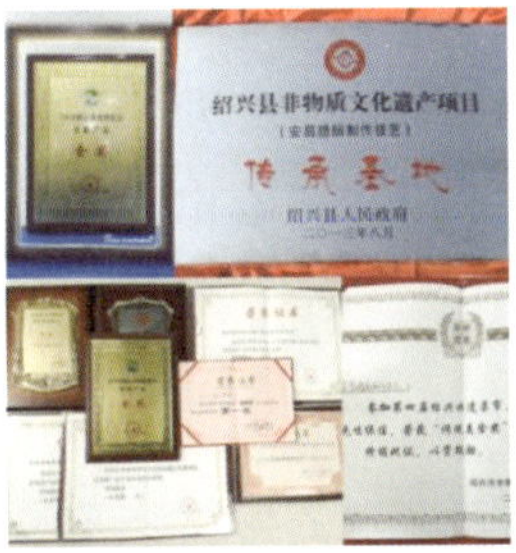

哈哈香肠食品厂自 1999 年建厂以来，取得了很大的成绩，是央视网的“品牌战略合作伙伴”。2012 年 9 月获绍兴县首届十佳旅游特色商品，在省内外已颇有知名度。2013 年被授予“安昌香肠制作传承基地”。同时，企业发展带动周边养猪业和商贸业的发展。哈哈香肠食品厂在发展香肠产业的同时，非常重视香肠的传承和保护工作。在传承方面，厂长成永才用了两年多时间教会了自己下一代灌制香肠的技艺，培养好了传承人。在近 10 年中先后招聘过 30 多个员工到企业中工作，不厌其烦地将灌制香肠的道道技术进行传授，让每一个员工都熟练地掌握了香肠制作的全部过程。利用传承基地这张金名片，安昌哈哈香肠食品厂的制作技艺向社会公开。邀请镇上中小学生、百姓、外地游客参观、体验灌制香肠工艺。在学习斩肉、灌肠、结扎、晾晒的过程中，向参观和体验者介绍安昌香肠的制作历史，更好地了解本地乡愁产业的发展。

发展历程和规划：哈哈香肠食品厂在发展中几经易地扩大生产，在上级镇、区领导的关心下，厂址从镇南路移至郭家路。企业抓住这一机遇，在做大“哈哈香肠”产业的同时，着力做好传承基地这篇文章，决定在厂内辟出一间房屋，开辟哈哈香肠展示中心。室内介绍安昌香肠的传说故事、香肠的制作工艺流程、哈哈香肠的制作历史、企业文化等。与此同时，计划在五年中再培训出100名能制作香肠的员工，特别是有要求学习灌制香肠的人员。邀请本地在校的五年级以上的小学、中学学生进厂参观香肠制作的全过程，让千年古镇香肠的灌、晒制作生产技艺代代相传，弘扬安昌古镇渊远流长的舌尖上的饮食文化。

二十七、绍兴老酒女儿红：桂花树下的美好期盼

（一）乡愁故事与乡愁文化

女儿红，一种历史悠久的文化遗产，可追溯到1700多年前的晋代，《南方草木状》中记载：南方有女，数岁即酿酒，冬至时，将盛有酒的容器密封并藏于旱涝保收的陂塘内，在春季陂塘蓄满雨水时，将酒取出款待客人，味美无比。这短短数十字，勾勒出了女儿红的由来。而更为传奇的故事则数不胜数，其中最为广为人知的一个传说：古时，绍兴有一个裁缝，在妻子怀孕时，特地请一名酒师酿造女儿红酒。意外的是，他们所生的第一个孩子竟是女儿！裁缝因此大为恼火，毅然将酒埋进了地下，取消了所有的庆典仪式。18年后，女儿成长为一个聪明伶俐、美丽动人的少女，并高高兴兴地嫁给了自己心仪的人。可就在这个特殊的日子里，裁缝意识到自己在地下埋藏的女儿红酒已经过去了18年，于是他迅速下令掘出酒坛，以宴请宾客。女儿红酒甘甜冽爽，色泽橙黄，所有宾客都赞不绝口。从此以后，绍兴一带便形成了一项惯例：每次生女，必酿好酒，在其婚礼上招待亲朋好友。时光荏苒，这美好的女儿红酒早已经不仅是在桂花树下的美好憧憬，也不仅是百年好合的祝福，她已经成为深情缱绻之情的象征，冲破千家万户的阻隔，温暖了每个人的心房。女儿红代表着长寿喜庆，代表着吉祥美满，代表着亲情浓厚，永远融化在人们的生活中。

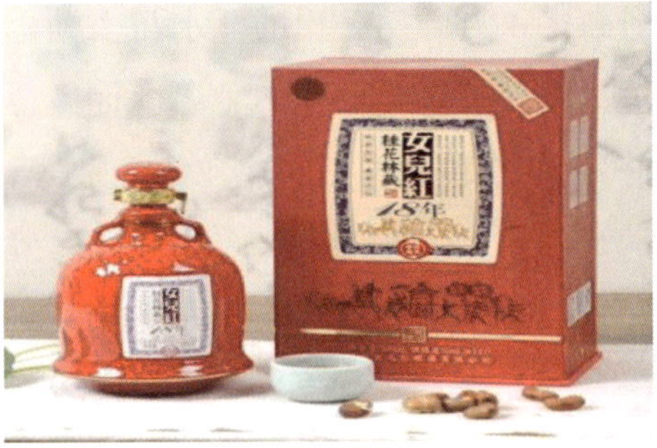

在历史传说的神秘魅力的启迪下，经历了几代人的拼搏耕耘，绍兴女儿红于 1994 年成功注册商标，这标志着几千年的传统文化和几代醇酿师奋力开拓的品牌正式站上了历史舞台。女儿红从一个象征文化的符号蜕变为一个商标品牌，并为现代黄酒产业的崛起和品牌的发展开启了历程。著名歌手陈少华的《九九女儿红》激荡起了这一时代，成为风靡全国的流行曲，勾起了人们心中的回忆和期盼，让人们怀念嫁娶的情景，感叹女儿红的美丽和情愫！谢晖执导，归亚蕾、周迅主演的电影《女儿红》于 1995 年上映，将“女儿红”推到了更广阔的舞台；李三林导演，王力可、沈泰、王庆祥、刘威等明星主演的《女儿红》电视剧 2017 年在中央电视台黄金时段播出，引发全国热议。随后，以“女儿红”为主题的电影、舞蹈、散文和诗歌等作品频繁出现，向全世界展现了酒乡绍兴独特的人情风光。武侠巨匠金庸也深受女儿红酒的魅力吸引，在小说中刻画喝酒的情景时，必定会提及一坛上好的“女儿红”，让绍兴黄酒深入人心。纵观整个黄酒行业，唱响的、颂扬的、舞蹈的、电影的，唯有“女儿红”才是代表文化和品质的民族品牌。

（二）产业特征与发展成效

绍兴女儿红酿酒有限公司，创立于遥远的 1919 年，它绍兴东路酒的代表。它坐落于浙江省绍兴市上虞东关，是一家拥有自营进出口权的生产型企业，专注于黄酒生产与销售，是我国黄酒行业的佼佼者之一，也是中国酿酒工业协会黄酒分会的副理事长单位。公司拥有传统黄酒生产和机械化黄酒生产线各两条，瓶酒灌装线 7 条，并拥有齐全的检验检测设备，年生产黄酒能力达 5 万吨，瓶酒灌装能力则高达 4 万吨。公司的汗水与辛勤也得到了滋润和回报，熠熠生辉的荣誉包括中华老字号、中国驰名商标、全国黄酒十大领军品牌、省级技术研发中心和绍兴市重点农业龙头企业等，皆彰显了公司的卓越实力和崇高地位。

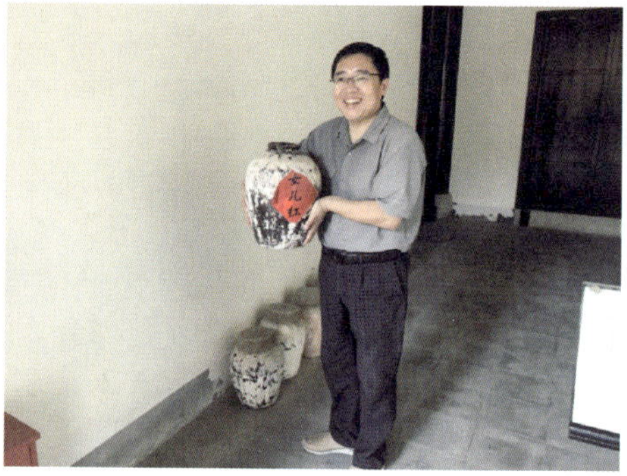

“女儿红”这款黄酒具有醇、香、雅的特色，得到欧洲、北美、日本等国外高端市场的偏好，有相当大比例的产品出口国外，并多次夺得各类评比嘉奖。为此，绍兴女儿红酿酒有限公司致力于把中华国粹“黄酒”发扬光大，让世界爱上“中国的女儿红”。

作为非物质文化遗产“女儿红传统酿造工艺”传承基地，绍兴女儿红酿酒有限公司一直致力于企业文化的培育、提炼和传承，始终以“弘扬黄酒文化，振兴绍兴黄酒产业”为己任，坚守“精心酿美酒，质量创一流”的理念，在实践中不断积累、丰富和发展企业文化，为企业的发展提供了精神动力。公司追求卓越的企业文化理念，凝聚了女儿红辉煌历史的精髓和深厚的文化底蕴，也表达了对企业未来的美好憧憬和发展黄酒事业的坚定信念。

二十八、绍兴香糕：变质糕点的逆袭

（一）乡愁故事与乡愁文化

绍兴香糕，以其独特的香、甜、脆、软风味在浙江省绍兴地区独树一帜，是传统点心中的珍品佳肴。她选用精白粳米制成细细米粉，再加入适量的中药丁香、砂仁、白芷、豆蔻、大茴及磨成粉末的香料。用纯白的砂糖拌匀后，再将其制成型，置于熊熊白炭火上焙制而成。如此炼制的香糕，颜色金黄，绝非焦黑之物；口感饱满，却不会太过硬挺；咀嚼间脆而有韧，飘散着醉人的香气；并且据说还具有解郁、和中、开胃、健脾的良好功效。尤其是绍兴香糕的品种繁多，让人垂涎欲滴，然精制桂花香糕，却是无人可挑剔的首选之佳品。

绍兴香糕，是历经沧桑的绍兴名点，她的历史悠久、已有两百多年的光辉岁月。早在清朝，绍兴香糕便荣登皇宫八大贡品之列，更名扬天下，被誉为“进京香糕”。而绍兴地区制作香糕的历史亦可追溯至清嘉庆初年，已超过一百七十多年。创始人，正是当时“王金四房”年糕店的主人孟宪正。当年，这家店专营年糕、印糕，而遇特大雨水，店内生意清淡，印糕积压如山。孟宪正为了避免变质，便将这批糕点委以炭火烘焙之重任，以延缓保质期。谁曾想，这一焙，印糕从白转黄，质地由软变硬，并散发着浓郁的米香气，一经尝试，口感美妙，胜过之前的印糕。孟宪正受到启示，以“香糕”命名，独家经营，“孟大茂香糕店”的名号很快响彻全镇。从此，绍兴香糕名闻四海，成为绍兴地区的传统特产。

（二）产业特征与发展成效

说到绍兴香糕，人们第一个就会想到“孟大茂香糕”，殊不知在绍兴最南端，还有个古老的商贸集镇——王城，这里生产的香糕也红极一方，声名远播。

王城，一座千年商贸古镇。处于绍兴、嵊州、上虞、诸暨的交集，北通平水，南至崇仁，东到百官，西接柯桥。此地水源充裕，水路运输尤为繁忙。特殊的地理位置使王城成为商贸的集散地。乾隆年间，来来往往采购货物的客商途经王城，大量的苦工住不起店吃不起饭，只好自备饭食，可时间一长饭食会坏掉，必须备足干粮。这时万隆南货铺的廿八店王找准了商机：香糕行业，定会红火。廿八店王紧紧抓住商机，从外地学习香糕制作技术，用家乡的稻米，自己制作香糕。在廿八店王的精心制作和经营下，既有地方特色，又有独特口感的“万隆香糕”逐渐占据市场，那些撑排佬，挑脚工都喜欢吃，大家口口相传，使“万隆香糕”也获得了商贾巨富们的一致好评，这就是王城香糕的前身。

王城香糕，已荣膺柯桥区非物质文化遗产名录，享誉盛名。其创始地王坛镇王城村，承载着一家世代传承的家族企业——万隆南货作坊店的历史文化积淀。清朝年间，其手工制作的香糕便已闻名于当地，经年累月的匠心传承和代代相传，逐渐形成了色泽诱人、松脆可口、香味醇厚、营养丰富的独特风采，深受广大消费者青睐。在众多参展糕点中，王城香糕荣膺浙江省和华东地区农博会的鲜评，并被誉为绍兴优质香糕的代表。现今，“王城第一香糕厂”生产的“玉米系列香糕”“无糖香糕”供不应求，2022 年企业年产值达 80 万左右，而公司的经营理念则是保证一流质量、保持一级信誉、秉持“客户第一”的原则，用自己的服务去打动客户。另外，王城第一香糕厂每年还向附近十几个村的农户收购近二十万元的种植玉米作为生产原料，充分发挥了带动农村产业增收的作用。展望未来，王城第一香糕厂将秉持信念，不断推陈出新，打造更具有影响力和竞争力的产品，让更多人了解绍兴的香糕产业文化。

二十九、金华火腿：抗金名将的家乡礼物

（一）乡愁故事与乡愁文化

金华火腿，色香味俱佳，令人垂涎欲滴。其肉质精选，瘦肉带着一丝丝甜香，肥肉却香而不腻，入口顿时溢出浓浓美味。因为配有丰富的蛋白质和脂肪以及多种维生素和矿物质，所以更是养胃生津，益肾壮阳，固骨髓，健足力，愈创口等作用的代表。它制作经冬历夏，经过发酵分解，营养成分大大提高，更易被人体吸收。这条火腿的外形颇为精致优美，皮薄爪细，色彩明亮，形如琵琶，肉质红润，香气扑鼻。总的来说，金华火腿堪称色、香、味、形“四绝”，不愧享誉中外。

金华火腿之所以能够名扬天下，不仅在于其诱人垂涎的美味，更在于其丰富多样的品种。根据所用原料、加工季节以及腌制方法等不同因素，金华火腿被赋予了许多不同的“身份”。以腌制季节来划分，有重阳至立冬的“早冬腿”，立冬或小雪至立春的“正冬腿”，立春至春分的“早春腿”以及春分后腌制的“晚春腿”，等等。这些不同品种的金华火腿，各具特色，各有千秋，为品尝不同的口感，提供了种类繁多的选择。

千百年前，火腿便在金华地方广为传承。据唐代“本草拾遗”之载，金华火腿“产各华者佳”，千有余年的历史瞬间勾勒出一幅江南传统美食图景。相传北宋末年，宗泽公带着故乡游子的情怀和让人垂涎的土猪肉返京途中，为了避免肉食腐败，便采用食盐进行腌制。殊不知，意外之喜让这一举动成为轰动一时的美食话题。在炊烟袅袅的宫廷中，宗泽公亲手献上这块色如枫叶、香气扑鼻的焦黄火腿。皇上凑近一闻，便赞不绝口。也确实如此，宴席上被拥抱着的火腿肉，淡淡的咸鲜口感和细致的芳香让人开怀畅饮。时至今日，一代又一代的金华人民始终代代传承着制作

金华火腿的秘方，成为极具代表性的中华美食之一，仿佛是那个节气、腌制方法和所采用的原料汇聚成的一碗美味之汤，直深入人心、回味悠长。

在明代，金华火腿产量就已经达到惊人的十万只，成为该地区不可或缺的主要特产和必备官品之一。1526 年，《嘉靖浦江志略》特意收录了只有“日擂茶”“日火腿”两种产品。《金华县志》详列万历六年（1578）的贡赋物料单中，“火肉”更是列在其中；到了 1606 年，《万历兰溪县志》中也流传着：“肉皆每岁额办之数派办”。时至今日，杭嘉湖三地却依然爱称火腿为“火肉”。如此家喻户晓的美食，无不铭刻于当地人民的血脉中。

然而，即使传承技艺的道路历经清末民国以来的种种波澜，火腿的秘制仍然屹立不倒。咸丰九年（1859），蒋雪舫先生在东阳县上蒋村继承祖辈技艺，再度创新改进工艺，以精湛的制腿技艺和独特的品质赢得了“雪舫蒋腿”的美誉，并广为传颂。而蒋雪舫先生的后代才商精明，每逢运销时节便发刊登广告于民国报纸上，大力宣扬：“金华火腿出东阳，东阳火腿出上蒋”，予以广泛宣传，成就了“名扬四海”的良好口碑。

（二）产业特征与发展成效

近年来，金华火腿产品加工业稳步发展，产业链不断完善，涌现出了一大批实力强劲的生产经营主体。浙江老汤火腿食品有限公司是一家集研发、制作与销售为一体的大型食品加工企业及出口食品生产企业。浙江雪舫工贸有限公司主导产品“雪舫蒋”牌火腿及火腿小包装系列产品的产量、质量、销量等主要指标均居国内同类产品前列。浙江省东阳市东元食品有限公司实现了从火腿加工到餐厅纵向一体化发展，是中国发酵火腿协会在会长单位、浙江省食品药品示范单位、浙江省消费者信得过单位。

金华火腿这一地方土特产业发展备受当地及相关部门的重视，2001—2002年，金华火腿产量300多万只。这期间，“金华火腿”被列入了原产地域保护产品名录，成为真正意义上的地理标志保护产品。在这一地标产品光环的加持下，2002—2003年是金华火腿销量攀上了历史峰值的重要时间节点，这一年的销售量首次超过400万只。2004年，金华火腿年产10万只以上的规模型企业共有9家，有3家企业年产量达到50万只。2018年，“金华火腿”达成商标授权许可。这是“金华火腿”商标回归金华后第一次进行授权许可，金苏火腿、老汤火腿等48家当地火腿企业成为首批授权签约企业，授权金华火腿数量共30万条。京东金华火腿官方旗舰店同时开放，官方还对各地的金华火腿专卖店进行了授牌。

金华东阳正在谋划建设全国首屈一指的生食火腿生产线，改变火腿生产靠天“吃饭”的局限性，引进西班牙、意大利等国家先进控温控湿设备和生食火腿制作理念，结合金华传统腌制火腿技艺，研制开发可与西班牙帕尔玛火腿媲美的东元生食火腿，改扩建火腿智慧化生产厂房，环保设备及污水处理设施等。

在全省率先打造火腿博物馆，其中陆金龙火腿博物馆成立于2019年2月，是目前国内唯一的火腿博物馆。馆内陈列火腿菜谱书籍数千册、历代火腿文献资料数百册以及1915巴拿马运河国际博览会金奖奖牌等。该博物馆展示了东阳火腿文化的传承和创新，并依托横店影视旅游优势，实现火腿文化展览、火腿新老制作工艺参观、火腿产品品尝购买和影视文化旅游的有机结合，通过提升传统文化自信，逐步实现金华火腿文化的输出。

三十、东阳瓦罐鸡：一家蒸鸡全村闻香味

（一）乡愁故事与乡愁文化

对于东阳人而言，瓦罐鸡已经不再仅是一道美食，更是一种扎根于血

液中的传统滋补佳品。别名东阳土鸡煲、东阳瓦罐土鸡煲等，这种美味琳琅满目的口感，还有“吃肉不如喝汤”的神话美谈。起初，东阳人使用泥坯瓦罐来制作蒸鸡，只需一门之隔就能扩散出百里香味，难怪被神话化称为“百步香”。相传，早年农村生活条件有限，每当男人出门搞建筑务工挣钱，妻子们便会提前准备一份瓦罐鸡为丈夫补充营养，那吃过老婆做的东阳瓦罐鸡的男人，再外出全国各地搞建筑，整整一年都惦记首老家东阳的这只瓦罐鸡，无论外出多少次都会回味它的美味，以至于即使是一整年的时间，也无法抹灭心中难忘的瓦罐鸡味道。因此，每逢新春佳节，即使再忙碌，那些男人也会提前回到东阳和老婆及亲人团聚，以便共同品尝这道传统佳肴，共度美好时光。

关于东阳瓦罐鸡的来历，有一个故事。传说清朝嘉庆年间，东阳乡下有一户穷人家，只有母子俩相依为命，艰难度日。有一年，老母积劳成疾，卧床不起，不思饮食，日子一久，形体日渐消瘦。眼看性命难保，儿子忧心如焚，想母亲辛苦一生，难得有好食物进口，便上山采了一些板栗，又捉了只鸡宰了，准备烧给母亲吃，可到要烧时，锅子破了，儿子只得用一只泥坯瓦罐来烧。没想到烧熟后，鸡肉特别香，老母闻到后，顿起食欲，吃下后，病体渐有起色，半月后康复如初。后来经过制作方法上的改进，这用泥坯瓦罐烧成的鸡，就成了现在的“东阳瓦罐鸡”。

东阳瓦罐鸡讲究的是原料和制作方法，特别是对主要原料土鸡的挑选很有学问。首先需要选择良好的鸡种，应选择体形小、肉质上等、觅食能力好、抗病力强、耐粗饲料以及对饲料营养和外界条件要求低的鸡种为宜。再是要选择在良好的环境下放养，放养的鸡摄取青草、嫩树叶、昆虫等，再辅以玉米、稻谷、小麦作为补充，营养比较丰富，再加上饲养周期长，活动量大，肉质的含水量少、野味、鲜香，这是正宗东阳瓦罐鸡的原料。

制作时要取两年以上的土鸡宰杀除毛，洗净内脏，焯水捞出，洗去血沫并沥干。准备适量笋干切成滚刀块，焯水过凉，再取泥坯瓦罐一只，放入整只土鸡（也有为方便食用切成鸡块）、笋干、五花肉、枸杞子以及姜片、大葱、盐等佐料，最后加入多量的本地产黄酒。在铁锅上放上四块土瓦片，再将一口小号的水缸搁在瓦片上，水缸内又放上一块砖，再把装着鸡和猪肉的瓦罐或砂锅放进水缸里去，倒扣上一口铁锅后，才能烧制。先大火烧开后以文火慢炖四个多小时，这样，味道鲜美的东阳瓦罐鸡就大功告成了。

（二）产业特征与发展成效

东阳是“教育之乡”“建筑之乡”“工艺美术之乡”“影视文化名城”。东阳瓦罐鸡是东阳农家年夜饭中特有的一道菜。东阳是中国建筑之乡，全国各地大量的建筑工程很多都出自东阳人之手。每年春节，一家人在一起团聚，总会少不了一道菜——瓦罐鸡。在东阳，过年期间，不管你到哪里去拜年，桌子中间都会摆着一只盛着鸡肉的大瓦罐。东阳瓦罐鸡不仅是一道营养丰富的美食，更是一道增进夫妻感情、家人感情、朋友感情的“催化剂”，是建筑之乡的乡愁文化产品。

东阳瓦罐鸡不嫩不老，口感适中，吃完后会有一股醇香留在口中，久久不散，那泛着金色油花的汤，也显得醇厚，清香沁肺。此品中鸡肉性平，有滋润肠胃之功效，栗子则能补肾固本，配以生姜、黄酒等发散之物，能起速效。又因用泥坯瓦罐烧闷，取其土气，更是有益于脾胃。熟透后，鸡肉呈黄红色，肉质松嫩，由于煨的时间长，吃起来肉嫩松脆，故老少咸宜。此物为大补之品，尤适宜于大病初愈、食欲不振者。也可作为补品，平常食之。2006 年曾荣获“中国营养金牌健康菜”第三名。

随着人们生活消费水平的提升，曾经的极为神秘的东阳瓦罐鸡，开始走入寻常百姓家。在东阳城乡，瓦罐鸡的招牌随处可见，它几乎是各家菜馆的必修菜品，也是评价菜馆手艺的重要参考。东阳瓦罐鸡也开始走出东阳，在全省乃至全国，越来越多的餐厅开始提供东阳瓦罐鸡这道美食。

三十一、绍兴茴香豆：孔乙己唤起的“回乡”味

（一）乡愁故事与乡愁文化

茴香豆，是一道闻名于浙江绍兴的传统小吃，属于民间美味，也是绍兴平民家庭下酒菜中的佼佼者。绍兴的茴香豆，与其他地方的风味迥异，更是有着“回乡豆”的美称。它让那些背井离乡的游子们，追忆起童年的一抹淡雅滋味。

绍兴茴香豆，一提起便远远超越了其美食本身，似乎总能联想起鲁迅先生笔下穿着破衣旧帽的孔乙己，它也因小说名篇《孔乙己》而名噪一时。那篇冲击心灵的故事，让国人铭刻了那个可怜而又可笑的落魄读书人，记住了温顺的沉默和那苍凉却卓然的豪迈，更记住了“温两碗酒，要一碟茴香豆”的豪言和“多乎哉？不多也”护着自己碟中茴香豆的细节。鲁迅描写的咸亨酒店茴香豆，让外地游客耳熟能详，也让茴香豆成为了绍兴甚至读者心中的一缕乡愁。在鲁迅先生的代言下，茴香豆渐渐成为有浓郁乡愁的特色美食。加之茴香豆廉价优质，经济实惠，成为城乡小酒馆的“必备配菜”，外传民谣“好吃茴香豆，嚼吧嚼吧有劲儿，配谦豫、同兴酱，美哉少压价！”（谦豫、同兴，均为绍兴老牌酱油品牌）。豆皮青黄起皱，豆肉熟而不烂，软而富有弹性，令人口中香气弥漫，咀嚼满口生津，咸中透鲜令人回味无穷。此豆越嚼越有味，有味越想嚼，极富绍兴特色。

儿童、妇女乐购其美味，而茶馆、小摊也热衷经营这可口小食。在绍兴烟雨朦胧的城区中徜徉，不由自主地想起孔乙己为花费不过九个铜板在咸亨酒店柜台前，咀嚼着那汲取了一个时代的成分的茴香豆。所以，此豆不仅成为绍兴的一张美食名片，更成为这座城市的一种无声且深入人心的乡愁。

（二）产业特征与发展成效

鲁迅先生妙笔生花下的小小茴香豆，孔乙己先生紧抓在手中的小小茴香豆，已成为绍兴人民乃至全国人民心中的乡愁产业。眼下，那小巧精致的茴香豆已经在绍兴市场翻身复起，汇聚冠绝中国餐桌的绍兴腐乳、老酒、香糕、女儿红、干菜焖肉、梅干菜等众多土特产之中，为绍兴的名田所熟知，更进而走向国内外。

近年来，茴香豆逐渐演变成一个品牌化和多元化的重要产业，通过各类展会和明星景点等展示手段，移动到消费者的视野中。绍兴特色的茴香豆使用各种形态的展出品接触消费者，当以咸亨酒店美食为代表的茴香豆售卖记录显示销量飘红，最高日销量元宵节空前达到300余公斤！售卖开展窗口就在咸亨酒店，经过前几年的坚持挑战，更有创意地开发出来纪念鲁迅先生名篇《孔乙己》发表100周年推出太雕酒香茴香豆，味道和形态完美呈现在消费者面前，口碑销量都好，产品市场开辟了一片全新的天地。

三十二、嵊州小笼包：“杭州小笼包”的真正身世

（一）乡愁故事与乡愁文化

嵊州小吃，作为中国众多美食之一，久负盛名，包含小笼包、炒年糕、榨面等数十种美食。早在20世纪30年代，《嵊县志》中已有记录，它承载着一座拥有2000年悠久历史的小城的文化底蕴。这座城市不仅是海内外越剧音乐的发源地，更是享誉南北的小吃之乡。小吃不仅汇聚了地方

特色，更彰显了当地的饮食文化和生活习俗，是一种不可或缺的地域文化，更是离乡背井的游子们思乡的主要寄托。

嵊州小吃早在八十多年前就已经开设了第一家店铺，是由一个叫陈东升的人在嵊县开设经营，当时引起不小的轰动，可见嵊州小吃发源于民间，壮大于民间。早几年在全国范围内遍地开花的“杭州小笼包”，其真正的来源地便是嵊州。往日嵊州小吃的创业者们，曾为顾客不易辨认“嵊”字而焦虑。于是，他们借用杭州的名声，将小吃冠上“杭州小笼包”的商标，以提高品牌知晓度，打开市场。然而，事实上绝大部分“杭州小吃店”都是嵊州人开设。早期，当地的年轻人由于家庭经济压力，不得不背井离乡在外谋生创业，而如今，有了地方政府的大力支持和一系列优惠政策，更多的嵊州子弟用智慧开拓市场，传承文化，不再是为生计而奔波，而是为将家乡美食带向世界、让生活更好而乘风破浪。

有着九十年文化底蕴的嵊州小吃，在近三十年的发展历程中，从一座江南小城走向全中国甚至是海外，从一开始的售卖小摊到夫妻店面再到连锁经营，从当地近千家大大小小的嵊州小吃店面，到全国乃至海外 3 万家店面的规模，点点滴滴都在见证着嵊州小吃的发展。到目前为止代表性的嵊州小吃已有 12 种，主打产品有小笼包、炒年糕、梅干菜烧饼、榨面、春饼、糯米果、鸡蛋烤饺、梅干菜扣肉、臭豆腐、黄酒醉蟹、糟鸡、油焖笋。

（二）产业特征与发展成效

嵊州小吃近几年在嵊州市政府的支持下逐渐走入大众视野，嵊州市通过产业化培育、品牌化营销、融合化发展，积极发展特色小吃产业，不断做强嵊州小吃品牌，把小吃这个传统产业从零散的路边小摊、夫妻档口，发展为从业者超过 8 万人、全国小吃门店 3 万余家、年产值达 110 亿元的富民产业，嵊州“小吃经济”欣欣向荣。作为全省的一张“金名片”，小小的舌尖美食，迸发出巨大能量。嵊州市也因此被评为“浙江小吃文化之乡”“中国小吃文化名城”，是全省唯一一个获得此荣誉的县市。

近年来，嵊州市通过实施产业化培育，把“小点心”做成了“大市场”。为此专门成立小吃发展工作领导小组，组建小吃行业协会和联络站，设立 1000 万元专项扶持资金，通过推进全国统标，实施“大嵊归来”嵊州小吃全国统标工程，坚持技术标准化、经营现代化、品牌时尚化，推进招牌形象、广告宣传、制作标准、店内布置、智慧化改造“五统一”，进一步提高行业门槛和经营秩序，确立嵊州小吃新形象，统标后各门店营业额平均增长 20% 以上，已有 3512 家门店完成了“升级”。以工业化理念为导向，推动小吃产业由传统的小作坊到企业化、规模化、品牌化的转型，如今，已经成立了越巷里、剡为面等七家公司，拥有 51 家加盟连锁店。嵊州小笼包已成为小吃行业的佼佼者。

嵊州小吃创新产品体系，秉承传承与创新并举的理念，积极探索新产品，并最终形成了以“小吃早餐”“小吃夜宵”“小吃宴”等系列产品为核心的体系。更进一步，深入开发冷冻食品、方便食品，成立了13家小吃速冻企业，完善加工配送体系，从而有效地扩大了区域市场。持续创新是小吃行业蓬勃发展的关键所在，还不断推进“中国嵊州小吃城”“美味小镇”、小吃一条街、小吃集聚点等建设，并提升食品安全监管水平。创新发行全国首张“小笼卡”，每年将得到建设银行10亿元授信，为从业者解决资金困难，目前累计为2236户小吃经营者提供2.57亿元贷款。积极参与“百县千碗”活动，进一步提升嵊州小吃品牌影响力和美誉度。

近年来，先后在马来西亚举办嵊州小吃“一带一路、小吃带路”民间国际交流活动，在上海举办“大嵊归来　美味嵊州”推介会，成功进驻全球云栖大会以及有关重大节庆和赛事活动，积极推进嵊州小吃进机关、进高速服务区。把培育名品、名师、名店作为推进产业发展的基础性工作来抓，采取“政府买单、免费培训”方式开设小吃培训班，培育各类省级名点心21种。

嵊州打造区域名片，加强与中央和省级媒体的深度合作，开展全方位宣传推广活动，“嵊州小吃”作为城市的金名片进一步擦亮，被英国BBC赞为“中国名小吃”。还创新推动小吃与乡愁文化、旅游、互联网等元素深度融合，做深“文旅+”，着力打造“游唐诗之路，赏越音美味”品牌，上线上线嵊州小吃专业电商平台，打造全国性全产业链专业小吃服务互联网智慧餐饮系统。

三十三、诸暨次坞打面：朱元璋埋头苦吃的劲道面

（一）乡愁故事与乡愁文化

与南方人爱吃米饭不同，许多诸暨人对于打面情有独钟，无论是早上、中午还是晚上，打面都可以成为他们的美食。若你想要快速与诸暨人

打成一片，你只需要赞叹一句“次坞打面好吃!”便可立刻掀起一场吹嘘的盛宴，甚至可能有人会付你的面费。在诸暨的大街小巷，几乎处处可见面馆之影。因为对于诸暨人而言，次坞打面不仅是一份美食，更是一份情感，一种传承的代表。

为何身处江南小城的诸暨却对“面食”有着一份独特的情感?故事要从南宋迁都说起。在当时，位于诸暨和杭州交界处的次坞是该市的辖区之一。一位宫廷面点师因犯禁被逐出皇宫，流落到次坞并开始在乡间生活。他习惯于制作北方面粉，而在他的手艺下，一种独特的面条应运而生。这种面条做工复杂，口感滑嫩，鲜味独特，价格偏高，只能被城市里的有钱人所享用，而不能普及乡村。尽管如此，它在次坞引起了轰动，逐渐打响了名号。从此以后，诸暨人便对此种面条爱不释手，将其视为生活中不可或缺的一部分，继承至今。

而次坞打面的名气传开来还是朱元璋的功劳。传说600多年前的一个晌午，临近杭城的小镇次坞，大兵压境，朱元璋和他的大将徐达率领十余万兵士，悠闲地在小镇周边安营扎寨，对于杭州和湖州两地的胜利有十分把握。刚刚激战鄱阳湖，平定陈友谅，从尸山血河里爬起来的他，坐在营帐里，有着一种说不出的兴奋感，“天下就要到手了!”听徐达和其他将士汇报完杭州城内的情况，他更显从容，信步从帐中走出，与将士们一同往小镇走去。镇中居民早已纷纷躲避，仅有的几家店铺也早已上了排门。出兵前朱元璋一再吩咐部将:“克城无多杀，苟得地，无民何益?”但如此看来，对于战争，老百姓始终是害怕的。走约半时，他们听到一阵“啪、啪、啪”的有节奏的敲打声，从一家小小的店铺里传出来，一行人好奇地敲门探询。徐达因怕居民误会，特意报上姓名，说明来意。终于，排门被一扇扇地拿开，一张长方形的木桌子，一根被磨得溜光发亮的竹棍以及一团和好的面呈现于眼前。朱元璋顿时来了兴致，让店家做几碗面来尝尝，如果好吃，加倍封赏（自打败陈友谅后，朱自封吴王）。那店家夫妇一听，忙战战兢兢地动起手来。丈夫开始继续用竹棍“打面”，妻子则从缸中掏出腌制好的雪菜，又拿出了上好的猪油、猪肉，开始爆炒。两人都使出了“绝活”。香气顿时从内里小房间中飘出，丈夫也已经在“众目睽睽”之下把打好的面团切成条状，不一会儿，一碗面出炉。徐达示意部下将面盛出少许让店家试吃，朱元璋摇手制止，并挑起面就吃起来。先头一声不吭，“埋头苦吃”，待吃到停下来，一碗面已经下肚，此刻才连呼好吃，有劲道！店家夫妇一碗一碗地将面端了上来，却不料朱元璋及其部将均是草民出身，胃口奇大，各人都吃下两三碗方罢。各个都赞不绝口，店主人夫妇这时才放下心来，手脚比画着向朱元璋等人介绍做面的要诀。好不容易听懂了店主人的意思，朱元璋示意部将拿来银两，并连连夸赞主人做的面，真是“百吃不厌”，等大捷之日，还要再来。自此，次坞打面的名气开始传开来，无论达官显贵，还是普通百姓，均纷纷涌来，只为一尝那“百吃不厌”的味道。

吃打面听乡音，未曾离开不曾懂。在外人眼里也许它只是一种吃食，而在千万诸暨人的眼中，次坞打面绝对是一种特殊的存在。而这种微妙的情感，是异地游子最能体会的乡愁。

（二）产业特征与发展成效

诸暨次坞打面的精髓就是一个“打”字。手工制作面条的全过程是用一根棍子，或是榆木，或是铁质。由一个打面师傅一上一下跳动打面，规律的节奏里，面团挤压变形，再次压扁摊开，继而折叠，周而复始。

打面产业如今已走上了群体传承与共同富裕的行业发展路径。“次坞打面”的招牌已遍布江南各大城市，只消随意走进一家，抬眼一看，总能发现店墙上写着这个朱元璋吃次坞打面“百吃不厌”的乡愁故事。根据次坞镇2015年不完全摸排，次坞打面在全市范围内有219家店，主要分布于全市各镇乡、街道，其中以市区和次坞镇分布最多。外出从事打面行业的人员在300人以上，在省内外已有次坞打面店500余家，已具备一定规模。近年来，诸暨市政府以乡村振兴战略为指导，坚持“政府引导、市场主导、企业主体、品牌引领、示范带动、文化推动”的原则，把次坞打面产业作为一项富民工程来抓，推进区域品牌建设，努力打造成诸暨市促进农民增收的“新引擎”；把次坞打面品牌建设作为一个宣传载体来抓，传承地方特色小吃文化，努力打造成诸暨市对外交流的“新名片”。

诸暨先后成立“诸暨次坞打面”产业发展工作领导小组，推出《“诸暨次坞打面”产业发展实施方案》，积极落实专项资金与一次性补助，吸引更多的人才、资本和技术投入次坞打面产业，同时也在自动化设备、成品和半成品制作营销等方面下功夫，做深做强产业链。在推广方面，当地推进次坞打面进机关、进校园、进商场等，依托乡镇、商会等多种渠道拓展门店，使其在浙江省内外重点城市持续铺开。截至目前，诸暨次坞打面公共品牌已创建旗舰店5家，示范店306家，带动就业近万人，年产值近10亿元。未来将继续以“小打面，大品牌，大产业”为目标，实现次坞打面连锁化经营、品牌化运作、产业化发展，带动诸暨特色小吃和诸暨形象的提升发展。发挥资源优势发展“美食经济”，让一碗碗次坞打面走出诸暨，既解游子乡愁，又收获他乡食客。

三十四、诸暨西施豆腐：乾隆微服私访连声称妙

（一）乡愁故事与乡愁文化

西施豆腐，是一道浙江诸暨地区的风味名菜，常常用于庆祝大事、喜庆宴席或是日常家常菜肴，并被誉为该地席上的“头道菜肴”。相传，此

菜源于西施遗留下来的美食习俗，更为这道菜肴增添了些许神秘色彩。诸暨作为西施的故乡，被冠以此佳肴名号，当地人们也常常将其称为“荤豆腐”。在这道菜肴中，豆腐与鲜嫩的肉类交相辉映，香气扑鼻、味道鲜美，着实让人食指大动，回味无穷。

相传，清朝乾隆皇帝微服私访江南，与宠臣刘墉一同至诸暨，两人漫步阮墅，来到苎萝山脚下的小村。远远地就能看到农家炊烟袅袅，二人又饥又渴，便进了该家用餐。在大饱口福且享用着“西施豆腐”之后，乾隆皇帝连声称妙，赞叹声不绝于耳。据记载，这道佳肴是由豆腐丁、冬笋、木耳、开洋、鸡鸭什件和生粉精心制作而成，为诸暨酒席的特色菜之一，历久不衰。相传，此菜源于西施，这位南国佳人不仅擅长织绣，还善于烹调，曾多次用葛粉调制出美味可口的腐羹，广受周围人的称赞，后人便将其命名为“西施豆腐”。在诸暨人的心中，这道菜肴不仅是美味佳肴，更是一种深刻的民俗文化象征，代表着浓浓的乡土情怀。当诸暨人离开故乡，多年后重新回到家乡，品尝到家乡人亲手烹制的“西施豆腐”，总是会莫名感慨、无限感怀，泪水纷纷而下。

随着时代的不断进步，传承千年的“西施豆腐”已经从民间脱颖而出，进入了市场的广袤天地，其名气愈加显赫。对于那些来到诸暨游玩、商业洽谈的外地客人来说，当游览完这片古越美景之后，一定要品尝这充满着越乡气息的“西施豆腐”，犒赏自己的味蕾，同时也将留下美好的记忆。

（二）产业特征与发展成效

让西施豆腐从家庭滋味到全民产业。翻开还有油墨香气的《好美诸暨·味蕾之旅》手册，被誉为“江南家宴头盘菜”的豆腐羹自然地被放在头一部分。但众所周知，这碗诸暨家家会做的豆腐若没有西施“相助”，恐难成如今的名气。群众和商家的这种自觉，或许也与当地政府一个个“润物细无声”的举动分不开。将美食手册，摆放在西施故里、五泄景区等游客服务区，供游客随手取阅，诸暨市旅游集团诚意绘成了一幅图文并茂的便携式诸暨美食地图，依地域搜罗了暖人心胃的草塔羊骨头、口感独特的马剑馒头、皮脆肉滑的岭北盐焗鸡、香气四溢的安华牛汤等十余种传统美食及其故事。同时，借助相关媒体，用心制作，并收获数十家媒体转赞、千万好评的“西施故里　好美诸暨”城市宣传片以及积极争取到的在中央电视台《城市 1 对 1》《味道》栏目中做城市推介的大好机会，这些“大片”走上全国“舞台”，经过锤炼的每一帧画面，把西施豆腐等诸暨家传味道生动展现。

充分讲好老底子的故事，把传统美食变成一沓可以吃的“金名片”，诸暨正在探索更多行之有效的方式。

三十五、宁波缸鸭狗汤圆：满载宁波姆妈的爱

（一）乡愁故事与乡愁文化

缸鸭狗，这一百年老店，在宁波家喻户晓。它作为宁波汤圆之祖，早在 1926 年就由江定法先生正式创立，如今更是成为了商务部颁发的“中华老字号”企业。可以肆无忌惮地说，缸鸭狗已经成了宁波传统饮食文化

的代表。对于宁波人来说，此处早已融入了他们的生活，成为欢聚一堂、阖家团圆的不二之选。

缸鸭狗的乡愁故事，要从妈妈的味道说起。20 世纪初，因为家境贫寒，年纪尚小的江定法就跟着大人出海做帮工了。为了好养活，父母给他取了个小名叫“阿狗”，于是船上的大人都“阿狗”“阿狗”地叫着，渐渐“江阿狗”这个名字反而比江定法更加响亮。在海上的日子很难熬，又苦又饿，阿狗常常做一个美梦，姆妈在梦里喊他“阿狗，来吃汤圆了”。宁波的姆妈，几乎没有不会包汤圆的。江定法的母亲应氏，就做得一手好点心，尤其汤圆。江阿狗长到 18 岁，应氏打定主意不再让儿子出海了，“做苦力不是办法，没有一门手艺以后怎么生活？”江阿狗被母亲送到三北的顺和祥学做生意。顺和祥是一家卖南货的铺子，当学徒的日子也没比船上帮工好多少，寄人篱下，忍气吞声，对掌柜毕恭毕敬，对顾客要笑脸相迎，但是江阿狗聪明勤快，眼头活络，三年的学徒生活让他掌握了一门生意经：做生意要有诚信，吃得小亏，才能有大的进账。掌柜一心留他在铺子里帮忙，但刚刚 20 岁出头的江阿狗，已经打定主意回家照顾母亲。没想到学徒归来的第一件事就是结婚。应氏信奉男人“先成家后立业”的说法，已经给阿狗说好了一门亲事。从奉化来的何凤秀，吃苦耐劳，善良可爱，结婚后帮着应氏把家事料理得妥妥当当。阿狗反而有些愧疚，私底下和媳妇儿闲聊，“我们家孤儿寡母的，也没什么家底，你为何愿意嫁过来？”何凤秀的回答出乎阿狗意料，“我吃过咱妈送来的汤圆，又大又甜，觉得到了你家也苦不了。”媳妇这一说，倒是让江阿狗茅塞顿开。街坊邻里都称赞母亲的汤圆包得好，为何不摆个卖汤圆的摊子？宁波城里南来北往的，只要是宁波人，都喜欢来一碗猪油芝麻汤圆。阿狗和母亲一说，应氏很是支持，于是一家三口关了老屋的门，带着之前攒下的一些银两，来到了宁波城隍庙摆起汤圆摊。开始只有汤圆，阿狗为人和善，客人要多加点白糖、桂花的，他一一照办。不过很快他就意识到，只卖汤圆是不行的，客人迟早会厌烦，于是又有了酒酿丸子、豆沙丸子，汤圆的各种馅料也是换着法子做，到他摊位吃甜点的客人络绎不绝。缸鸭狗的雏形就此形成。

“缸鸭狗”这招牌名字的来历，其实是出于江阿狗先生的一股好心。据传，江阿狗曾经有一个客人欠下账款，却毫无怨言地等待其归还。有一天，一位老秀才走进这家店面，吃了多碗汤圆，却不料身无分文。这时，江阿狗又一次展现了他的宽大胸怀，毫不计较欠款。而后，老秀才提议，“你们的店名是涂了一幅画，太难让人传播，何不更换一个好记又好传的店名?”两人讨论一番后，决定使用“缸鸭狗”这个简明易记的招牌名，因为它恰好和原始的画相呼应。在宁波，这家百年老店已经成为了流传千古的传说。一碗汤圆以“三更四更半夜头，要吃汤团‘缸鸭狗’。一碗落肚勿肯走，两碗三碗上瘾头。一摸铜钿还勿够，脱落布衫当押头”的俗语传唱，这正是对这家老字号的最好评价。九十余载风雨兼程，缸鸭狗这家店，从一个不知名的露天小摊，一步一步向前迈进，逐渐成为了众人眼中的老字号品牌。

（二）产业特征与发展成效

百年兴衰，恍若昨日，缸鸭狗这家老字号经历了从繁荣到沦丧，乃至于一度面临倒闭的困局。然而，1956 年，缸鸭狗在开明街扩建店面，居然达到 200 平方米，日供销点心、豆浆、粢饭、饺子、生煎等数十种美食，包罗万象，夏季甘甜冷饮，冬季则有宁波特色汤团米粉和猪油馅供应，生意东山再起。1993 年，缸鸭狗被商务部冠以“中华老字号”殊荣。1997 年 12 月，缸鸭狗招牌汤圆更是被中国烹饪协会授予“中华名小吃”的头衔，光芒四射，威名远扬。然而，尽管名声在外，但缸鸭狗餐饮事业一段时间处于低谷。旧城改造的兴建让缸鸭狗想借此顺势而起的心情化作泡影，于是，在 2007 年 5 月，缸鸭狗不得不告别坚守了 10 年的城隍庙美食街旺铺，一夜之间，店面经营面积从 1300 平方米缩短到不到 100 平方米，好不容易扶摇直上的生意重归沉寂。此时，当许多老宁波人开始为缸鸭狗老字号的没落黯然神伤之时，市场专业人士却发表了他们的看法，认为“老字号的维系难度颇高，且地址搬迁只是表象，而餐饮业的多样化发展不断推动，老字号若毫无改变，就只能任由市场恶性淘汰。”

速冻汤圆，利用手工造技术，使缸鸭狗这块招牌重焕辉煌。陈开河，一个从小吃宁波汤圆成长的宁波人，矢志将缸鸭狗这一传统小吃带入现代化，他拿出一个发展方案说服了几十个与缸鸭狗一起成长的荣耀老伙计，转让他们手中的股份，为公司注入新的血液。自 2009 年起，在新一任“掌门人”陈开河的带领下，缸鸭狗的竞争力越来越强。2010 年，“缸鸭狗传统甜点制作技艺”入选市非物质文化遗产名录和非物质文化遗产传承基地。2011 年，注册商标“缸鸭狗”被商务部认定为“中华老字号”品牌。2012 年，缸鸭狗被列入浙江省非物质文化遗产名录。众多先锋贡献的结晶切实表现了缸鸭狗在业界的影响，2014 年成功地获得宁波市知名商标的殊荣。2016 年，缸鸭狗汤圆荣获“中国金牌旅游小吃”称号，成为名副其实的中国优秀非物质文化遗产之一。2017 年，缸鸭狗荣获浙江省著名商标，还获得了第十四届中国中华老字号精品博览会最受消费者欢迎奖和宁波市商务局评定的 2017 年度宁波市老字号企业传承奖。2018 年，缸鸭狗宁波汤团被列入了“2018 中国美食百强榜中国名点名小吃五十强”，热度居高不下。2020 年，缸鸭狗宁波汤团更被宁波市农业农村局评定为“宁波十大农家特色小吃”，浙江省商务厅评定缸鸭狗为“浙江省防控新冠疫情市场保供贡献突出企业”，其“缸鸭狗汤团系列”被评为第二批浙江省优秀非物质文化遗产旅游商品。

缸鸭狗，一个紧跟时代、热衷于创新的老字号企业。除了传统的猪油汤圆，缸鸭狗的门店里更是推出了榴莲、玫瑰、抹茶等多种口味的汤圆，让年轻消费者也能感受到传统美食的时尚魅力。作为宁波为数不多的老字号企业，缸鸭狗除了在超市内卖产品，更走出宁波，在美食之都杭州打出了宁波老字号汤圆的招牌。据悉，每天都有大批食客排起长队，很多人都是为了缸鸭狗的招牌手工汤圆而来，晚餐高峰时段，市民常要等上四五十分钟才能进店。杭州店刚开业时一天就销售了超过6000个汤圆，销售额接近宁波销售最好的天一店。在杭州市场赢得如此高的声誉后，缸鸭狗大步进军上海市场。缸鸭狗能在如此短的时间里迅速红遍全国，并不是凭空而来。一方面，缸鸭狗百年工艺的传承已经成为匠人精神及文化传承的代表。另一方面，缸鸭狗以主动变革迎合市场需求，推出多种创新产品。正所谓，“产品好是基础，没有走对营销路子那可就是‘酒香也怕巷子深’”。

三十六、桐乡桃园村槜李：故园李花引西施乡愁

（一）乡愁故事与乡愁文化

槜李，或叫作“醉李”，是桐乡市的一种特色水果。不同于常见的杏、李、桃，槜李硬熟后剥皮即可食用，鲜美、清香；而软熟后则化为浆液，令人回味无穷。槜李的花瓣晶莹玉白，宛如清晨的雪花，美不胜收。如今，槜李早已不只是一种果品，更是一种文化现象。

槜李与当地地名紧密相连，曾经是嘉兴市境的古地名，后来演变成周边地区的雅称和代名。春秋战国时期，吴越二国曾在槜李之地频繁激战，这段历史在《春秋》和《左传》中被载入。槜李的特殊地位也随之显露，其果品被视为重要礼品。自北斗星主管果树，而玉衡星上的“灵气”则化作天上的槜李，这些传说赋予了槜李神秘性和象征意义。在悠久的历史中，槜李文化留下了无数诗词书画，丰富了地方文化，成为地方文化中的卓越组成。

槜李的乡愁故事源于春秋时期。越国曾有座名为槜李的城池，但在战

乱中被吴国征服。越王勾践为复仇计划献上西施，她毅然远嫁敌国并在会稽学习。当她路过槜李城时，李花满枝，勾起她的乡思：“故园李花引乡愁，此去茫茫几时归?”吴王为博得西施芳心，总是迎合她的需要，各地的贡品也要由西施挑选。一次越国进贡的李子，让西施感怀故国，想去亲自品尝。吴王兴师动众陪同，西施来到槜李城，看到树上缀满红熟的李子，特意采摘尝食，意犹未尽，连吃数颗被醉倒。从此，这里的李子被称为“醉李”。

有趣的是，因为“醉”与“槜”同音，故这座城池被称为槜李，而这里的李子也被称为槜李。据说，西施吃槜李时留下指甲印，被称为“西施爪痕”，这一美谈流传至今，如同贵妃指痕般传颂千古。清朝朱竹姹太史在《鸳湖擢歌》中曾这样歌咏：“闻说西施曾一掐，至今颗颗爪痕添。”

清代中期，净相寺槜李树仅剩20余株，未见成片种植。清后期，桐乡屠甸与嘉兴新篁栖桎李家成为新的槜李集中产地。抗战前，以百桃乡桃源头村为中心，槜李种植区布及七八个平方公里，产量最高曾达3万—4万斤。此处振兴槜李乡，自称古槜李城，更为槜李之所在地。抗战前数年产量逐渐衰落，抗战期间濒临毁灭。嘉兴新篁栖桎李氏植李始于嘉庆时，至光绪时，称为“龙湖槜李”，产量逐渐减少并于抗战中被毁。海盐六里堰一带产李不少，但品质较次。净相寺槜李如今仅存单株。二三十年代，嘉兴除少数乡镇外鲜有槜李栽种。清末以后，槜李传向境外，各地也有种植。30年代，嘉兴县曾规划复兴槜李，并建立槜李园进行试验和推广。

新中国成立后，槜李受到党和政府的重视，开始展出和繁殖。1961

年，桐乡县重建了檇李园，多方扶持开展檇李生产。现在，檇李在桐乡、嘉兴等地逐渐恢复与发展，得到省市领导机关的大力支持和使用现代手段促进培育，实现了优质稳产。

（二）产业特征与发展成效

檇李美味独特，可惜难以培育，产量常年不稳。挂果太多导致品质下降、寿命缩短，而檇李的生长也受自然环境和污染影响。技术上的限制和恶劣的生产环境导致檇李生产不景气，甚至连年歉收。因此，改善生产条件和质量，强化扶持，是恢复檇李生产的紧急任务。

桃园村作为桐乡檇李唯一的原产地，也是全国一村一品示范村。桃园村总面积 3.3 平方公里，共有 21 个村组，591 户农户。如今，桃园檇李种植模式已经开始由原来的一家一户的零散种植逐步转变成以农业合作社为主的规模化种植。目前，全村檇李种植总面积为 1700 余亩，年产 600 多吨，2018 年实现销售额 2000 多万元，占农业总产值的 63.25%，是本村农民主要的农业收入来源。同时，依托檇李产业，桃园村大力发展乡村旅游，形成了以“檇李 + 文化 + 旅游”为特色的文旅产业，民宿、水吧等旅游新业态也已建成并投入运营。据不完全统计，2019 年已接待游客近 50 万人。新时代的桃园村已发展成为一个集赏花、采摘、休闲为一体的世外桃源。

三月下旬，盛开的李花绽放在桃园村的千亩李园中。仿佛春雪铺满枝头，簇簇、丛丛的花朵，散发着娇艳的美丽和迷人的香气。在这最美的时节里，风姿轻盈的花瓣随风而舞，让人如临世外桃源。而“中国槜美乡村”也正在不断探索新的发展途径。未来，将通过农产品互联网＋、冷链物流等平台拓宽槜李的销路，调整营销策略，走向精品化、标准化以及文化化的发展道路。这包括借助省级或全国媒体平台、广播、网络等扩大宣传，挖掘宣传桃园槜李相关的传说、历史典故、文学作品，增强槜李的文化底蕴。还包括通过举办桃园槜李文化节、槜李采摘节等活动，吸引更多游客前来观光采摘；通过引入民间资本、建设民宿、农家乐等旅游配套设施，进一步发展旅游产业，以此带动槜李产业的升级和提升。

三十七、余姚梁弄大糕：让人口水流了300年

（一）乡愁故事与乡愁文化

余姚的梁弄大糕，是宁波名列前茅的经典点心。在宁波的非物质文化遗产中，它的地位更是显赫。如今，这款经典之作还被收录在《舌尖上的中国2》中。梁弄大糕的外形方正美观，口感香甜软糯，更是让人流连忘返。

糕点的制作在梁弄具有极为丰富的人文历史和乡愁记忆。在早些年间，村民们制作出来的印糕是被售卖者骑着人力三轮车走街串巷叫喊的，一个煤炉，一叠蒸笼，木盒子有好几层，第一层打开，冒着热气烟雾缭绕，勾引路人食欲。一旦被村民喊停在街角巷边，老少顾客围拢在三轮车边上，大家普遍不像现在一屉屉地买，摊主必须随带剪刀，你一块，他两块，用剪刀把粽叶剪开。热腾腾地捏在手里，一口咬下去豆沙流淌开来，加之糯米与粽叶的清香，是孩童时候最喜欢的餐食和点心。梁弄大糕是梁弄数代人的美食记忆和乡愁符号，它承载着浓浓的乡愁、乡情和乡土

气息。

数百年历史厚重，梁弄大糕作为传统美食点心，其历史渊源可追溯至久远。早年间，它并非是为了吸引游客而制作出来的佳品。据文化传承所言，在当地的梁弄，梁弄大糕是端午节时期新老女婿必备的贺礼。每逢端午佳节，尚未成婚的毛脚女婿必须亲自挑选一款大糕，前往岳父母家献上礼物。这一风俗习惯一直延续至今。按照民间传统，尤其是新婚毛脚女婿订婚后的第一年，都必须定制多箱大糕来献礼，一箱接一箱地送到岳父母家，再由岳父母送给邻居、亲友一同分享，以此告知大家，一来表示名花已转主；二来是让大家分享幸福的喜悦。而结婚后的第一个端午节，便轮到女方挑选大糕前往男方家献礼了。从中不难看出，历史上梁弄大糕不仅是广受欢迎的美食和点心，更是男女爱情和亲事确立的重要分享文化，共享喜悦。此外，梁弄大糕还是当地常见的小甜点。在农忙时节，赠送一些大糕到田头，为辛苦耕耘的劳动者提供犒劳；如果家里正在装修，订上几盒大糕来款待工人，解决主妇们的烦恼；当拜访亲友时，也不妨带上几盒，送上一份关怀和心意……

（二）产业特征与发展成效

梁弄大糕已成为了名副其实的乡愁产品，从这一产业的发展缘起、发展历程来看，它早已融入了梁弄人的物质需要和精神需求，它不仅在代代相传，发展思路、发展规模、发展成效极为明显，更重要的是它已被列入了非物质文化遗产名录，其文化价值得到了充分确认。

梁弄大糕的传承性强，余姚梁弄大糕源远流长，拥有数百年的历史和传统的制作工艺，是梁弄地区独有的传统美食之一，梁氏家族作为传承者在制作大糕的过程中，秉承着严谨的工艺和精髓流传下来，其中，许多细节和经验并未被写入书面资料，而是口耳相传，从师傅教徒，代代相传。除此之外，在地域差异性上，余姚梁弄大糕制作技艺独特，与工艺和材质有关，除了传统大糕外，现在也推出了许多口味的变种，如花生、红枣、椰肉等，以适应现代人对口感的需求，所以在具体制作上有部分差异。另外，在产业链系统方面，大糕的生产需要多种工序，包括粮食加工、食品制作、包装等环节，形成了一个完整的产业链系统，为当地经济发展提供了新的机遇，带动了相应的相关产业的发展。

漫步在梁弄镇的街角巷尾，不难看到几位阿姨或老奶奶们坐着木马车，紧盯着铜壶和热气腾腾的大锅，便利地穿梭在繁忙的人流间。而在这些当中，周记、阿桥、鼎茂三家店历经岁月的冲刷，开创出最长久的品牌势力。据说，几年前，阿桥大糕上了中央电视台，一炮打响，成就了整个梁弄地区的发展腾飞，也让这片土地绚丽绽放。余姚梁弄大糕的历史源远流长，深深根植于本土人们的情感、文化和历史等因素之中，熔铸了乡土情怀和趣味性。在其独特的地域文化特色和历史底蕴的浸润下，余姚梁弄大糕已然成为乡亲心目中的一份珍贵乡愁。

三十八、嘉兴陆稿荐酱鸭：吕洞宾仙传的秘方

（一）乡愁故事与乡愁文化

提及陆稿荐，牵引人们思绪的是烟雨迷蒙的江南古镇，如苏州、无锡和嘉兴等城市，它们无一例外都拥有陆稿荐的店铺。据传，无锡陆稿荐的历史可上溯到清同治年间，以熟肉为主餐，而苏州陆稿荐更早在清康熙二年（1663）的时候就由酱蹄而出名了。嘉兴的陆稿荐，则以酱鸭为主打菜品。陆稿荐不仅是一道道美食，更是人们对江南水乡嘉兴的乡愁和难舍之情的深深记忆。

陆稿荐酱鸭的源远流长，道出了一段扣人心弦的乡愁故事。据传，清康熙年间，苏州中市崇真宫桥堍一家生意平平的陆氏熟肉铺，老板乐善好施，常常救济穷人，有时入不敷出。有一年四月十四“轧神仙”前夕，一位衣衫褴褛、背条破草荐、手捧陶钵的老人乞讨求宿，陆老板怜惜年老无助，给他充饥之余，还允许他在灶间休息。第二天清晨，老人不辞而别，留下草荐和陶钵。伙计烧酱肉时，将草荐往灶中一扔，没想到随着火势愈发旺盛，锅中异香四溢，弥漫着整个店堂，令伙计惊叹不已。陆老板深思熟虑，觉得老人像极了吕洞宾“轧神仙”。于是，他将灶口烧剩的破草荐留下，每日抽一根入灶，烧出来的酱肉清香扑鼻，连附近的街道都弥漫着肉香。从此，吕洞宾化身乞讨老人留草荐的传说广为流传，陆老板立即将店号改为“陆稿荐”，一举成名。历经沧桑岁月，陆稿荐酱鸭故事一直传承至今，始终是老百姓心中的美食佳话。

后来，战火频繁，陆稿荐受祸，至清咸丰年间生意惨淡。伙计四散，陆家秘方也散落，各城镇开设的酱鸭店和酱肉铺大多与陆稿荐有联系。民国初期，利用陆家秘方烧煮酱鸭酱肉的黄姓酱鸭摊生意兴旺，后在丽桥北

堍建造了新店铺，挂出陆稿荐店号，创制了自成一体、浓香诱人的嘉兴陆稿荐秘制酱鸭，名声大噪。

几十年变幻，陆稿荐酱鸭原汁原味、乐善好施、老少无欺，成为嘉兴特产。改革开放后，酱鸭品牌百花齐放，陆稿荐逐渐淡出人们视野，“文虎酱鸭”后来居上。近年来，陆稿荐重振雄风，嘉兴人企盼着。

（二）产业特征与发展成效

21 世纪，南湖乡月河桥小烧制食品厂默默无闻。成明荣老板坚信热食品有前途，与遥在广东的金师傅合作，共同传承和发扬嘉兴饮食文化。一天，工人看到成老板浑身湿透却不急着处理死鸭，老板说做食品要讲良心。劳累过度的成老板做梦梦见指点，深感神奇。在林师傅的点拨下，成老板在月河桥食品厂专攻制作酱鸭，其中的技艺越发纯熟，老乡们竟称赞它有着陆稿荐的浓郁风味。某日，喜闻城里将要开辟一条老字号街道，重振久远而有血脉的商号。成老板兴冲冲地赶到月河街区，眼前豁然开朗，那荷月桥北的桥堍仿佛曾在梦里出现，是老祖宗以梦传音的风水圣地！成老板兴奋万分，这将是救命稻草。顾不上细想，他毫不犹豫地电告金师傅，千里迢迢并肩在月河街铺开禾城陆稿荐店铺。如风驰电掣，成老板飞奔到桥堍，迫不及待地亲自操盘，最终取得经营权，并挂出店面招牌。

2009 年国庆节月河街区开街，狂欢的人们，在拥挤的中基路上，惊奇地发现，老字号陆稿荐又回来了。在月河桥堍，朝南的店堂摆放着八仙桌、长条凳，闲坐着品酒尝酱鸭的顾客。朝北的中基路门市部排队的顾客，争相购买酱鸭，这情景一如 20 世纪北丽桥头，不同的是当年买酱鸭是切块零散卖，如今是按只卖的，装在设计古朴的盆子里。年轻人吃过说道，不愧为嘉兴老字号特产，肉香味淳有嚼劲；三四个老嘉兴人坐在店堂，抿着老酒，啃着鸭脚板、鸭脖子，细细评论，许久点点头，这还是记忆中陆稿荐酱鸭的味道。也有不同看法，说酱鸭的肉浓香有过之，盐酱味烦不足，偏淡了些；也有点评，偏淡正好下酒，迎合时下养生理念……

嘉兴陆稿荐酱鸭产业具有浓郁的地方文化特色和悠久历史传承。作为嘉兴传统名吃之一，陆稿荐酱鸭经过了几百年的酝酿和传承，成为地方饮食文化的重要组成部分。近年来，陆稿荐酱鸭产业也得到了迅速的发展与壮大。一方面，酱鸭加工企业不断完善技术和产品的研发，大力提升品质和口感，同时在销售渠道拓展方面也积极探索新的商业模式，将传统酱鸭与现代方式相结合，打破了传统企业面临的局限性，带动了酱鸭销售和品牌价值的提升。另一方面，政府的扶持政策也为陆稿荐酱鸭产业的发展创造了良好的环境。政府通过加大对传统酱鸭加工企业的扶持，提高企业技术水平和生产条件，同时注重传统文化的保护和传承，并通过推广嘉兴地区旅游和文化等活动，增强了酱鸭品牌的曝光度和知名度，促进了酱鸭产业的快速发展。

作为当地的传统名吃，嘉兴陆稿荐酱鸭是无数人心中缱绻的乡愁情结和宝贵的情感回忆。而这些回忆和情结，正是这道酱鸭传统技艺的继承和发展所承载着的。作为嘉兴地方文化的传承保护和对传统手工制作技艺的发扬，陆稿荐酱鸭产业因其深厚的历史文化底蕴和不断的创新而成为地区重要的经济增长点。它对地方经济和文化传承作出了杰出的贡献，同时也为更多的人提供了就业和创业机会，形成了令人艳羡的酱鸭产业生态。尤其值得一提的是，陆稿荐酱鸭产业发展的历程自带着一份浓浓的乡愁意义。对于嘉兴陆稿荐酱鸭的保护和传承不仅创造了经济价值，更有益于传统文化的传承，同时进一步推动了地方文化的发展。借助这种无限的魅力和无穷的价值，嘉兴陆稿荐酱鸭产业，早已成功地超越了一道美食的本质，成为经济和文化融合的重要组成部分。

三十九、天台饺饼筒：扬名海外的“济公卷饼”

（一）乡愁故事与乡愁文化

相较于故乡的面貌，人们更容易铭刻于心的，恐怕是故乡那令人回味无穷的美食。对于天台人而言，小时候吃饺饼筒是家常便饭，如今离家在外的游子却思念不已。饺饼筒既是一份童年回忆，也是一份故乡味道的缩影。在这个地方，饺饼筒是每逢佳节必不可少的食品，每个家庭都为之通宵达旦操刀，意在传承和延续这份文化。

传说中，饺饼筒可谓是活佛济公在国清寺发明的佳肴。当日，寺内剩菜屡见不鲜，闻者皆叹浪费。济公不忍食物错落入泥，遂将剩余的菜肴捏成一团，用油煎炸，意外地发现口感丝毫不输瀑布之餐（此句引自《西游记》），反而十分鲜香，口感绝佳。从此，饺饼筒得以传承至今。在上海世博会上，饺饼筒被冠以“济公卷饼”的美名，在中华美味展中大放异彩。制作饺饼筒是一门相当讲究的细活，据《解放日报》原总编、著名天台人丁锡满所述，这一小吃的制作程度之复杂，实属罕见。先是要放入猪肥膘肉，再加入肉圆糕、鸡子糕、猪肝等各式馅料，最后包入豆面皮中完成卷饼筒。此外，还可以添入海带、小鱼干等佐料，尝试个人口味。当饺饼筒被煎至四面金黄、油光发亮时，香气扑鼻、口感畅快，完全让食客不禁回味连连。由于饺饼筒皮和卷好的饺饼筒都呈现出圆形，天台人将其视为团圆的象征，在家庭聚会上会用饺饼筒来表达祈求家庭和睦、团结协作的心意。可谓是幸福的味道！在天台人的传统习惯中，不论你的身份、背景如何，如果有人制作出美味的饺饼筒，那么他肯定会和邻居、街坊一同分享，因为在这里，美食是可以激发人们的共性情感、强化人与人之间的友谊的。这便是天台山和合文化的最佳诠释。

（二）产业特征与发展成效

在天台，绝大多数的早餐店、小吃店中都有饺饼筒这一美食，并且每一家的风味各不相同，一碗粥配上一爿饺饼筒，是天台人热衷的早餐搭配。随着天台旅游业的发展，许多的外地游客来天台游玩的时候，除了欣赏美景外，必不可少的就是品尝天台当地的美食。比起去饭店吃桌菜，更多的游客会选择寻找当地的老店，品尝正宗的当地美食。御清斋——有着八十年历史的传统小吃老字号店，无论晴天雨天，一到饭点，店中都挤满了食客，饺饼筒、修缘蒸糕、肉圆麦饼、扁食、乌米饭、洋羔卷……。各种天台特色美食经常供不应求，每天饺饼筒的销量都能达到三四百爿，节假日还要再多个一二百爿。除了在店里销售饺饼筒，御清斋还不断地创新，将天台的饺饼筒经过加工包装之后，发往其他地区，让更多的人能品尝到天台的风味。

饺饼筒作为天台特色小吃，在浙江地区小有名气，除此之外，在长三角区域也有上百家天台小吃特色门店，深受广大消费者青睐和喜爱，年销售额上亿元。2018 年，天台“饺饼筒”荣获浙江省农业博览会十大特色小吃。并多次受到媒体的采访报道。但是在全国范围内，品牌效应还不够突出，经济效益还有待进一步加强。而且饺饼筒的风味需要现做现吃才能更好地得到保证，所以在向全国推广的过程中还存在门店少，覆盖面不广等问题。

为了解决这些课题，天台格外注重此议，致力于行业培训，颁布相关扶持政策，优化和升级产业结构，不断拓展天台传统美食特色产业。接着，从多个角度切入，进一步推进天台小吃产业发展，推动农民就业增收。品牌营建方面，成立天台县小吃行业协会，由县小吃协会申请注册天台小吃集体商标，设计天台小吃品牌 VI 整体形象，制作天台小吃 Logo，制定天台小吃制作规程标准和行业规范，制定天台小吃示范店经营标准和管理方式，标识标牌等。这将为天台饺饼筒在国内建立品牌基础提供保障。人才培养方面，落实天台小吃培训实践基地建设，开展学员免费培训；按照对学员的不同需求，制订培训计划和授课内容，统一编写教材。同时积极沟通在职技校开办天台小吃师傅创业班，将产业、文化和校园教学有机结合，为建立长效机制以及梯级化后备劳动力支撑奠定基础。宣传推广方面，专项资金用于天台小吃品牌的宣传推介和文化研究传承等方面。通过举办天台小吃美食活动、推介天台传统小吃，打造天台小吃区域品牌。示范店建设方面，通过颁发奖项等方式，鼓励天台小吃向全国扩展业务。激励经营者以运营连锁门店方式推广天台小吃，同时在大型机关单位、高校食堂内设立天台小吃专窗（专区）等。在高速公路服务区、高铁站、机场以及 5A、4A 级核心景区内开展天台小吃门店。

四十、常山贡面：嘉靖皇帝下旨御封贡品

（一）乡愁故事与乡愁文化

常山贡面最早称为常山索面，形似丝索，因此被民间俗称为索面。相传明朝宰相严嵩曾在常山品尝占家太婆为其烹制的索面，感到舒畅，带上一些回到京城，招待嘉靖皇帝。皇帝赞不绝口，下旨列为贡品，并赐名“银丝贡面”。常山每年都进贡数百担，美名远扬。

常山索面始于唐咸亨年间，成为明朝“银丝贡面”的历史可考。收藏于广州的明代嘉靖年间木刻印章，上刻“银丝贡面”，证实了其尊贵身份。制作常山贡面的过程烦琐而严谨，需要十八九个小时的手工，再加上制作规矩，如选材、场所清洁等。因此，常山贡面独具风味，成为一代佳话，豪情万丈。

品尝常山贡面，别有一番寓意。重要传统节日，它便是“新年面”，象征福气连绵，好运常伴；庆祝生日，寿星必点“长寿面”，以祈健康长寿，家庭幸福；婚礼或新家落成，笑口常开必有“喜庆面”，喜气满屋，大吉大利。对于新结婚的男嘉宾，丈母娘家一定要准备四个荷包蛋藏于“子鳖面”，寓意生儿育女，美好婚姻。当地人更是热情好客，将贡面作为宴请亲朋好友的必备美食，烹制时油汪汪、热辣辣，其口感水帘垂挂，丝丝清爽，淡淡清香扑鼻而来，柔中带韧，回味无穷。异乡游子，闻其名无不想家，思绪千丝万缕。

（二）产业特征与发展成效

常山贡面，洁白似银，美亦香，纤细如丝，意悠长，这是它引人遐思的形象概括。数千年来，其独特的“色、形、香、味”深受人们喜爱，成为当地传统名产。别名常山索面、银丝贡面，以面粉掺以山茶油，配加盐水调和，拉制晾干，经纯手工唯美精制而成。制作工艺烦琐，技艺传承不易，所以常被人们称为“两头黑”，以示其艰辛。每坨面团需要揉、开、打、上、拉、晒、盘等十余道工序才能完成。最后，用红纸条捆成“8”字形发辫盘好，细若牛须。传承人陈水英通过师徒教学、社会培训和产业化经营等方法来保护传承。2015 年，“常山贡面制作技艺”入选衢州市第二批非物质文化遗产，“常山贡面制作技艺”于 2023 年 1 月被入选为第六批浙江省级非物质文化遗产代表性项目名录。2021 年，又被选为浙江省非物质文化遗产旅游商品，这项传统技艺在新的历史时期得到了更好的保护和传承。

从明代开始，常山贡面就被认为是珍贵的“贡品”，一部分被加盖“银丝贡面”印章后进贡朝廷；另一部分则逐渐进入市场，成为县内外及周边省份的抢手商品。然而，在多种因素的影响下，贡面的制作技艺险些消失。幸运的是，这个传统技艺在历经风雨后依然得以保留，并广泛分布于常山县各乡镇，球川、青石、招贤等乡镇尤其兴盛。据统计，常山县现在贡面制作工坊近 200 家，年产量近 100 万斤。这些制作贡面工坊大多以家庭为基础，成为名副其实的乡愁产业共富工坊。

作为常山的乡愁名产，贡面已经成为产业共富的代名词。近年来，常山县紧紧围绕“用好一件地标，做强一个品牌，发展一个产业，造福一方百姓”的思路，充分发挥地理标志商标品牌的经济效应，在乡村振兴中探索出新路。特别是从 2005 年起，常山专门成立了常山贡面产业发展工作领导小组，出台了扶持常山贡面产业发展的政策，设立全县贡面销售合作社，实现生产、收购、销售的一条龙服务，使贡面的生产规模不断扩大，做大做强的势头越发明显。同时，对内组织了优质教育和技艺培训，针对加工商户进行品牌建设和精品打造，对外大力推介常山贡面，设立多处销售网点，实现了走出大山、走进大城市的销售目标。这一系列措施，不仅扩大了常山贡面的知名度和影响力，而且有力地促进了常山贡面制作工艺的传承和保护，一碗小小的常山贡面，正在从乡愁小吃成为乡愁名品。

四十一、苍南埔坪卤鹅：三代传承人的坚持

（一）乡愁故事与乡愁文化

埔坪卤鹅，是苍南民间不朽的卤制佳品，其新鲜的口感和引人入胜的色泽，无一不广为人知。更妙的是，埔坪人喜欢将其视作探访亲朋的珍奇佳品，可谓礼尚往来之至爱。

埔坪卤鹅与这片土地的历史相辉映，相互依存，经过百年沉淀，已成为苍南地区不可分割的文化符号。李新虎先生便是埔坪卤鹅技艺的奠基人，他历经数载努力，终于炼制出了美味无比的卤鹅。至今，这项技艺已由李新虎先生的三代传人沿袭，其中第二代传人李若希先生更是将其改名为阿希公埔坪卤鹅，让其余制品望尘莫及。如今，这美味佳肴已成为埔坪村辖区内不二选择，得到了消费者的广泛喜爱。2017 年，阿希公的卤鹅制作技艺入选苍南县非物质文化遗产，这无疑是对埔坪卤鹅历史悠久、特色突出的最好表彰。而为了让更多仰慕者能够品尝到埔坪卤鹅的独特魅力，阿希公卤鹅在灵溪、矾山开设了五家门店，每天食客络绎不绝，单是销量就高达 6 万只，一年的收入更是高达 600 万元。然而，即使每天生产五六百斤，逢年过节仍供不应求，因为人们已经离不开这口感诱人、口感极佳的埔坪老妈卤鹅，这道佳肴也被誉为温州名小吃、浙江名小吃、中国名小吃以及中国食品行业可信品牌。此外，还荣获苍南县著名商标品牌等多项殊荣，早已跨越了本土的限制，吸引了来自上海、广州、福建等外省的消费者专程前来购买。

漫步在埔坪村，醉心于满目的卤鹅店，这其中每一家都独具特色。而埔坪卤鹅则惊艳万分，不仅选用了自家圈养的鹅只，同时也给予它们最为精细的照料，使卤鹅的味道绝不泛滥。尤其是新鲜出炉的卤鹅，油汁未经过筛选，仍闪耀着金光，只需一眼，口水已经潺潺而下；经过熏制的美味入味，口感甲于虚设。再调以秘制酱油醋，一口入喉，妙不可言，适宜下酒，至上良品！在苍南县，埔坪卤鹅是数一数二的美食代表，被誉为十佳名小吃之首。不论是显赫的酒席，还是送亲访友，卤鹅无疑是最佳的选择，成为了当仁不让的乡愁产业。其鲜美的味道、迷人的色泽、十足的香气，更是引得各地食客纷至沓来，趋之若鹜。

（二）产业特征与发展成效

阿希公卤鹅这一名字深深地刻入了埔坪卤鹅产业的历史，借此拓展了产业的知名度。通过学习、仿效阿希公卤鹅的成功模式，当地的卤鹅经营者们纷纷实现了业务的蓬勃发展，更多的商户将业务扩展至县城，创造了财富，从而使埔坪卤鹅生意越来越红火。如今，卤鹅制作的技艺已历经三代的传承，商户数量已有10余家，他们的经营方向不仅局限于本地，而是通过电商平台的多样化推广，将产品推向整个中国。年达5000万元的惊人产值也令人叹为观止！然而，就算如此，埔坪卤鹅仍旧面临许多制约因素。首先，在手艺传承上又遇到了新的困难；其次，考虑到独特的配方和火候，无法进行大批量生产，而年产量又相当有限。因此，发展门店，突破技术难点，提高年产量，仍然是亟须优先解决的问题。总之，在项目质量不受影响的情况下，突破制约因素，实现卤鹅的更大规模的生产与营销业务，势在必行。

食品加工产业的蓬勃发展，带给了埔坪的部分衣食无忧的居民财富，而长期在外打拼，开拓矿山井巷行业的勇敢儿女也纷纷回到家乡，资助着这片美丽的土地。如今，苍南县深入实施乡村振兴战略，更进一步地吸引了一批在外先行者重回故乡，成为落实乡村振兴的中坚力量。最近几年，埔坪村以建立休闲文化美食村为目标，以“乡村＋旅游”的模式为切入点，注重美丽乡村建设，在“卤鹅传奇，醉美埔坪”的主题下，重点推广

“一村多品”“一村多景”“一景多韵”与乡村旅游发展、文化特色、产业发展、农民增收紧密结合。通过打造集传统美食、山水田园、民俗文化为一体的共富乡村，推进了农文旅的有机融合。在美丽的乡村中，不仅使村容村貌焕然一新，更是为村民带来了可观的收益和致富机会，同时为苍南县建立共同富裕示范区和县域样板提供了快慰的助力。

四十二、苍南桥墩月饼：真材实料的五仁月饼

（一）乡愁故事与乡愁文化

桥墩月饼，既是浙江温州苍南土地上具有悠久历史的传统美食，也是当地名副其实的名小吃。这款卓尔不凡的美食，在过去曾被赋予过“肉饼”或者“中秋饼”的美称。它的制作方式，源于潮流式月饼，在“五仁月饼”系列中，除了广式月饼外，桥墩月饼凭借以“真材实料”为铺垫的良心品质，已经成为了好几代温州人美好的回忆。

桥墩月饼，以其悠久而优美的历史而著称。源于明朝末年，直至清朝中叶，桥墩镇闻名于闽南风味月饼的制作技艺，闽南的制作技艺因此也在此得以流传。桥墩月饼工艺相当考究，精选上乘原料而制成，它的油皮好似绫罗，飘逸而又脆嫩；馅料则蕴含了肥美的猪脊膘肉、桂圆、甜酥的蜜枣与青葱等十几种口味，让人回味无穷。而工艺的复杂程度则是展现了制作的卓越技艺，工序包括和面、配料、拌料、分料、擀皮、包馅、入模压制、脱模、焙烤、冷却、包装等十多个步骤。与北方的传统月饼相比，其

不同点主要有三个方面：第一，相对于常规月饼，它的个头显得格外强大，大多数的桥墩月饼做得好似脸盆一般大小；第二，馅料则显示出了独特的特色，在肉类和冬瓜糖、葱等方面表现出了独特的口感；第三，其面粉的口感相较于北方月饼更加特殊。桥墩月饼的特别之处还在于其产地，位于浙江南大门的苍南桥墩，交通便利，地理位置优越，在福建、广东、浙南三地食风的融合中，它显现出了独特的民间美食。在一百年的发展史中，涌现出了一批桥墩月饼老字号，凭借独特的口味和创新的品牌策略，这个方面可谓是名副其实。据传，在苍南当地，流传着中秋节外婆送月饼的习俗，在孩子未成年前是每年必送的，寄托着对孩子健康成长的期望。而月饼精致的用料和精美的包装，则传达出外婆浓浓的情感和期望，使每一片桥墩月饼都承载着亲情的味道。

桥墩月饼是百年来民间长盛不衰的特色糕饼和中秋馈赠礼品，它是苍南县地方名特产品，也是温州小吃的重要组成部分之一。每年中秋节前赶制、销售，时令性强。十足的用料和精美的包装，不仅承载着外婆满满的心意，更因价廉物美，风味独特，在温州地区以及浙闽边广为销售。

（二）产业特征与发展成效

说到桥墩月饼，最为有名的百年老字号要数“丁源兴”“林淑盛”，经历了历史的变迁和几代创始人的改良，桥墩月饼行业发展迅速，生产经营月饼的单位和个人已有 100 多家，从业人员达 3000 多人，年产值近 2 亿元。许多桥墩人还带着制饼手艺，在温州市各县和周边一些省、市开了桥墩月饼店。温州市丁源兴食品有限公司还是全省最大的月饼生产营销基地。百年老店“丁源兴”“林淑盛”在原有基础上，扩大特色连锁店，还通过网店、微店，把桥墩月饼卖到了全国各地。

自 20 世纪初桥墩镇诞生首家月饼店以来，桥墩月饼早期大多产自家庭作坊，年销量并不高，在 2009 年，桥墩月饼的销售开始出现爆发式增长，销售额一度跃上了千万级别。也由此形成了一定规模的月饼生产企业。除了“丁源兴”“林淑盛”等老字号月饼生产企业，“桥墩门”“吴正兴”

“陈玉成”“吴玉源”等各种字号的桥墩月饼店铺星星点点地散落在桥墩镇，月饼品牌企业快速成长，月饼小镇名副其实。

近年来苍南县委县政府高度重视文旅融合，为了打响地方食文化品牌，桥墩月饼文化旅游节应运而生，桥墩镇借助打造“特色食品旅游城”，把本地特色美食、小吃、土特产作为一种重要的旅游资源加以开发利用，使旅游资源与传统特色食品互相交融、互相促进。2017 年，桥墩月饼行业协会成立，协会努力整合力量，制定一套完整的产品规范标准。有主体销售门店 34 家，年销售收入 4900 多万元。

桥墩月饼也面临一些问题：一是桥墩月饼虽已走上产业化道路，但因中秋节前市场需求量大，为提高产量，月饼制作部分过程也开始了半机械化生产，产品虽不掩其原有的传统风味，但桥墩月饼手工制作技艺各环节的连贯性需要进一步保护、继承和发展；二是桥墩月饼手工制作技艺一般为口授心传，开展传统月饼纯手工制作技艺的保护传承，培养传承人工作刻不容缓；三是桥墩月饼产业要进一步做好“文化 +”，“互联网 +”的文章，提升产品档次，避免行业的不良竞争。

四十三、苍南矾山肉燕：告老还乡御史大人的钟爱

（一）乡愁故事与乡愁文化

矾山肉燕一直是一道令人怀念的美食，伴随它的还有一段历史悠久的创作传说。传说有两个版本。一个版本源于明朝，当时，一位福建浦城县的御史大人告老还乡，在家居住于山区时，吃了很多珍稀美味之后，突然觉得味道变得平淡无味。于是，他家厨师采用了猪腿瘦肉，将其用木棒打成肉泥，掺入适量的番薯粉，再将其擀成纸片般的薄片，切成三寸见方的小块，包上肉馅，做成扁食，并煮熟配上汤来食用。御史大人在吃到矾山肉燕后，只觉得它滑嫩清脆，香气沁人心脾，不禁连声称赞“大妙！大妙！”忙问这是什么点心，那位聪明的厨师随口便说：“扁肉燕呀！”因为这个食品的形状就像一只飞燕。之后，扁肉燕被煮配以鸭蛋食用，因为福州话里鸭蛋与“压乱”“压浪”谐音，暗示着“太平”之意，于是有了“太平燕”的美名。

另一个版本起源于南宋时期。相传南宋的理学家真德秀被囚禁在浦城期间，设宴宴请来宾。随行的厨师林阿荣（来自福州）嘱咐临时厨师徐小春（来自富岭东湖）捣鱼丸，但不幸被徐小春误听为捣肉丸。徐小春剔精肉捣成肉酱，混入面粉，并将其压成薄如面皮的饼状，切成丝后煮熟。这道肉燕晶莹剔透、酥软可口，令人神往，因形如燕子巢而得名肉燕。自此，这个创意在浦城、福州两地相传，成为福州菜中的特色美食。

矾山镇与福建省福鼎市交界，福鼎市饮食风味主承闽菜福州菜系。矾山因为矾业与福鼎交往密切，肉燕也因此传入矾山，也因此见证一条挑矾古道上浙闽文化、经济和社会往来的一路情深。

（二）产业特征与发展成效

随着肉燕产业的不断壮大，浙江燕霸实业有限公司的“吉好家”肉燕在2017年浙江农业博览会优质产品评选中荣获优质奖。这也是温州首家通过SC认证的肉燕生产单位，得以进驻各大商超进行销售。“达记”肉燕也在2017年被评为“浙江名小吃”。“为唐公肉燕”在由浙江省农业和农村工作办公室、浙江广播电视集团、浙江人民广播电视集团等承办的浙江乡土特色菜肴培育大会上成功入选《浙江省农家乐特色菜百味谱》，这也是苍南县唯一入选的美食。作为温州市唯一一家企业代表向上海市民介绍企业文化和传统工艺制作展播，为唐公肉燕正在积极申报“温州老字号”称号。

作为苍南的乡愁产业，选料天然精良，配方独特健康，手艺出色娴熟的“矾山肉燕的制作技艺”在2014年5月成功申报苍南县非物质文化遗产。2015年底，由朱师勤投资装修的矾山肉燕有了展示中心。该展示中心位于中国历史文化名村矾山福德湾，为两层砖混结构仿古小楼，占地面积200平方米，全面展示矾山肉燕的制作工艺，既为广大游客提供直观的肉燕制作全过程，又能提供一个休憩的场所，是福德湾古村落旅游的一大亮点，也是非物质文化遗产项目实体化运营的积极尝试。

“为唐公”矾山肉燕展示中心，肉燕及其衍生品肉面，选才精好，皮薄如纸、其色似玉、口感软嫩、味韧而绵、食香盈口，深受人们喜爱。来矾山的游客大都会到这里现场品味矾山肉燕的美味。“为唐公”矾山肉燕展示中心表示要用最好的食材，最精致的技艺，全手工的制作，用心打出最好的肉燕，传承矾山悠久的工业文明和饮食文化，让来矾山的游客既能品到地道的矾山美味，也能感受到矾山悠久浑厚的工业文明。

目前产业发展还存在不规范、不规模、不集中的生产经营状态问题，矾山肉燕的品牌化效应还不够强大，肉燕从业者技能素质还有待提高。迫切需要加快推进矾山肉燕的组织建设，迫切需要加强肉燕对外的品牌推广，迫切需要加强肉燕从业者技能素质提升，也迫切需要推进肉燕经营良性发展。

四十四、乐清芙蓉麦饼：饱含忠诚爱国的朴素情怀

（一）乡愁故事与乡愁文化

“吃麦饼，爬山岭”是乐清市民的口头禅。芙蓉农民勤劳勇敢，他们上山砍柴、下海渔猎，日夜耕作，甚至前往周边县市做买卖，手头随时带着这份简单的干粮。在那个物资匮乏的年代，“梆梆硬”的芙蓉麦饼成为每一个乐清游子的家乡味道，填饱了他们在外漂泊的饥饿之感。

相传南宋初年，金兵肆虐中原，奸臣秦桧率先向入侵金兵纳币屈膝，投降称臣，背叛忠良，苟且偷安。忠诚护国的军民百姓对秦桧这一卖国行

为深恶痛绝，为发泄心中的不满与怒火，特意制作了一种饼，即把麦粉和油糅合在一起，制作成圆饼，塞进烘缸里烤制而成，并特别取名为麦缸饼，其谐音即为“卖国饼”，吃麦缸饼，意指把恨之入骨的秦桧咬碎。之后，这种饼因滋味独特，香气四溢，成为颇受人们喜爱的干粮。后来这种美味的饼经过岁月的更迭，逐渐演变成了如今人们所熟知的麦饼，在浙江一些地区仍有人称它为麦缸饼。在温州市，“王大妈麦饼”以及楠溪江麦饼都是颇具特色的当地小吃。如今，麦饼已成为人们招待客人的佳品，使用三根筷子方可享用。

浙江温州乐清有一小镇，名叫芙蓉小镇，此处风景更胜一筹，境内山清水秀，物产丰富。据明永乐《乐清县志·叙山》载，芙蓉山处于县东方向，相距六十里，在山门乡。三峰矗立于南西方，岩石刻画，凸显如美蓉花，此山由此得知。然而，在此弥漫着另一种著名的香味，那便是以皮薄外脆内软的麦饼为代表的芙蓉小镇特色美食。这种饼深受芙蓉人的钟情，路人也会驻足于镇街两侧的麦饼店铺，购买这美味之物。麦饼口感松软，馅料鲜香，咬之不噎不塞牙，更是被列入浙江传统名点之一，更是乐清市非物质文化遗产之一。对于芙蓉人而言，远在异地，美味之中仍留有家乡的味道。

（二）产业特征与发展成效

回首20世纪八九十年代，芙蓉小镇的麦饼是在路边搭起了简易的摊棚来售卖，用的工具非常简陋，大多是以盆为基础改造而成的。围绕盆子周围建起砖块，平底锅放上去，一处简陋的露天小灶就挂了彩。如今，芙蓉人经营麦饼则大多经营自己的店铺，手中把持自动化平底电煎锅，方便省力，制作速度比过去手动快了许多倍，麦饼的销售量也水涨船高。由于痛并快乐着的历史经历。大街小巷都有麦饼小店，芙蓉麦饼在全国范围内都被推广与营销，让那些远在异地创业的乐清人也能尝到家乡特有的小吃。芙蓉的麦饼在 2009 年获得正邦杯第三名，获评第三批非物质文化遗产。不过，当前产业发展也遇到了诸多问题：在当地拥有较高的知名度，但品牌影响力还需夯实，难以实现产业化规模化经营。产品单一，口味较少，需要现做现卖来保持最佳口感。摊点分散，缺乏统一形象。因此，我们建议统一这一行业，组建芙蓉麦饼协会，提升门店形象，改变小而散的经营状况使其成为芙蓉镇向外的新名片。

第四章　指尖上的乡愁产业案例

一、海盐沈荡酿造：酱业界举足轻重“符号”

（一）乡愁故事与乡愁文化

海盐县是建制于嬴政二十五年（公元前222年）的滨海古县，是有名的酿造之乡。海盐人在中国的酿造历史上作出了重要的贡献。我国著名的教育家、科学家、酿造专家、中国现代发酵工业奠基人朱宝镛是浙江海盐人；知名发酵与生物专家、20世纪五六十年代参与酱油厂至今仍在广泛使用的沪酿3.042菌种选种的林祖申也是浙江海盐人。

追溯我国酱业历史，海盐师傅几乎独占鳌头。因海盐东部沿海有食盐，西部沈荡等地有黄豆，所以历史上海盐人很早就开始从事酿造业。从清代，乃至更早开始，上海酱业界真正弄潮的都是海盐人，即使不是海盐人开的酿造厂，他们的“作头师傅”几乎是清一色的海盐人。改革开放后，国家制定酱油的国家标准，海盐籍的师傅不但参与，还起到了制定主要技术参数的作用。纵观历史上的酱业界，离开“盐帮”，就成不了气候。这足以证明海盐人在酱业界举足轻重的地位。

沈荡镇历史悠久，土地肥沃，气候温和，日照充足，四季分明，又有千亩荡这一丰沛而优质的水源。境内的彭城桥遗址，属马家浜文化遗址，距今有6000余年的历史，从发掘到的文物证明，在新石器时代，人类已在沈荡一带种植谷物，有了酿造的原料。沈荡的丰泉桥遗址，属良渚文化遗址，距今4000年左右，遗址内出土了用来酿酒或饮酒的器具——陶鬶。数千年来，稻谷种植和酿造在沈荡这片土地上默默地传承着。

清光绪十三年（1887），海盐沈荡酿造有限公司前身泰兴酱园在海盐沈荡创建，至今已成为海盐县历史最悠久的企业。130多年来，沈荡酿造坚持采用传统工艺，古法酿造黄酒和酱油，生产的产品纯手工酿造，保留了传统自然风味。沈荡酿造的"沈荡酱油酿制技艺"和"沈荡黄酒酿造技艺"是嘉兴市非物质文化遗产，沈荡黄酒和沈荡酱油被评为海盐县旅游商品。

作为浙江老字号的沈荡酿造，其酿制历史悠久，生产的黄酒和酱油口感醇香，家喻户晓，已成为海盐特产的标志，不仅是我们情感的寄托，更成为一种乡愁文化。老字号丰富的人文内涵引人入胜，可以勾起对前人悠悠往事的沧桑回忆，很容易形成独具魅力的乡愁文化和旅游文化资源。

（二）产业特征与发展成效

酒和酱油酿造技艺与其他农产品加工技艺一样，不但具有明显的地域特征，蕴含了中国5000多年的悠久历史文化，凝聚了数千年的日月精华、清风雨露，已成为珍贵的民族文化遗产。在数千年的岁月中，这些传统酿造技艺从中国传统文化中汲取了无穷无尽的物质财富和精神营养，永不间断地丰富、完善和发展着。2019年，著名作家余华和贵州省原省长陈士能回到海盐，来到沈荡，品味老酒，感受乡愁。

沈荡镇水陆交通发达，据明天启年间《海盐县图经》记载："沈荡为大镇，去县二十六里，水四通，如硖石，海盐西北境民皆赴之。列廛五六百家，五谷、丝布、竹木、油坊。”清光绪十三年（1887），海宁硖石伊桥油车老板孙职卿和杭州盐商周某先在沈荡中市街开设三泰酒酱店，后又在西市街办起了泰兴酱园，接着又在东市街开设泰兴酱园，泰兴为总园，为前店后坊，主要生产和零售酱油、豆瓣酱等产品，并附设黄酒工场。抗战前期的泰兴酱园，曾有过一段兴盛时期，名声不仅在沈荡，而且在海盐县内也是颇有影响的一家大企业。至民国三年（1914），“泰兴”总园由海宁旧仓籍沈乃儒出任经理，生产规模有所扩大。日寇发动侵华战争时，“泰兴”陷入困境。1956 年后，国家对“泰兴”进行公私合营，1956 年公私合营后更名为海盐沈荡酿造厂，1984 年更名为海盐酒厂，1998 年 4 月转制为海盐国泰食品有限责任公司，2013 年，为实现品牌名称与公司名称的统一，恢复为海盐沈荡酿造有限公司。公司虽几易其名，负责人也多次变换，但生产地址一直在沈荡镇中市街（现称贲湖东路）。

130 多年来，沈荡酿造坚持“古法酿造、足酿足陈，不求做大，只求做长”的经营理念，坚守古法手工酿造黄酒和酱油，因生产的产品自然发酵、传统酿造、足酿足陈而深受消费者喜爱。除了有三项非物质文化遗产保护项目外，沈荡老酒也多次被评为省、市农博会优质产品奖和金奖，连续三年被评为“浙江省黄酒优秀新品”。2011 年，“沈荡”品牌被浙江省商务厅认定为浙江老字号。2013 年，海盐沈荡酿造有限公司被嘉兴市人民政府认定为嘉兴市农业龙头企业。

海盐沈荡酿造有限公司精心挖掘企业内涵和历史文化，充分展现了沈荡老酒的卓越魅力。通过沈荡老酒立冬开酿节、修缸补坛技艺展、南北湖吃羊肉喝老酒、嘉兴端午龙舟赛、品味沈荡特色产品展、非物质文化遗产摄影展等一系列活动，以及非物质文化遗产进校园、亲子体验、摄影采风等实地见证，更多的消费者深入了解和接触到非物质文化遗产传统技艺，品牌信赖度倍增。颇具创意的“沈荡老酒策划案”更是获得浙江大学营销专业学生在全球品牌策划大赛中国区桂冠，彰显品牌的品质精神和价值观。

作为海盐人情感寄托的乡愁产业，经过多年的发展，沈荡酿造公司现占地面积 34843 平方米，总资产 1600 余万元。每年向农户收购大米约 800 吨、小麦 60 余吨，黄豆 30 吨，促进了农民增收和农业深加工带来的农业增效。同时，将酒糟、酱糟以低价售给农户，每年为农民节约养殖成本 20 余万元。传统产业也面临发展困境。工人年龄结构老化，青黄不接，无人继承。古法酿造场地占用大，亩均效益不达标。在市场经济的大潮中，传统酿造产品如何与年轻人拉近距离，以上这些都是有待解决的问题。

未来，海盐沈荡酿造有限公司将坚持传统工艺和自然酿造土法的原则，融入沈荡古镇的保护和开发，智造“千年古镇、百年老厂”的文化旅游综合体。地下酒窖、酿造博物馆、品味酒店等文旅项目将融合非物质文化遗产元素，向市民和游客展示非物质文化遗产的迷人魅力，留下海盐历史、文化、味觉的永恒记忆。

二、桐乡蓝印花布：东方染业文化的标杆

（一）乡愁故事与乡愁文化

桐乡蓝印花布又称“石灰拷花布”，其制作历史最早可以追溯到汉晋时期，明清时期，作为传统民间工艺精品而达到顶峰，桐乡已有上千年的印染历史。古籍《二仪实录》说：“缬，秦汉间始有。”缬，是印有花纹的丝织品。宋代，蓝印花布工艺日趋成熟。元代，黄道婆的棉纺技术传播江

南，为明清时期蓝印花布的鼎盛打下了基础。明朝设有织染局，基本上垄断了织染业。直至清朝，民间染坊开始涌现。

桐乡蓝印花布的由来也有着美丽的故事。传说有一天，一名农妇穿着作裙下地干活，回家后，发现白色的布料上沾满了泥点，于是，她想了个法子，索性给白布染色。她用兰草挤出的汁水作为染料，把作裙染成了蓝色，晾干后，再把泥点刮掉，露出了布料的本色，蓝底白点，远看，像极了一朵朵白色小花，美极了。就这样，农妇的“无意”之举诞生了蓝印花布。

乌镇“宏源泰”染坊。不知何时起，需要染布的农户多了，商机也就应运而生了。南宋时期，乌镇的染业就很发达，染坊遍布大街小巷，其中有一家就是“宏源泰”染坊。蓝印花布毕竟是土布，直到 20 世纪 60 年代，洋布占据市场，给乌镇染业造成冲击，染坊相继关门，“宏源泰”也逃脱不了“厄运”，最终只剩下了乌镇染织厂。乌镇染织厂，以织布为主，染布为辅，而且染的不全是蓝印花布，尽管品种多了，但人们依然怀念那一抹蓝。1999 年，乌镇进行古镇保护与开发，为了“定格”老百姓的记忆，还原“宏源泰”成了一件势在必行的事情。天然的布料，生态的染料，原始的技艺，一切的一切，都应把它保留、延续下来。

石门“丰同裕”染坊。石门，美丽、丰饶、古韵，一个迷得运河也折了弯的江南小镇。这里的水，满沾文墨，这里的人，淳朴勤劳。提到文墨，首先会想到一代大师丰子恺；言及勤劳，首先会想到经典的蓝印花布。在石门，生产蓝印花布的地方叫作“桐乡市丰同裕蓝印布艺有限公司”，而它的前身便是丰同裕染坊店。丰同裕染坊店以前店后坊的模式经营，主要收染四乡农民的自织土布和土绸，离店20米设有加工场。这家店虽然规模不大，却是丰子恺父辈祖辈赖以养家的经济来源之一。时运夹带店运坎坷。在光绪32年（1906），丰子恺9岁那年，父亲病逝。此时的染坊店面临危机，乡民来染布，大多付不了现金，得“熬”到年时才能结账，原本“以店养家”变成了“以家养店”。幸而，在丰子恺母亲的精心打理下，染坊店一直撑到了抗战时期。改革开放初期，适逢市场经济的年代，单纯印染难以走得长远。为此，“丰同裕”改变了传统农作坊的经营性质，不断推陈出新，不但有包、服装、挂件等市面上常见的物品，还将蓝印花布出神入化地运用到了家装等适用领域，弥补了以往蓝印花布产品种类单一的不足。“丰同裕”做了更大胆的尝试，涉足旅游业，建造了丰同裕蓝印花布博物馆，同时，将制作流程透明化，真正实现旅游、购物、生产一体化。

崇福“蓝茂丰”染坊。《石门县志》上有载，崇福古镇历史上曾设立染织局，其中开业于1880年的就有“蓝茂丰”和“协大”，其余还有日日新、天工成、朱新发等多家染坊。“蓝茂丰”位于崇福西门，生意算得上红火。到了1956年，实行合作化道路，当时包括“蓝茂丰”在内的六七家染坊合并，成立了手工业印染合作。自此，“蓝茂丰”三个字渐渐退化。1979年，社会大转型，合作社改名为桐乡工艺印染厂；2000年，为传承工艺品种，更名为桐乡蓝印花布厂；2001年，桐乡蓝印花布被浙江省经贸委确认为浙江省首批15个保护品种之一；同年，工厂体制改革，变成现在的桐乡蓝印花布厂有限公司。

（二）产业特征与发展成效

乌镇是桐乡蓝印花布的摇篮之一。昔日，乌镇曾有数十家染坊，而东栅染店弄就是因此得名。近代，蓝印花布在松江、扬州、崇德、乐清等地也成为重要的生产基地。如今，这种传统工艺依然在桐乡、乌镇和江苏南通等地保留着。蓝印花布的制作采用的原料和染料都来自乡村，而工艺则源于民间。从古至今，浙江一带的农村家家户户都喜欢将蓝印花布用在窗帘、头巾、围裙、包袱、帐子、台布等物上。这种特有的制作工艺包括七个程序：纹样设计、刻花稿、涂花版、拷花、染色、整平以及晒干。

桐乡蓝印花布是由棉花经过轧棉籽、纺纱线、织棉布三道工序而成的棉布。蓝印花布的印染原料为植物燃料蓝草。蓝草及靛蓝草，春播秋收之后，叶子浸放在石潭中，几天后去掉腐枝，放入石灰或海蛤粉，使之中和沉淀。沉淀后的染料似土状，俗称“土靛”。蓝印的方法属浆染，浆的原料为石灰和黄豆粉 1:1 比例合成。印花用的漏花版是用桑皮纸涂以柿漆裱成。目前已有用蓝印花布制作的衣服、帽子和拖鞋等。

蓝印花布源于秦汉时期古老的艺术文化，蓬勃兴盛于唐宋时期商业贸易的繁荣。蓝印花布早在民间已广泛流传，明清时期的蓝印花布则更是数量众多。这些以蓝印花布制成的蚊帐、被面、包袱、头巾、门帘等品，图案素雅厚实，深受人们的喜爱。染坊业因而成为当地极富盛誉、久负盛名的产业业态之一。据史书上载，宋元时期的桐乡蓝印花布行业繁荣昌盛，织机坚实，染坊密如长街，河上布船穿行，景象繁华壮观，蓝印花布名品，更是家喻户晓。

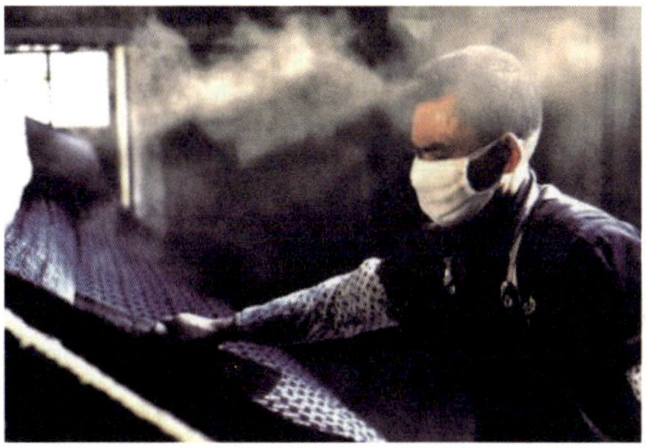

蓝印花布，具有镂空版白浆防染的传统印染工艺，又名靛蓝花布，通俗地称为“药斑布”“浇花布”。距今已有一千三百年的悠久历史。最初采用蓝草染料印染而成。这种传统工艺需要用到石灰和豆粉制成的灰浆，以及完全手工纺织、刻版、刮浆等多种印染工艺。蓝印花布以浓郁的地方特色见长，能够生动地反映出当地的风情民俗与生活习惯。其图案由简单而原始的蓝白两色构成，创造出一个自然朴实又绚丽多彩的艺术天地，形成了独特的艺术风格，深刻地反映出我国传统的文化思想，包括吉祥观念、阴阳观念和天人合一观念等。这种高雅之美深受广大百姓喜爱，其中的图案吉祥喜庆、为近三百年来的平民百姓所热爱。蓝印花布的图案一般可分为蓝地白花和白地蓝花两种形式。蓝地白花布只需用一块花版印花即可构成斑点状的纹样，例如梅、兰、竹、菊等。而白地蓝花布则需要使用两块花版进行套印，第一遍印刷的图案称为“花版”，而第二遍印刷的图案则称为“盖版”。盖版的作用是盖住花版之间的连接点和留白部分，以更好地突出蓝色花纹印花。有一种制作白地蓝花图案的方法是使用单独的印花版衬以网状物，花版的纹样则不需要随处连接。刻好后，用胶和漆将花版粘牢在大面积的网状物衬底上，再用刮浆工艺进行印刷。此外，有些蓝印花布甚至是双面的，需要在正面刮浆完毕后，利用拷贝桌在反面对准正面纹样再次刮浆，这样染色后就可得到双面的蓝印花布。蓝印花布是一种在江南民间广泛流传的古老手工印花织物。她独特的朴拙、幽雅的文化韵味，在我国的民间艺术中独树一帜。在岁月的沉淀下，这种原汁原味的东方文化散发出无穷的魅力。

三、海宁云龙蚕桑：一个村的灵魂与精神

（一）乡愁故事与乡愁文化

海宁市周王庙镇云龙村是第四批浙江省非物质文化遗产旅游景区中的民俗文化村。云龙村之所以能够成为浙江省非物质文化遗产旅游景区，靠的正是云龙村的特色产业：蚕桑。云龙村有着悠久的种桑养蚕历史和丰厚

的历史文化底蕴，是著名的种桑养蚕村。

云龙村党委书记范卫福经过十多年的努力，对种桑养蚕的历史进程进行了深入挖掘和保护。2018 年出版的《云龙蚕桑志》，记录了从南宋开始，云龙种桑养蚕的全过程。海宁蚕桑丝绸是在 20 世纪 90 年代初进入最辉煌时期。村民靠种桑养蚕，致富创收。云龙村在 1992 年是养蚕最高峰的一年，饲养蚕种 8924. 5 张，张产 31. 8 公斤，产茧 56. 7 吨。丝绸也是海宁市工业支柱产业，全市丝厂有 17 家，其中有国营浙丝一厂，中丝三厂，海宁丝厂 3 家。丝织厂有海宁绸厂、海宁丝织厂，乡镇企业有袁花丝织有限公司，海宁苏州锦绣丝绸联合厂等 10 多家。推动了海宁工、农业的发展。而随着农村产业结构的调整和价格因素，种桑养蚕持续不断大幅减少。目前云龙村桑田面积只剩下 700 余亩，饲养蚕种 600 余张。缫丝厂只剩下浙丝一厂 1 家。

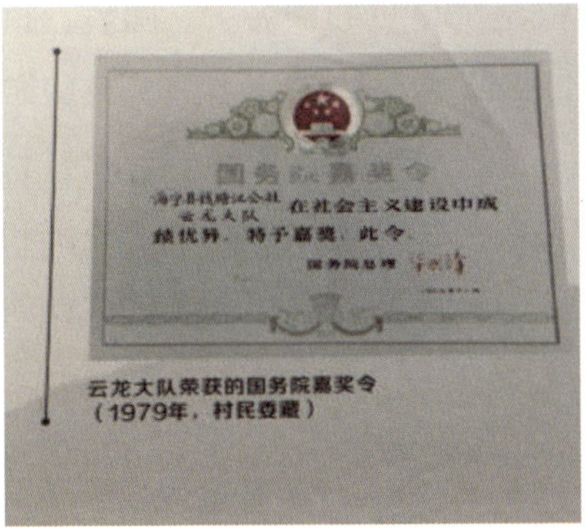

在 20 世纪 70 年代，云龙村老书记李锦松（后来担任海宁市政协主席）带领党员村民将数千块高低不平的土地进行平整，发动大家种桑，利用科学技术进行养蚕。以亩产“千斤桑百斤茧”的成绩扬名全国。到 1985 年，已有 47 万人次前来云龙参观蚕桑。共有 38 个国家，85 个代表团，815 名外宾，全国有 24 个省，63 个县市来云龙参观考察蚕桑生产。3 次受到中央和国务院的嘉奖。在农村公有制集体经济时期，创造了辉煌的业绩，蚕桑生产成为云龙的一笔珍贵的文化遗产。

云龙村在推进美丽乡村建设中，把蚕桑文化融入其中，以“做深，做细，做特”美丽乡村为抓手，打造一村一品。2009 年，通过努力，云龙村蚕桑生产民俗作为“中国蚕桑丝织技艺”中的代表性项目被联合国教科文组织选入人类非物质文化遗产代表作名录。2009 年，起先由村民出资建造蚕俗文化园。到 2012 年进行扩建，目前，园内占地面积 58 亩，以生态建设为主，内有 100 多棵 70 年以上的老桑树，以及蚕花堂、土丝纺等一些仿古建筑。包括周边的农家乐，智能四季蚕室。也是省级蚕桑科普示范基地。蚕俗文化园列入嘉兴市十大“终身学习体验馆”。云龙记忆馆占地面积 750 平方，投入资金 140 多万元。从过去、现在、未来展示云龙的发展。让大家更多地了解云龙的蚕桑文化。

文化是一个村的灵魂所在，也是精神支柱。1985 年，云龙村录制了《金龙降落的地方》，讲的是过去。2015 年，云龙村团结一心，精心创作了《云龙谣》，并用视频记录了村里的人文景观和活动，于同年 11 月参加了浙江省第二届村歌大赛，奇妙动人的歌舞表演，获得了创作和表演的双银奖，为云龙村的蚕桑文化高峰时刻增添了一笔浓墨重彩的名头。随后，村里于 2017 年拍摄了微电影《诗画江南・蚕乡云龙》，结合省级 3A 级旅游景区示范村的特色，用最新、最炫的宣传手法，向全世界展现了云龙村壮美的人文和自然风光，提高了乡村旅游的影响力和知名度，促进了经济和文化的融合，吸引了大量考察团前来云龙，领略种桑养蚕和新农村建设的精华之处。

（二）产业特征与发展成效

云龙村积极推进蚕桑生产习俗保护工作。云龙村蚕桑生产习俗是周王庙镇云龙村人民在长期的蚕桑生产过程中形成的有关蚕桑生产的传统知识、蚕神信仰、蚕俗表演等，是人类非物质文化遗产代表作——中国桑蚕丝织技艺的重要内容之一。2006 年以来，海宁市不断加大云龙村蚕桑生产习俗保护力度，抢救、保护了一大批濒危的蚕桑生产习俗，有效地推动了蚕桑生产习俗的活态传承和发展。

积极推进蚕桑非物质文化遗产普查，建立云龙村蚕桑生产习俗档案。2007—2008 年开展了为期两年的非物质文化遗产普查工作，通过此次普查，详细记录了包括蚕桑生产传统知识、蚕神信仰、蚕桑生产相关习俗

以及与蚕桑生产有关的方言俗语、民间文学、民俗表演等在内的众多云龙村蚕桑生产习俗，基本摸清和掌握了海宁市，特别是云龙村等地的蚕桑生产习俗的分布情况、生存环境和传承现状。

开展蚕桑文化专题调研，探索可持续的蚕桑生产习俗保护措施。2006年和2010年，先后2次组织海宁民俗专家、新闻媒体进行实地走访调查、召开专题研讨会，探讨云龙蚕桑生产民俗生态保护、蚕桑生产民俗旅游等可持续发展的保护措施，有效地促进了云龙村蚕桑生产习俗的科学化保护。

着手编制长期规划，为云龙村生态保护区营造良好环境。2009年，在云龙村设立非物质文化遗产生态保护区，并每年给予10000元的基地补助经费，支持其开展基地建设和保护传承工作。2011年，将云龙村列入“中国蚕桑丝织文化遗产生态园”项目内容之一，将在今后数十年中开展全面的蚕桑生产民俗保护、研究、传承等保护措施。

定期举办蚕桑活动，推进云龙村蚕俗文化的活态传承。自2010年起，每年在云龙村举办蚕俗文化节，开展游蚕乡、观蚕俗、食蚕菜、祭蚕神等活态蚕俗活动。这些活动的举办，再现了原生态的云龙村蚕桑生产民俗，促进了蚕桑生产民俗生态旅游。

推动蚕桑对外交流，扩大云龙村蚕俗文化影响力。积极组织蚕桑生产技艺参加各类对外交流活动，2012 年 2 月，组织缫丝、拉丝棉被 2 项传统丝织技艺，参加由文化部（现文化和旅游部）等 16 个相关部委共同举办的中国非物质文化遗产生产性保护成果大展。通过积极组织“中国蚕桑丝织论坛”专家组参观蚕俗文化园，进一步提升云龙蚕俗文化园知名度。

四、浦江剪纸：中国剪纸的一种“风格流派”

（一）乡愁故事与乡愁文化

浦江民间剪纸的起源和发展，与全国各地一样最早受民间传统祭祀的影响。浦江古人极注重祭祀，明嘉靖《浦江志略》载曰：“浦江人信鬼神重淫祭。”因此，浦江古人经常用纸剪成形态各异的物像和人像或祭品，或与死者一起焚烧之。《乾隆浦江县志》载：“浦邑尚火葬。”说明剪纸作为冥品是浦江重祭祀、尚火葬民俗所产生的结果。同时，剪纸还被用作祭祀供品的装饰物。《光绪浦江县志》载曰：“七月十五日中元节，浦江多祭祀祖先……因此广为华饰，乃至刻木割竹，剪彩模花果之形，极工妙之巧。”剪彩乃是中国剪纸的“史前期”形态，浦江民俗活动中一直保留着这种剪彩现象，可见浦江剪纸在唐五代以前就已经兴盛，并成为当时相当精美的历史痕迹。其后流风遗俗不断，这从元末明初浦江籍大文学家宋濂的“剪纸难招御史魂”诗句中可以得到佐证。

根据《光绪浦江县志稿》《民国浦江县志稿》记叙清末民国初一大批杰出的民间剪纸艺术家的活动记录，以及所遗存下的大量清代与民国时期民间剪纸熏样中可知，明清是浦江民间剪纸成熟的鼎盛时期，并延至民国。清末民初流传民间的手抄本《浦江乡言杂字·女工篇》就记录了民间剪纸在浦江盛行的民风状况：“洗手描剪，细作却精。花样巧添，纵性者多。”把剪纸作为女红之首，说明了民间剪纸的重要性和广泛性。而浦江民谣“一把米筛一条凳，一把剪刀一张纸。左边奶奶右边姑，教我孙女剪花纸。房前屋后团团坐，姑娘斗巧比剪纸”更是民间剪纸作为传统风俗的真实写照。

到了清代，浦江人物剪纸凸现，尤其戏曲人物剪纸造型独特，手法多样，阴剪阳镂兼施，既折叠又衬色，精巧工细，匠心独运，自成风格。那线条流畅、形象生动的艺术魅力，那细致清秀、富丽多样的艺术特色给人以美的享受。浦江戏曲人物剪纸因此成为中国剪纸的一种风格流派，从而成为中国南方剪纸的典型性杰出代表之一。1988 年，由人民美术出版社出版的《中国美术全集》中所收剪纸作品，代表中国历代民间剪纸艺术的最高水平，浦江有《空城计》《听琴》《荡湖船》等 3 件清代作品入编。这 3 件作品都采用阴纹表现，线条流畅洒脱，造型精美巧妙，是浦江典型的戏曲人物剪纸。

浦江剪纸由于历史悠久，风格独特，地方色彩鲜明，且能人辈出，历代作品遗存丰厚，尤其是现代剪纸艺术活动不断、创新精品迭出而备受世人关注，相继成为“中国民间艺术（剪纸）之乡”（1993 年）；浙江省首批非物质文化遗产代表作（2005 年）；第一批国家级非物质文化遗产代表作（2008 年）；2010 年，浦江剪纸被联合国教科文组织列入人类非物质文化遗产代表作名录。由此，浦江剪纸艺术传承保护工作进入一个崭新的历史阶段。

（二）产业特征与发展成效

剪纸在浦江具有良好的生存环境和社会基础。历代以来，浦江民众有祭祀以“剪彩”为重的古俗、出嫁以剪纸为荣的传统、春节有贴“窗花”的民风、龙灯以剪纸为装饰的偏爱。因此，浦江剪纸不仅在民情风俗中具有得天独厚的生存环境与优势，还应用广泛，与书画等众多艺术种类相辅相成、共生同进，使剪纸艺术的实用价值发挥到了最大化，极大地促进了浦江水晶、浦江花边等支柱产业的发展，为地方经济作出了巨大贡献。

浦江剪纸人才辈出。国家级非物质文化遗产传承人吴善增，一直倾心于浦江剪纸创作，致力于传统剪纸技艺的传承，每年都开办剪纸讲座与培训班，并积极参加各地的剪纸交流展示活动。老先生用其一生坚守着剪纸这一方天地，也培养了很多浦江剪纸的新生代力量。浦江还编出了中国第一本劳技课本《剪纸·剪贴》，很多学校将剪纸作为教学课程，并编写配套相关教材，邀请非物质文化遗产传承人进行定点定时授课，从小培养孩子的兴趣，也使浦江剪纸深入人心。

随着人们对精神文明追求的逐渐重视，剪纸相关产业前景一片大好，很多年轻人也选择从事剪纸行业进行创业，传统剪纸也得到了很好的创新。浦江剪纸从图案设计，到作品的剪制，再到作品的装裱，最后才是投入市场。在浦江，剪纸收藏、剪纸装裱等已成为一种文化产业。

浦江拥有其深厚的文化底蕴，浦江剪纸艺术独特深受大众欢迎，很多剪纸在装饰上会选择剪纸作品来提升整体的文化品位，所以在浦江家庭、宾馆、饭店、商店、学校、政府机关都能见到剪纸的踪影。浦江剪纸已成

为广大收藏爱好者不可或缺的一种艺术收藏品。有关部门也很好地对市场需求和剪纸从业人员进行牵线搭桥。

随着文旅结合，乡村振兴战略的逐步推进，有关部门正在浦江的旅游景区设立相关浦江非物质文化遗产体验场所和浦江特色文创产品的展示空间。不定时邀请浦江优秀的剪纸艺术家在旅游景点为游客展示浦江剪纸的独特魅力，并联系浦江剪纸的从业者，为他们提供场所，将他们的相关产品作为旅游纪念品伴手礼进行推广。这样既促进了浦江剪纸的宣传，也可以为浦江创造可观的经济效益。

五、浦江麦秆剪贴：工艺美术的“中华一绝”

（一）乡愁故事与乡愁文化

麦秆剪贴是一门凝聚着浓郁乡土气息的纯手工工艺，也是我国民间传统剪贴艺术的一种形式，还是中华民族的艺术瑰宝之一。它是在农耕社会基础上产生的一种农民艺术，经过悠久历史文化的浸润、传承、升华与革新，现已逐渐发展为一种工艺复杂、造型精美、具有较高艺术水准的民间传统工艺美术形式。麦秆画属“中华一绝”，具有极高的收藏价值。

浦江“麦秆剪贴画”始于明末清初，历史悠久，它和剪纸、布贴一样是一种剪贴艺术。明代末叶，浦江县就已经开始流行麦秆剪贴这种艺术了，一开始以剪贴扇芯花代替刺绣，接着做成了挂屏、台屏等实用品。到了清代，其成为独立的特色工艺品种，并做成了婚嫁、生日、祝寿、开业、乔迁等的喜庆礼品。在剪贴浦江麦秆这一艺术形式中，主要使用的是特种大麦秆。这些麦秆不仅在内在品质上独具匠心，外观也十分独特。为了制作出美轮美奂的贴画，通常会选用大麦秆的第一、第二节，这些未加处理的秆杆被称为麦秆管。然而，在开始制作贴画之前，这些麦秆管会经历多道复杂的工序，如浸泡、剖刮、漂白、染色以及拼接等。首先，将剪好的麦秆管放入清水中浸泡3—5天，其次将它们分别用刀剖开、刮平，分成麦秆皮和麦秆肉两层。麦秆皮会被制成麦秆条，而麦秆肉则会被硫磺熏蒸或在露天中漂白。最后，将麦秆条浸入染料水中煮沸，取出后再用清水漂净，晾干即可。当然了，为了完成麦秆剪贴作品，还需要专门的黏合剂及底板这样的辅助材料。其常用的工具有笔、刀、尺、镊子、针等。由于麦秆本身的纹理和光泽，画面生动无比、光泽透亮，具有独特的艺术魅力。既凸显出其自然古朴，典雅大方的特色，又兼具富丽堂皇、灵秀端庄的气韵，同时还取得了独特的金碧辉煌的艺术效果。

自古以来，麦子、麦秆都被人们视为吉祥之物，它象征丰收和财富，如新年第一上桌的就是麦粉做的馒头，象征着新年大发。北方人大年三十吃饺子就是期望着吉祥如意，儿孙满堂。传说东汉刘秀被王莽追杀，万般无奈，刘秀躲藏于麦田之中，麦草随即化为树林保护了刘秀，因此当地人视麦草为祈福迎祥之草，遂制作麦秆画，供奉朝廷。麦秆贴画也因此附上了吉祥高贵的意味，还能为一些国家级的重要场合增光添彩。

（二）产业特征与发展成效

中华人民共和国成立后，浦江麦秆剪贴画得到飞速发展，1956年，浦江麦秆剪贴开始规模生产并出口国外。1972年，浦江工艺厂以革新之姿，不再拘泥于传统的平贴剪法。相反，他们采用了平面、立体和半立体结合的新型制作方法，不仅将画面贴在纸与丝绸上，也能成功剪贴在竹编工艺品上，不仅可观赏，也具实用性。艺术题材从一个个花朵发展到涵盖鸟、兽、虫、鱼、人物、风景等多种题材，让麦秆剪贴艺术融合了绘画、雕塑与剪贴，加之诗、书、印的点缀，更臻神奇之境。在1978年的全国工艺美术展览上，浦江麦秆剪贴画首度亮相。这场画展受到了《人民画报》的专题报道，描述了浦江麦秆剪贴画的风格特点。随后，浦江创作的贺年片、书签、信插、日历牌、台屏、大小挂壁、立地屏风等23件麦秆剪贴画在全国工艺展览会上一展风采，备受瞩目。从此，浦江麦秆剪贴画的名声远播，被外国人赞誉为“迷人的艺术”。颇值一提的是，2010年，大型浦江麦秆剪贴板《清明上河图》在上海世博会展出，被国内传媒评论该作品代表了国内麦秆剪贴艺术的最高水平。

20世纪八九十年代，浦江麦秆剪贴工艺迎来了蓬勃的发展期。全县共设有20余家麦秆剪贴工艺厂，从业人员超过千人，产品出口欧美、东南亚等地区，更风靡港澳地区。1982年，浦江工艺美术公司创立了云花牌麦秆剪贴画，此举大大促进了浦江麦秆剪贴的创新。此外，浦江麦秆剪贴的色彩也得到了进一步发展，从原本的本色，到彩色，再到水墨色，拓展了形式的更多可能。麦秆剪贴的形制也不再局限于花朵和植物，而是将新颖的设计应用于书签、挂件、镜框、屏风、大型挂屏等上百种系列产品，形成了新的多样化和系列化的产品格局。

浦江云花工艺美术有限公司还拓宽和丰富了麦秆剪贴工艺的题材和内容，在工艺上推陈出新，对浦江麦秆扇工艺也进行了系统的整理、挖掘与开发，将浦江麦秆剪贴与起源于宋朝的全国六大名扇之一的浦江麦秆扇结合起来，形成了一整套独特的工艺流程，并创制了浦江麦秆剪贴工艺扇。2007 年，由浦江云花工艺美术有限公司创办了浦江第一家民营博物馆——浦江民间工艺博物馆，以浦江麦秆剪贴为主要展品。2012 年，主场馆移于仙华山风景区，成为浦江仙华山又一道亮丽的风景线，每年接待游客约 10 万人。同时还和旅行社合作，每个周末都接待前来参观麦秆剪贴展厅，学习麦秆剪贴制作的各地游客。

为使浦江麦秆剪贴生产性保护活动中坚持非物质文化遗产本真性、完整性和核心技艺的保护与传承，浦江云花工艺美术有限公司在保持原汁原味的传统工艺的基础上，严格把守传统的每一道工序流程，并不断进取，不断改革创新，增加传统工艺的生命力。一方面坚守浦江麦秆剪贴生产流水线不放；另一方面稳定传承基地的浦江麦秆剪贴技术骨干力量，积极搭建平台与开拓市场，保证技艺水平，保证技艺完整性，使核心技艺得到有效长久保护与传承。

浦江云花工艺美术有限公司是浦江麦秆剪贴的省级传承基地和生产性保护基地，浦江县前吴福和希望小学、浦江县职业技术学校是金华市级两家传承教学基地，每年开展麦秆剪贴培训、销售、展示、交流活动，继续拓人才拓精品，通过展览、培训、展示等活动，培养大批麦秆剪贴制作人才，同时创作出优秀的麦秆剪贴作品，通过促进文旅融合，做好浦江民间工艺博物馆的对外开放工作，吸引更多游客前来参观学习。

六、永康古山钉秤："五千精神"的代表

（一）乡愁故事与乡愁文化

中国是世界上最早使用法制计量的文明古国，无论在计量精度，还是在计量单位和计量管理体制上，都有着悠久的历史。传统木杆秤已有两千多年历史，一直使用至今。300 年前，木杆秤制作工艺传到永康古山金江龙村，从此驻留下来"开枝散叶"。30 多年前，金江龙秤匠凭着钉秤的手艺走遍祖国的大江南北，鼎盛时曾有全村青壮劳动力都外出钉秤的现象。然而，在电子衡量器具日益普及的今天，手工秤逐渐转向传承传统文化，致力于文创产品——礼品秤的发展。

两千多年前的古代中国即开始用杆秤作为称重量的工具。关于杆秤的发表，曾经流传着一个故事。话说被后人尊称为"商圣"的传奇人物范蠡（公元前 536—公元前 448）在帮助越王勾践灭了吴国、复建越国之后，毅然决然地激流勇退，隐姓埋名，在返乡的路上，他发现人们做买卖，都只用眼睛估测分量，很难做到公平交易。一天，范蠡在路边无意间看到一位农夫正在从井里打水，手中木桩的两头，一头吊着一个木桶，另一侧系着石块。木桩两侧上下摆动，取水既省力又方便。范蠡受到启发，造出了中国第一杆"秤"。从此，市场上便有了计量货物重量的工具。提起秤的支点，后面是秤盘，前面是秤砣，秤杆上有星。秤的出现，让货物交易变得

公平合理。但范蠡又发现，一些投机商人会在秤上偷偷动手脚，让顾客买到的货物缺斤少两。于是，范蠡又是一番苦思冥想，终于想出了改进的思路。这便是改白木刻黑星，为红木嵌金星，古代一斤为十六两，秤杆上共有十六颗准星，分别是在象征“天”的南斗六星和象征“地”的北斗七星和象征“福禄寿”的三星。范蠡以此告诫商人：“经商者若欺人一两，则失去福气；欺人二两，则后人永不得“俸禄”，做不了官；欺人三两，则折损“阳寿”，短命！”范蠡制秤，不仅为后世商业制定了规则，更树立了“君子爱财，取之有道”的儒商精神。

杆秤不仅是简单的计量工具，更是一种艺术，一种风情。永康古山镇是钉秤的重要发起地，永康古山金江龙村钉秤师傅应德印是浙江省非物质文化遗产传承人，曾为国家计量局制作“国礼”金丝秤。他从 14 岁开始，为了生计，跟随父亲一起挑着工具箱走南闯北。谁家要钉秤，他就会在谁家院落摆开摊子，为其制作各种规格的木杆秤。在应德印师傅的家里至今还保存着这副工具箱，也见证了做手艺时的艰辛。做秤是个细致活，要沉得下心慢慢做，手工木杆秤的制作要用到几十种工具，制作工序也十分繁复，包括挑选材料、制坯、刨圆、套铜套、打眼、校秤等工序。尽管现在买杆秤的人不多，但应师傅仍然坚持手工制作，坚守一份匠人的诚心。

永康钉秤工艺始于宋代，兴盛于清朝和民国时期，发源于清代永康古山镇金江龙村一带，他们“越过千山万水”“想过千方百计”“说过千言万语”“经过千难万险”“吃过千辛万苦”，凭着钉秤手艺走遍祖国的大江南北。永康木杆称的制作工艺倾注着一代代手工艺人的聪明才智和辛劳汗水，积淀着浓厚的永康民俗风情。

传承秤文化是金江龙村对历史文化的尊重与敬畏。因为木杆秤曾是让村民发家致富的“宝物”。此外，木杆秤，作为传统度量衡器，制作工艺并不简单，每一个环节都不能有任何疏漏。在木杆秤的制作过程中，工匠精神早已融入其中，“精益求精、臻于完美”的精神成为了金江龙村的文化内涵。

为纪念和发扬老一辈秤匠的精神，金江龙村在上级领导的支持和关怀下，投资兴建秤文化博物馆，2017 年，金江龙村将农村文化礼堂打造成衡器博物馆，“秤文化”成为文化礼堂“一村一品”的重要体现，也是留住乡愁、守住乡土、传承乡风、凝聚乡心的平台和纽带，展示村民的美好期盼，也承载着欢乐的乡愁。在金江龙村，文化建设一直都是特别看重的一项工作。早在 10 多年前，该村推出了永康第一首村歌，这首歌越唱越响，还拿到了省级荣誉。该村借力“五个百”文化惠民工程，排练了 10 多个文艺作品。在这些文艺作品中，还巧妙地融入了“秤文化”元素，在舞蹈“称心如意”中，扮演新郎的演员就是用一杆木秤揭开了新娘头上的红盖头。

（二）产业特征和发展成效

杆秤是运用“四两投千斤”之杠杆原理的典范，亦是我国科技史上的重大发明、堪称华夏“国粹”，且被誉为“中国优秀传统文化的活化石”。它是古老文明的标志之一，其文化可谓博大精深，是中华民族的骄作。产业兴旺是乡村振兴之基，近30年来，木杆秤产业从兴盛走向衰弱，但金江龙村的发展却从不停步。通过举办各类文化活动，将乡风文明、社会主义核心价值观融入当中。不断挖掘传承“秤文化”，升华其中蕴含的工匠精神，这为金江龙村进一步提升向心力和凝聚力起到了极大的作用。同时努力抓住五金产业发展的机会，丰富产业业态，第一、第二、第三产业融合发展，村集体经济年收入达100万元，被评为浙江省“全面小康建设示范村庄”。

随着以“秤文化”为特色的农村文化礼堂声名鹊起，该村也对“秤文化”有了重新的认知。该村将乡村振兴道路确定为“文化+旅游+制造业”的产业格局，计划以“秤文化”为基底，建设衡器博物馆、衡器文化广场、衡器主题公园、衡器综合市场等景点，依托靠近方岩风景区的区位优势，自主造血，短期目标是把村集体收入提升到300万元。

金江龙村的老手艺人打造出了一把价值40万元的珍贵木杆秤，木杆秤的出路是从生活用品向纪念品、收藏品转变。这意味着，金江龙村“文化+旅游+制造业”的产业格局有了现实基础和发展方向，这也是他们的发展方向，努力让产业更强、农民更富、农村更美。

随着时代的发展，永康衡器之乡也只有极少数工匠还在坚守。朱子岩就是其中一位。朱子岩钉秤工匠创作室的朱子岩是金华八婺、首届十大“永康匠人”。他出身于钉秤世家，传到他已是第四代。他自14岁学钉秤起，至今已是一位具有54年钉秤工龄的老匠人了。朱子岩发扬了吃苦耐劳、敢为人先、勇于创新的永康工匠创业精神，创办了乡镇企业金川衡器厂，积极投身于杆秤改革，为企业开拓杆秤业务、发展经济而努力拼搏，2015 年朱子岩精心制作出了荣获“大世界吉尼斯”称号“中华第一秤”。

七、永康芝英五金工艺：催生五金之都的引擎

（一）乡愁故事与乡愁文化

芝英历史源远流长，有千年芝英之称。自公元 325 年东晋平南将军、江州刺史应詹始祖留居芝英至今已有近 1700 年。应詹为应氏南宗鼻祖，子孙繁衍六十余代，布衍范围遍及全国多数省份。芝英镇不仅历史悠久，文化遗存丰富，而且经济发达，文化繁荣，于 2014 年 3 月被列入国家级历史文化名镇。

古芝英早有冶炼金属的基础，是中国五金之都——永康的最早五金发祥地。芝英的应氏始祖应詹，是在持节履行平南将军和江州刺史职责巡察各地的途中，于 325 年来到古芝英。应詹、应玄父子通过详细巡察，发现古芝英一带是一块不可多得的屯田实边就地解决给养的发祥重地。这儿有得天独厚的地理位置，东西可控台、括、婺，南可扼温、闽；这儿有丰富的矿藏资源，且有一定的冶炼基础（对于东晋之前永康县金属炼制，县志早有记载），可为军屯提供必要的金属支撑，由此衍生了之后的五金产业。

芝英手工业以打铁、打铜、打锡、打银、钉秤、铸锅等为主。外地聘请铸锅师傅大都从芝英聘请，历代如此，至今还如此。由于工艺精湛，打锡、打铜、钉秤等都已享誉全国。

永康芝英五金工匠除少量开有店铺作坊外，绝大多数以走村串乡，上门加工为经营方式。每年春节过后，他们即肩挑行担，带着工具及铺盖等日常生活必需品，出远门，奔他乡，跋山涉水，寻找活计。他们的足迹遍及大江南北，长城内外。因此，永康有俗语称："府府县县不离康，离康不是好地方。"意思是说，只要有人居住的地方，就会有永康的手艺人。

（二）产业特色及发展成效

芝英镇位于永康市中部，永康城区东面，距城区 12 公里，东永一线穿境而过。芝英是国家级历史文化名镇、省级中心镇、金华市工业重镇，镇区常住人口两万多。芝英镇也是永康经济的副中心，有工业企业 1600 多家，镇级工业区 2 个，工业区内有企业 210 家，占全镇工业总产值的 60% 以上。已形成有色金属加工、五金制品、电动工具、衡器、防盗门、休闲车、电器为主导产业经济集群。拥有工业生产资料市场、不锈钢市场、废旧金属市场，呈现新五金工业兴旺发达态势。

作为中国五金工匠之乡的永康，百工献技，成就辉煌，20 世纪 80 年代，曾涌现四万多工匠，投入改革开放事业。其中单是从事锡雕行业的，就有一万多人。出现了以芝英镇的岘口、练结、芝英六村等锡雕专业村，产品达 200 余种，有人统计，永康的老板群体中，十人中有六人从事过打锡。据不完全统计，目前在芝英本地的传统五金工匠有 50 多人。相关作坊、厂家、贸易公司数十家，总计年产值数千万元。

芝英五金手工艺这一乡愁产业的传承，得益于一大批本土工匠的数十载的不懈坚守。这其中的代表性人物有：应业根、应远志、吕会社、应鸣放、章安康、胡周全等工匠。代表性人物之一的应业根，是芝英三村的村民，致力于锡雕艺术七十余载，为人所仰慕，多次参加国家级、省级非物质文化遗产现场技艺活态展示，是一位享誉盛名的锡雕大师。2005 年，他荣获金华市颁发的“优秀民族民间艺术家”称号；2007 年，又被评为第一批浙江省非物质文化遗产代表性传承人；2009 年，更是荣任国家级非物质文化遗产代表性传承人。而他制作的锡茶壶等作品都被国家非物质文化遗产保护中心珍藏。同样来自芝英一村的神手应远志，精进锡雕技艺，2016 年创造出令人赞叹的 2.2 米高、净重达 130 公斤的特大型锡雕——《龟鹤延龄》蜡烛台，在这件作品中，仙鹤展现逼真姿态，颈挺凌云，似乎要冲破尘俗，腾飞而去，无愧为华夏文化艺术的瑰宝。

八、青田石雕：开创“多层次镂雕”技艺之先河

（一）乡愁故事与乡愁文化

青田石产于浙江青田县，这里历来被人们称为“中国石雕之乡”。青田石是中国特有的印章石，为中国四大印章石之一。青田石雕自成流派，奔放大气，细腻精巧，形神兼备。青田石雕是民间艺术宝库中一颗璀璨的明珠，历史悠久，可谓自成流派、奔放大气、细腻精巧、形神兼备。青田石雕以其秀美的造型和精湛的工艺，广为人们所喜爱，享有“在石头上绣花”的美誉。

青田石雕既是青田人时至今日的记忆与乡愁，也是全中国的青田石雕爱好者的最大乡愁。关于青田石雕有一段动人的乡愁故事。传说女娲补天以后，遗下一块石头。这块石头最先入炉，最后出炉，所以它的色彩更加艳丽，充满灵性。补天遗石，下凡人间遗落青田，变成五彩斑斓的青田石。曾几何时，一个勤劳的青田山口村农民靠卖柴谋生。一天，他在山上劈柴时不小心砍到石头，“啪”的一声，石头应声而落。农民捡了起来，惊异地发现这块石头晶莹剔透，色彩斑斓，美不胜收。他心想，何不把这块神奇的石头加工成一颗精美的石珠，挂在女儿的脖子上呢？村民们纷纷来看，好评如潮，于是也开始上山寻找这些奇妙的石头，创造出各种各样的装饰品。据史料记载，这便是青田石雕的起源。经过六朝、隋唐、宋元和现代的层层打磨，青田石雕创造出了独具匠心的因材施艺、因色取巧、相石、开坯、雕琢、封蜡、润色等工序，尤以镂雕技艺见长，圆雕、镂雕、高浅浮雕、线刻相互交织。不同鱼虫花鸟、山水人物在上面被精雕细刻，形象传神，栩栩如生，写实还能显得飘逸空灵，宏大气势之中不失精妙绝伦。工艺规范，自成一格，成为人类文化遗产中的一颗璀璨明珠。

清代和民国初期，江南名产青田石雕受到了广泛的青睐。在乾隆八旬万寿节上，大臣们特别命石工制造了一套“宝典福书”印章，以此作为寿礼，这套印章至今仍然珍藏于北京故宫博物院。此外，随着远洋商贸的开

展，青田石雕扩展到世界各地，风靡英、美、法等国，成为多次国际赛事的常客。在1899年的巴黎赛会、1905年的比利时赛会以及1915年的美国太平洋万国博览会上，青田石雕更是表现亮眼，屡次荣获金奖。宣统二年，青田石雕再度在南京举办的南洋劝业会上摘取银牌桂冠。光绪年间，《青田县志》中便记载了“赵子昂始取吾乡灯光石作印，至明代石印盛行”的历史。虽然历史中，赵子昂因为其高超的书画技艺而著名，使他利用积压青田石来刻印的伟大成就遗忘了很长时间。但是幸运的是，明代的文彭在南京西虹桥畔偶遇到一个挑运青田石的老汉，购买了四筐青田冻石，使他有机会施展自己的篆刻才华，成为享誉一时的篆刻宗师，从而引领了中国印章文化的革新思潮。可以说，青田石这种宛若温润如玉的美石，在明代早已为中国篆刻艺术的发展作出了不可磨灭的划时代贡献。到了清代，青田石雕作品逐渐从实用品转变成观赏品身份。

（二）产业特征与发展成效

青田县山口镇是我国著名的石雕之乡，是全国最大的石雕、石章制作、销售、交易市场之一，是国内雕刻石的重要集散地。山口镇是青田县中心组团城市的重要组成部分，距县城8公里。现下辖4个行政村，1个居委会，行政区域35平方公里，户籍人口11989人。近年来，山口镇先后获得了省级旅游强镇、省级文化强镇、省级卫生乡镇和国家级生态镇等荣誉称号。

青田石雕距今已有1700多年的历史，山口镇作为青田石雕的发源地，同时也是“四大国石”之一青田石的原产地，现已成为全国各类雕刻石的集散中心。这里几乎家家办石雕厂，户户有石雕陈列室，石雕商店、石雕作坊比比皆是。中国石雕城、名师路精品街、金石花苑石雕市场、板石原石交易中心等石雕市场相继建成。青田石雕人才队伍力量雄厚，现有石雕从业人员3500多人，其中国家级工艺美术大师8人，省级工艺美术大师50人，市级工艺美术大师68人。

中国石雕城坐北朝南，由石雕市场和石雕精品馆两部分组成，占地面积18000多平方米，由8幢6层，砖混结构楼房和东西两侧起围合作用的厢房组成，建筑面积约20余万平方米。看似简单的石雕，却获得了许多荣誉。1915年，青田石雕在世界“巴拿马太平洋博览会”（美国）上获最高荣誉奖——银牌奖章。1996年4月，因石雕技艺，国务院文化部（现文化和旅游部）授予青田县“中国民间艺术之乡”称号，同年6月，国务院农业部（现农业农村部）授予青田县“中国石雕之乡”称号。

依托青田县山口镇打造的“青田石雕小镇”，2015年6月份被列为浙江省第一批特色小镇创建名单，属历史经典产业范畴的特色小镇。石雕小镇总体规划面积3.3平方公里，5年完成30多亿元投资。主要打造秋芦石雕综合体市场、大安南园石雕文化产业园、雅陈太阳岛养生养老宜居综合体、云山石雕创意园区、石雕小镇侨家乐、千丝岩石文化公园三期等项目。依托特色小镇的发展机遇，青田县山口镇深入实施“创石雕文化名城、建休闲养生福地、打造青田石雕小镇”发展战略，努力将小镇建设成集“感受风情、体验文化、休闲养生、旅游观光”为一体的，具有浓郁石雕文化风情的特色小镇。

九、东阳木雕：传统工艺美术界的“国之瑰宝”

（一）乡愁故事与乡愁文化

东阳木雕是浙江省东阳市的中国传统工艺美术典范，国家级非物质文化遗产之一。东阳木雕起源于商周，溯源自唐，发展于宋，鼎盛于明清。誉为中国木雕之乡的浙江东阳，有千余年的木雕历史，北京故宫及苏、杭、皖等地，都有精美的东阳木雕留世。

关于东阳木雕的乡愁故事，曾有一个极富传奇而又充分彰显民间智慧的传说。据《康熙新志》记载，唐太和年间，东阳冯高楼村的冯宿、冯定两兄弟分别担任吏部尚书和工部尚书，功名显赫、权势滔天。他们的寓所规模宏大，雕饰精美，高楼画栏照射着夜幕中的东阳城，而步廊的长度也近乎半里之遥。传说中，唐朝著名木匠华师傅在营造冯宿冯定兄弟的厅堂时，发现预备接上梁木的 180 根楠木大梁全短了一尺二寸，令他惊恐万分。不久，一位老翁前来索取食物，华师傅款待了他。老翁将两条鱼尾分别移动到两个碗里，使它们相对，然后用一只筷子将它们拼合在一起，如此神奇的技巧让华师傅受益匪浅。于是，他立刻命匠工制作了 360 个鱼头，将它们固定在柱头上，接住了那些梁木。这样做既新颖又美观，而且在柱子上的鱼头还能与“余头”谐音，被视为吉利的象征。后来，人们在鱼头上加上了牛腿，这便成为了东阳木雕的最初创作。

东阳木雕艺术注重平面浮雕，以其特有的多层次浮雕、散点透视构图和保留平面的装饰而蜚声天下。其所追求的色泽清澈，天然纹理，格调高雅，令人惊叹，堪称“白木雕”之佳作（其不同于彩绘）。作为中华民族最杰出的民间工艺之一，东阳木雕已经有着超过千年的历史，自唐代至今仍然被视为“国之瑰宝”，几乎毋庸置疑。2006 年 5 月 20 日，东阳木雕经国务院批准列入第一批国家级非物质文化遗产名录。

（二）产业特征与发展成效

中国木雕之都——浙江东阳的东阳中国木雕城，由东阳市财政全额投资兴建。经过 2009 年 11 月的转型升级，东阳中国木雕城市场交易繁荣、发展势头强劲，一举成为了国内最大的木制工艺品和木雕（红木）家具批发市场。这座巨大的市场不仅深受消费者的青睐，而且备受行业权威机构的赞誉。中国工艺美术学会木雕艺术专业委员会、浙江省木雕红木家具产品质量检验中心等长期驻扎于此，为市场的繁荣发展助力不少。东阳中国木雕城除了是一个商场，更是一个文化体验基地，可以让游客领略浓郁的东阳木雕文化。

东阳中国木雕城召集了数千家知名厂家，其中包括全国“四大名雕”，并持有各种优势产品，如木雕、根雕、木雕（红木）家具、仿古门窗、竹编竹雕、木竹工艺旅游纪念品及木竹工艺礼品等数万种。其销售网络遍及全国，并扩及日本、韩国、东南亚等地的二级批发市场。在 2010 年，东阳中国木雕城致力于转型升级，力求规范化管理和品牌推广，并获得市场的稳定增长，全年销售额飙升至 67 亿元，同比增长 117%。获得浙江省市场协会的副会长单位荣誉称号，同时获得国家发展和改革委员会对工艺品（木雕、竹编）创意集聚区支持项目的认可，并被全国旅游景区质量等级评定委员会授予国家 AAAA 级旅游景区评定。

东阳中国木雕城正以“提升发展”为主线不断提升，全面加速建设全国大师技艺交流中心、工艺品收藏拍卖中心、木制工艺品及木雕（红木）家具产品质量检验鉴定中心、木制工艺品价格指数服务中心等四大中心。不止如此，他们还计划启动占地 700 亩的中国木雕城二期建设项目，内部将包含中国木雕博物馆、创意研发中心、市场交易中心、会展中心、电子商务交易平台、木雕休闲广场等项目，打造成为中国乃至世界一流的文化市场，集旅游、购物、休闲于一体，富有思想、蕴含内涵、彰显文化的综合体。这样的市场将成为中国与世界木制工艺品的集散地、出口基地、研发中心、展示中心和交易中心，成为中国木雕的总部。

十、仙居针刺无骨花灯：被誉为“中华第一灯”

（一）乡愁故事与乡愁文化

仙居针刺无骨花灯，是一种完全不用骨架而只依靠纸张接合、以针刺勾勒花纹的传统手工艺术。这种工艺源自唐代，又称“唐灯”，经过 13 道精细工序的默默积累，终于在 1996 年获得“中国民间艺术作品金奖”“澳门第四届国际艺术博览会金奖”，并继续获得多次嘉奖，赢得了“中华第一灯”的美名。2000 年，文化部（现文化和旅游部）指认仙居为“中国民间艺术之乡（针刺无骨花灯）”，更是给予了此艺术形态的高度肯定。同时，仙居针刺无骨花灯图案也得到了极高的尊崇，受到“中国彩灯”系列邮票的收录，并被浙江省博物馆珍藏。2006 年，该艺术品更是入选了国务院所划定的首批中国非物质文化遗产保护名录。这件工艺艺术之所以获得如此殊荣，不仅是因为其技艺精湛、细腻无瑕，更因为其传承和创新源远流长，展现了中国民间艺术不屈不挠的创造力和无限的魅力。

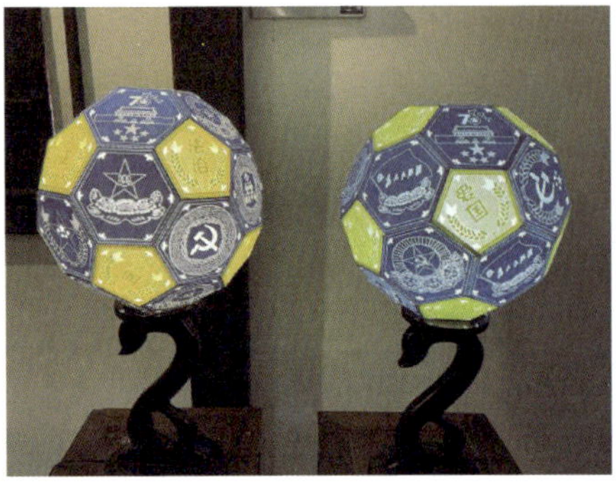

针刺无骨花灯是仙居皤滩乡愁产品的最重要代表，也是中国花灯乡愁文化的最重要代表，是一代代仙居皤滩人的共同记忆。据考证，仙居元宵闹花灯历史悠久，其独特的乡风民俗展示平台吸引着人们的眼球。从庙会到民间庆典，从农村大户到科举考试，都需要花灯来装点场面。在仙居，大户人家长子出生后会在宗族祠堂挂花灯以示庆贺并供人欣赏，而每逢科举考试，他们都会挂上名为“状元灯”的灯笼来祈愿状元及第。针刺无骨花灯发源于明清时期的浙江仙居皤滩，这里是当时浙东南的重要商埠。据说无骨花灯的源头可以追溯到唐代，民间俗称为“唐灯”。进入明清时期，技艺得到让步，花色品种更是多达80多种；而在民国初期，技艺达到了鼎盛，从而为焕发更加炫目的光芒铺平了道路。仙居针刺无骨花灯的技艺同其他地方花灯不同，其制作中除了需要由刀凿和针刺形成的孔洞之外，再无需骨架，而是由大小不等的纸质灯片通过拼贴而成；由此，其造型方法随之独树一帜，造型千变万化，图案丰富而多彩，形成了繁多的花色品种。

在台州民间，一直流传着“临海的城，仙居的灯，黄岩乱弹呀呀声”这样的说法，仙居的针刺无骨花灯历史悠久，名声显赫。其源头可以追溯到唐朝，经过唐宋时代的孕育和初创期，以及元明清时期的丰富和成熟，这种传统文化经历了起起伏伏，历经沧桑，但依然保持着其独特的魅力。据老艺人口述，这种精致的花灯源于唐朝，皤滩镇得天独厚的地理位置和丰富多样的物产奠定了其商贸声望，而方便的纸张供应则为花灯制作提供了极其便利的条件。传说这种花灯是由一对秀才夫妇所创造的，由于造型独特、制作精美，很快便在民间广泛传播，从而成为了雅俗共赏的文化艺术品。到了明朝，皤滩已经是个重要的商埠，花灯也因此得到了更加广泛的发扬。清代时期，花灯的样式和品种进一步多样化，故事也被广为流传。民间视花灯为具有祛邪防灾和消除不祥的吉祥物。然而，在“大跃进”和“文革”时期，受各种因素的影响，花灯被破四旧。直到 1985 年，针刺无骨花灯重新熠熠生辉，抛头露面。

（二）产业特征与发展成效

仙居针刺无骨花灯作为一项重要的乡愁产业，它的重要价值在于它的艺术价值、民俗价值、学术价值、美学价值等多方价值：艺术价值。它造型别致，空间感强，立面变化丰富，结构细腻生动，是传统女红技艺的杰作；民俗价值。它既是民间馈赠的礼物，又是民居上的装饰物，更与民间节庆活动水乳交融，是民俗文化的重要载体；学术价值。经抢救的 27 个品种，是同类花灯的硕果仅存者，史料价值和学术研究价值很高；美学价值。它融绘画、刺绣、建筑等艺术于一炉，单灯风姿绰约，组灯气势恢弘，具有很高的审美观赏价值。

针对仙居花灯行业发展现状，1985 年，台州市诞生了“皤滩花灯协会”，紧接着，仙居县迎来了“仙居针刺无骨花灯研究所”和“仙居花灯制作研究协会”的诞生。时至今日，这些协会已成功开发出多个传统花灯品种以及分支，更编写了一系列有关针刺无骨花灯制作工艺方面的教材。2006 年，仙居县还隆重举办了“特种邮票《民间灯彩》首发式暨仙居花灯展演”活动。随后，该县君子之行，率先启动了非物质文化遗产普查工作，并及时将代表性项目，建立了电子文库，以便后代研究遗产之美。此外，仙居县针刺无骨花灯口述档案更是被浙江省档案馆推崇收藏。进入 2008 年，仙居县更于全县组织开展针刺无骨花灯技艺大比武活动，向外传达了其在这一领域的强大源动力。

从文化传承看，自 2006 年针刺无骨花灯列入我国第一批非物质文化遗产保护名录以来，该文化遗产得到了积极的传承和发展。在此过程中，相继确定了国家级、省级和市级传承人，他们的敬业精神和技艺传承有力地推动了这种民间传统文化的复兴。2007 年，推动非物质文化遗产走进教育

课堂的活动开展，在多个专业课堂上，针刺无骨花灯成为了非物质文化遗产传统文化的重要组成部分。另外，中心小学也成立了针刺无骨花灯小社团，并取得了不俗的成绩，学生作品多次获得了大奖。这一系列举措和成就，都是传统文化的生动体现，也是非物质文化遗产保护工作的典范。

若从乡愁开发的角度来看，自 2005 年起，仙居率先向乡愁文化进军，拍摄了《东方神灯：仙居针刺无骨花灯》专题文化片，更是在 2010 年上海世博会入选浙江周中，成为仙居宣传、招商引资及吸引游客的强有力名片。除了凭借花灯超人气非物质文化遗产品牌效应进行推广外，仙居县还积极引导针刺无骨花灯与仙居旅游业相结合，以增添景区人文色彩，提升景区品位和效益。仙居县计划建立花灯产业基地，以商业开发的方式推广针刺无骨花灯产品。目前，不乏仙居县神仙居花灯厂以及浙江省仙居县针刺无骨花灯发展传播公司等知名企业，尝试通过高科技手段，达到花灯规模化制作的目标。皤滩针刺无骨花灯“珠蓝灯”，曾作为向皇帝进献的贡品，其制作耗时费工，一盏灯的工资价格甚至达到了一担米，成为了皤滩商业繁华兴盛的历史见证。但是，单纯的传统文化遭遇岁月的侵蚀和传承人的日渐减少，使花灯的种类越来越少，再生产也成为一大难题。而即便有人制作出来，花灯也不对外销售，只用于公共事业。没有经济利益的存在，这种文化的继承和发展也就变得无望。一种“档案式”或“博物馆式”静态抢救性保护模式，为其复兴之路储备可持续发展、走向商品化、市场化的高效模式。我们相信，除了进行经典性文化产业保护，皤滩针刺无骨花灯“珠蓝灯”还可以成为乡愁产业的代表，开拓其经济价值和市场功能，以实现真正的复兴之路。

十一、上虞越窑青瓷：中国的“母亲瓷”

（一）乡愁故事与乡愁文化

中国是世界上最早使用陶瓷的国家，随着大量的精制陶瓷产品走出国门，中国古代陶瓷对全球产生了重大影响，从而赢得了“瓷器之国”称谓。历史上也有着“一部陶瓷史，半部在浙江”的共同认知。浙江是瓷器的故乡，瓷器的起源地，古代青瓷的重要生产地，越窑青瓷、龙泉青瓷、南宋官窑青瓷等在世界陶瓷文化史上具无可替代的极为重要的地位。越窑是浙江东北部宁绍一带北宋以前瓷器的统称，是中国古代最为著名的青瓷窑系，绍兴上虞是其重要发祥地。经考古文物调查挖掘统计，遍布绍兴上虞境内的越窑青瓷古窑址多达400余处。

一块青瓷，蕴含着一段历史长河；一件青瓷，述说着一个动人故事。唐代文人陆龟蒙曾在《秘色越器》中赞道：“秋风拂翠竹，露滴青芙蓉；瓶腹深似海，开口细如莲。九秋风露越窑开，夺得千峰翠色来。”据史料记载，最早的中国瓷器是在越窑的龙窑中烧制成功的，这也让越窑青瓷被尊称为“母亲瓷”，它一直持续烧制了1000多年，直到北宋末年、南宋初年才停止烧制，这是中国历史上持续时间最长、影响范围最广的窑系，也是中国瓷器工艺发展史上的重要里程碑。

越窑青瓷除了悠久的制作历史，更因其独具的品质和文化而备受人们青睐，它代表着中国青瓷制造技术的最高成就，它不但是供奉朝廷的贡品，而且也是唐代重要的贸易陶瓷。越窑青瓷的海外传播是中西文化交流史的重要一页，越窑青瓷不但作为大宗商品被运往朝鲜半岛和日本，还曾是我国海上丝绸之路的工艺珍品，也是连接南亚、西亚乃至欧亚大陆的文化极品。它不仅是具有实用价值的器物，更是中国灿烂文明的载体，西方人是通过陶瓷开始认识中国、向往中国，进而与中国展开交流的。越窑青瓷因其极高的实用性和艺术性而备受世人的推崇。据介绍，上虞越窑青瓷的制作工艺流程复杂而考究：开采、粉碎、筛选、淘洗、沉淀、陈腐、练泥、成型、晾坯、修坯、装饰、施釉、烧制等数十道工序和环节。可以说，越窑青瓷与唐代精美工艺品和文苑艺术交相辉映，催生了中国工艺美术领域一个全新的世界。

（二）产业特征与发展成效

越窑青瓷是上虞的一张文化金名片，保护好、传承好、发展好和利用好这一文化金名片具有极为重要的战略意义和现实价值。从目前来看，境内的古窑址有着近 400 处，其中的小仙坛窑址群、凤凰山窑址群则是国家重点文物保护单位，窑寺前窑址、鞍山龙窑遗址是省级文物保护单位，其他的 11 处窑址属于区级文物保护单位。与此同时，上虞还建有上虞青・现代国际陶艺中心，大批的青瓷大师、工艺美术名师群贤毕至、慕名前来中心创作和品鉴越窑青瓷，这对越窑青瓷技艺的发掘、传承、提升和产业的发展都产生了良好的促进作用。

在新时代，如何进一步做大做强青瓷产业，让上虞越窑青瓷再现昔日辉煌，这其中的继承传统与开拓创新是撬动上虞越窑青瓷产业发展的关键举措。做好战略规划，强化品牌培育，加快人才培育，将传统元素与现代元素相融合，推进越窑青瓷与相关产业的融合发展，坚持走艺术陶瓷和日用陶瓷“两条腿”新路径，努力打造和构建上虞越窑青瓷文化小镇等是推进越窑青瓷创新发展的重要路径选择和战略举措。

从当前的实际来看，上虞区高度重视越窑青瓷这一历史经典文化产业的发展与创新，并力争使之成为上虞区的乡愁，越窑青瓷由于其价值不菲，如何在保障其价值的同时，进一步拉近上虞越窑青瓷与市民的距离显得极为重要。一方面，上虞越窑青瓷的体验活动在全面开展，使越窑青瓷文化进入青少年的视野；另一方面，不同档次的上虞越窑青瓷开始呈现在市民面前；同时，推进越窑青瓷与茶文化的完美结合，让这一文化的瑰宝极好地融合生活品质和文化内涵。

经过不断的努力，“越窑青瓷烧制技艺”先后被列入浙江省非物质文化遗产名录和国家级非物质文化遗产名录。2014 年，越窑青瓷在美国西雅图画展上惊艳亮相。随着开发力度的不断加大，上虞越窑青瓷的种类日益增多，乐器、祭器、明器、饮食器、贮存器、卫生器、寝具、照明具、陈设品、玩具等不断呈现。上虞越窑青瓷的制作工艺、艺术价值和文化价值正在不断转化、活化和物化。

十二、瑞安蓝夹缬：中国印染工艺“活化石”

（一）乡愁故事与乡愁文化

蓝夹缬，是中国雕版印染、印刷技术的发源地，也是最古老的一种印染艺术。自秦汉时期始，至唐宋盛世，夹缬丝毫未衰。隋炀帝曾命工匠印染五彩夹缬花罗裙，以赏赐宫女与百官妻女。唐代诗人留下“成都新夹缬，梁汉碎胭脂”“醉缬抛红网，单罗挂绿蒙”的诗句，足见夹缬盛行之极。宋朝时期，朝廷仅允许宫廷使用复色夹缬，对民间流通予以禁止，夹缬只能走向单色。元明时期，印染工艺更为简化的油纸镂花印染开始在中原广泛传播，而夹缬终究被消逝于典籍之中，成为历史的一页。但它没有被彻底消亡，瑞安市西部山区这片顽强之地上，夹缬仍然坚韧生存。

瑞安蓝夹缬的历史可追溯至150年前。这项技艺曾广泛传播于温州地区，但如今在瑞安市得到了更好的保护和传承。而“种蓝得靛，衣被乃染；雕花夹布浸，蓝白相与间”的古话，则是在描述中国传统印染技艺中的“四缬”之一——夹缬的过程。昔日蓝夹缬风靡浙南，成为婚嫁必备之物。在那些年代中，无不绸缪美梦，庆祝婚姻，将送嫁妆的蓝夹缬被子视为特别珍贵的礼物。被子图案蕴藏许多吉祥寓意。蓝夹缬使用蓝靛（由中药板蓝根植物制成）作染液，纹样以晚清至民国时期的昆剧、乱弹、京剧等戏剧情节为主，辅以花鸟虫兽等大吉祥纹样，具有极高的造型艺术价值。蓝夹缬以布匹的形式呈现，制作婚床被面、婚嫁必备用品和日常日用布制品等多种物品。

始于秦汉时期，流行于唐代的彩缬是瑞安蓝夹缬的源头。早在明代，民间就有不少彩色的夹缬，微微泛白的布匹上，印上了鹅黄、橘红、竹青……淡淡的色彩。瑞安蓝夹缬技艺省级传承人、温州市采成蓝夹缬博物馆馆长王河生，一直专注于蓝夹缬这一乡愁产业的传承与弘扬。亲自种植了靛青、红花、石榴、郁金、姜黄、地黄、凤仙花、栀子、槐花、君迁子……几十亩的染料植物。从农村收购而来的老土布，从中国丝绸博物馆调拨的丝绸面料，用夹缬、或印花、或扎染工艺，在泛着万紫千红的泡沫的染缸中，经过一系列复杂烦琐的手工工艺，便制成了一匹匹蓝花及彩色的布艺。

（二）产业特征与发展成效

蓝夹缬是中国传统印染技艺中的珍贵“浓缩版”，具有极高的传承价值。瑞安蓝夹缬生产技艺，从制靛到制作雕版再到印染，整个程序烦琐而工艺精湛，充满着中华民族的民间智慧结晶，彰显着中国传统民间文化的杰出代表。几百年的手工艺传承让雕版印染技术成为了具有观赏价值的活化石。瑞安蓝夹缬不仅具有浙南地区民俗风情研究的重要意义，还展现了这片土地独特而美丽的风土人情。它是浙南民间手工技艺中的瑰宝，闪耀着源远流长的文化光芒。

从瑞安蓝夹缬传承现状来看，在现代化工业的冲击下，传统的蓝夹缬技艺一度消失，仅有的几位老艺人还原汁原味地保留了蓝夹缬的印染技艺，但前途不容乐观，由于古老的蓝夹缬很难被现代人所接受，蓝夹缬技艺面临再度失传。目前我国唯一掌握夹缬花版雕刻技艺的传承人苏氏之艺源于施氏。唐僖宗年间，以雕刻夹缬花版为业的施氏祖先从河南光州徙福建，明万历迁温州平阳县，清康熙迁今瑞安高楼乡。后施氏传艺给苏氏，现仅有后人苏仕琴偕夫黄其良继承祖业。目前仍在炼制靛青染料的王河生，据《家谱》载，其艺已传十代。其祖先也在唐僖宗时来自河南光州，后徙福建漳州，再启迁温州泰顺县，崇祯末年迁今瑞安马屿镇。

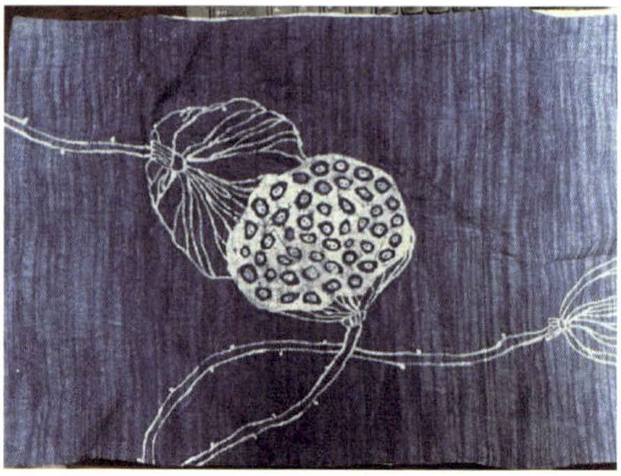

从蓝夹缬传承价值和影响来看，作为一种极古老的印染技艺，蓝夹缬能在温州地区保留至今，现在还遗留有各时期的传统戏曲花版图案，在文化、历史诸多方面显示了价值；经国内外诸多媒体竞相宣传报道，在中国港澳台地区，东南亚以及世界先进发达国家都产生了良好影响。靛青属植物染料，已被国际环保组织列入今后工业文明社会发展计划项目。近年，瑞安产品供应国内，远销国外，在国际上也颇有知名度。对其保护、应用是时代发展的必然趋势，所产生的影响既深远又具有国际性。

十三、温州瓯绣：民间传统艺术的“老字号”

（一）乡愁故事与乡愁文化

瓯绣是流行于浙江省温州一带的传统民间刺绣艺术，是浙江温州市的传统美术，是国家级非物质文化遗产。瓯绣起源于民间妇女的绣房习作，始于唐代锦衣，兴盛于明清。温州向来是文化事业蓬勃发展的地方，其发达的蚕桑和丝绸业也成为了这个城市的标志性特征。为了配合戏剧和佛寺的需求，当地的刺绣业也得以迅速发展。而在这个过程中，杰出的画家如汪香禅、蔡笑秋、苏昧朔、马孟容等人更是为瓯绣画样本提供了重要支持，让这项艺术得以快速发展。早在宋、元年间，温州的民间就已经开始在鞋、帽和衣服上刺绣，这一创新手法促使刺绣技艺逐渐得到传承与发扬。据史料记载，北宋景佑元年至庆历三年（1034—1043）当时建造的仙岩寺慧光塔内还出土过一件包裹经卷的经袱，其杏红单绮索罗的底料，黄白等色的线刺绣花纹两面一样，针脚整齐，技巧娴熟。这一高超的技艺无疑标志着当时温州妇女刺绣的巅峰之作，而建塔助缘施主之一的永嘉人也证明了温州刺绣艺术的深厚底蕴和传承。

在明末清初，温州的刺绣艺术已然脱离了“古绣”的简单平针和套针，而是开始运用多种针法，成就了更为精湛复杂的绣艺。清咸丰三年（1853），温州迎来了其第一家专业绣铺——麟凤楼，旗下聘请着男女绣工们不断地创作和精细绣制锦袍、戏装、旗袍等，甚至连庙宇里使用的幡帐、桌围、椅披、寿屏等也一样精心呈现。这是温州刺绣技艺由家庭副业向专业商品生产成长的关键历程。清宣统二年（1910），温州刺绣艺术家林森友创办了美艳刺绣工场，这是瓯绣画片诞生的时刻，一种颇受世人欣赏的高雅艺术品。民国五年（1916），温州商人在上海发现湘绣、苏绣出口甚盛，回到温州后成立了刺绣局，告别了狭隘的家庭生产方式，雇用着专业男工来研制出口产品。刺绣艺术也因此走向了欧洲和南洋市场，在城区府前街、五马街、打锣桥等处觅得了合适的刺绣社。在民国十年（1921）的时候，温州城区内已经涌现出20余家绣铺，从业人数高达650人，年产值约银元4万元，此时的瓯绣早已跻身国内三大绣艺之一，与湘绣、苏绣齐名。1926年，港台客商前来订购瓯绣，绣庄繁荣起来，林玉笙创立了一家绣庄，其绣稿的设计学徒和刺绣学徒均有涉足进来，质量和花色皆臻上乘。这一段辉煌历史让温州刺绣在其鼎盛时期内达到了空前的繁荣盛景。

新中国成立后，随着农民合作社的兴起，1952年成立温州刺绣合作社，通过艺人带徒、集体培训，技艺得到较好传承。20 世纪 60 年代，瓯绣厂在承接国家礼品及出国展品方面声名鹊起，受到 50 多个国家和地区的欢迎，这不仅为制作瓯绣艺术品培养了人才，也为瓯绣行业崛起注入了无限活力。其中，瑞安的陶山刺绣厂，将花园底村的民房改建为厂房，从温州刺绣合作社接收业务来料加工，曾雇用超过 240 位绣工。然而，至 20 世纪 80 年代，瓯绣农村加工点几乎全部倒闭，只有陶山始终在坚守其位置。在陶山的瓯绣厂里，仍然有黄郑兰、林东妹、楼桃妹、伍秀年、陈式珠等受人尊敬的女性绣工在从事着这门古老的技艺。毫不动摇的信仰、非凡的技艺使这些女工匠一直坚守在瓯绣这个领域，为这门技艺传承不息，永不错过。

（二）产业特征与发展成效

瓯绣，这种神奇的艺术之美，已渗透到人民生活的每个角落里。不论是婚嫁殊礼，还是日常用品、节庆布置，千层绣绸、丝线点缀，总能洋溢出一种精致的气息。而瓯绣工艺的进化在于它一直接受所处文化和社会的影响，所以才会有一批艺术价值超越时空的名作成就，闪耀着文化的光芒。那幅高 1 米、宽 4 米的绣品——《红楼梦 · 十二金钗图》，是花费数年精心策划绣制的。其繁复而细腻的针法，以及多种颜色的丝线的拼合编织，成就了这一传世之作。画面上安详的“十二金钗”，从头饰到妆容，栩栩如生、栩栩欲活。比如魏敬先的《白石老人》，善用素描绣的技巧打造出周密细致的作品，获得了优秀创作奖等多项荣誉。肖像绣《张大千》则在千年中国文物展上亮相，再次证明瓯绣卓越的艺术品质和不朽价值。

1998 年，一幅长 3.5 米、宽 1.4 米的瓯绣巨作《鹤鹿同春》震撼了世界，其卓越品质再次向全世界证明了瓯绣艺术的深厚底蕴。这幅作品综合了瓯绣所有传统工艺，采用了 100 多种绣线颜色，是瓯绣史上首个将人物、花鸟、山水和走兽等多种元素融合于一体的巨型瓯绣作品。而由温州瓯绣艺术研究所的四位工艺大师集体创作的作品《群鹰翔集》则在线条和针法的选用上别出心裁，其高超的技巧让瓯绣技艺更为完美。另一位温州民间艺术大师林媞创作的《锦羽迎春》在 2001 年的西博会上荣获第二届中国工艺美术大师作品暨精品展金奖，为瓯绣艺术再次增光添彩。

这些瓯绣杰作借古喻今，继承传统技艺，大胆创新，展示瓯绣包容性与创造力，彰显其活力四射。瓯绣以构图精妙、绣法精湛、运针纤细、色彩鲜艳著称，多件珍品曾为国家礼品，多次惊艳国际艺博会。2001 年，瓯绣荣誉加冕，被浙江省列为重点保护艺种，可见其地位之崇高。2019 年 11 月 11 日第二届中国国际进口博览会在上海开幕，此次博览会把温州瓯绣这一国家级非物质文化遗产项目作为“非物质文化遗产暨中华老字号”文化展示项目进行了展出。2020 年 12 月 20 日，在青灯石刻艺术博物馆举办的第四届瓯花花艺展上，展现了瓯绣作品，不少作品显示出高超的技艺水平和深厚的传统文化内涵。

瓯绣不仅是一种绣品或工艺，它承载了温州文化的沉淀，是社会文化的活灵魂，更是审视温州历史变迁的重要线索，深度挖掘过去的记忆，描绘出温州文脉的流淌。瓯绣技艺难掌握，再加上电脑绣制的日趋普及，使瓯绣从业人员日益减少。如何有效传承并弘扬这一乡愁产业和乡愁文化，则是关系到瓯绣未来生存和保护的关键问题。

十四、舟山贝雕：一“雕”读懂舟山海洋文化

（一）乡愁故事与乡愁文化

舟山市是我国第一个以群岛建制的地级市，有着“千岛之城”的美称。由 1390 个岛屿组成舟山群岛，是中国第一大群岛。千百年来，舟山人民利用海洋资源创造出丰厚的物质与精神财富，孕育了宝贵的海洋文化。舟山海域孕育着许多千奇百怪的贝壳，艺术家们把这些贝壳的部件进行切割、粘贴，便形成了舟山贝雕。舟山贝雕是舟山市著名的传统雕刻艺术，它利用贝壳为原料，根据贝壳的天然色彩、光泽、纹理，精雕成神形兼备的风景、人物、山水、花鸟等画屏的工艺美术品。

舟山贝雕以其奇异的工艺和独特的魅力闻名中外。舟山传统贝雕工艺有近百年的历史。据史料记载，1917 年，定海设浙江省水产品制造模范工厂，设贝扣部，以蚌壳为原料小批量制作螺钿扣。1930 年，螺钿扣被西湖国际博览会作为赠送参观者的礼物之一。据《大会纪要》记载，“受者莫不喜形于色”。

解放后，舟山是我国贝雕艺术制造基地，作品多次被国家选送给部分国家元首和政要。20 世纪六七十年代，舟山贝雕工艺盛行，贝雕作品被很多收藏爱好者收藏或作为高中档礼品作馈赠之用。舟山贝雕、沙雕等雕刻类等很有当地的文化特征，2016 年，舟山贝雕被列入第五批省级非物质文化遗产名录。舟山贝雕工匠夏雨缀成为了这个省级非物质文化遗产项目的代表性传承人。

（二）产业特征与发展成效

贝雕是舟山鲜少有的民间工艺，但由于各种各样的原因，生产企业逐渐倒闭，兢兢业业的艺人们也无处停脚。到了 20 世纪末年，贝雕工艺濒临失传的边缘。然而在 2000 年起，舟山市旅游品研究所开始抢救性保护传统贝雕工艺，为其安排专门场地和设备，召集老艺人教授年轻工人，传承老艺人们的经验和技艺。终于，在舟山海洋文化特色的喜庆氛围下，贝雕工艺实现了初步恢复。

2000 年，舟山“海洋生物”贝雕荣膺“省新优旅游商品”殊荣，彰显出舟山市在旅游商品领域的重要地位。五年之后，又有“贝雕礼品”获得了浙江省旅游交易会工艺品评比优秀奖。这些光辉的荣誉与舟山旅游品研究所的不断创新密切相关。他们不仅开发出海洋文化产品，还将佛教文化产品和庆典礼品融入贝雕艺术行列，打造出更多贝雕产品。逐渐地，贝雕产品已经不仅是各级机关、企事业单位、亲朋好友交往中的一份文化礼品，更成为了舟山经济发展的时代气息，展现出独特的海洋文化特色中的乡愁价值。毫无悬念，舟山贝雕已成为了舟山对外文化交流和乡愁展示中的一张金名片，尽显其非凡实力。

舟山贝雕是舟山地域文化特征和乡愁特质的符号，但舟山贝雕作为乡愁产业的加快发展仍受限于产品数量有限和作坊式模式。目前，舟山贝雕工艺品多为市内消费、本地消费和相互馈赠，而并未被地方公务性礼品采购所重视。对于民间收藏或购买，数量也十分有限，只有少数国外游客、行业专家和独具匠心的收藏家才深深爱上了这种手工艺品。庆幸的是，贝雕原材料在舟山地区十分丰富，但要使舟山贝雕成为独一无二的乡愁产业，卓越的推广和发展仍需要多部门、多领域的共同努力。

十五、淳安千岛湖鱼拓：可以带走的“鱼遗像”

（一）乡愁故事与乡愁文化

千岛湖鱼拓起源于中国宋代，是一种将鱼的形象用墨汁或颜料拓印到纸上或布上的技法和艺术，它将“诗、书、画、印”巧妙融合，它是实物与创造相结合的渔文化艺术，它以独特的艺术表现形式诠释鱼拓的艺术魅力，具有很高的欣赏价值。在千岛湖，有不少老艺术家使用鱼拓创作，在千岛湖畔钓起鱼后，先小心翼翼把鱼洗干净，又小心翼翼用颜料涂抹在鱼身上，再小心翼翼用宣纸拓下去，最后小心翼翼将拓了颜色的宣纸揭下来，通过这“四个”小心翼翼，一张鱼拓画就完成了。

千岛湖鱼拓灵感源自中国古老的碑拓技艺，已成为一门乡愁产业，逐渐走向市场。淳安有一个传说，与传统渔业紧密相连。相传元末农民起义爆发时，出生于渔民家庭的陈友谅率军起兵，并与朱元璋激战三年有余。然而，在鄱阳湖之战中，陈友谅惨败。作为其麾下的九员大将“陈、钱、林、李、袁、孙、叶、许、何”，被朱元璋贬至新安江，世世代代以捕鱼为生。他们不得穿鞋，不能住在岸上，更不允许与岸上人通婚。因此，他们形成了一个特殊的水上渔民部落，后人称之为“九姓渔民”。在这片以千岛湖为中心的区域中，“鱼”随处可见。短短二十年间，这些生态鱼从原本不为人知，变身为融入旅游业的文化鱼，跃过了若干“龙门”。最新统计显示，这条“鱼”所撬动的产业经济已超过 20 亿元。鱼拓在中日韩等国家和地区非常盛行，出现了大批鱼拓社团和鱼拓艺术家。

千岛湖鱼拓发展历史经历了墨汁鱼拓、彩色鱼拓、艺术鱼拓三个阶段，鱼拓在发展过程中，吸收了传统书画及摄影艺术形式和特点，同时还进入了瓷器、建筑装饰等领域。鱼拓主要分为直接拓法和间接拓法两种。直接拓法指的是将墨和颜料直接涂在鱼体上，然后将宣纸铺盖在鱼体上拓印的方法。间接拓法和拓碑一样，将宣纸盖在鱼体上，用墨和颜色在宣纸上拓印出鱼形。直接拓法这种方法比较普遍用于业余爱好者拓出的鱼拓。做鱼拓不单纯是一个把鱼拓在纸上的过程，而是一个多种艺术相融合的过程。一幅完整的鱼拓作品包括鱼拓、题跋、印信等，考验创作者的综合能力。

（二）产业特征与发展成效

千岛湖拥有丰富的渔业资源，渔业文化和鱼拓艺术文化已成为淳安特色文化品牌。千岛湖正在积极向文化与创意渔业方向转型，将普通的“吃的鱼”转变为独具创意的“文化的鱼”。通过改良与创新，千岛湖早已不再是一片平凡的“有形的鱼”的海域，而是一片富有灵魂的“创意的鱼”的海洋。鱼拓，起源于中华大地，后随着文化之交流的脚步，向东亚其他国家传播。2006 年，千岛湖曾与日本、韩国等渔业同行广泛开展业务交流，深入探讨“鱼拓”艺术。后来在 2009 年，淳安千岛湖鱼文化协会得以成立，并创办国内首个鱼拓社——千岛湖鱼拓社，致力于鱼拓艺术推广与普及，并将其提升到艺术品的高度。如今，千岛湖已经成为全国鱼拓艺术的发祥地和人才资源的中心所在。

2008 年 5 月的某个清晨，捕捞队在千岛湖水域收获了一条重达 151 斤的大青鱼，不止于此，他们还将鱼的轮廓拓印下来，制作成标本并展示于千岛湖鱼博馆，风靡山水之间。千发集团联手杨阿永，花费三载时光绘制了《千岛湖锦鳞图》，荣膺水墨创作之巅。为了将这件巨制的传播效应炒到热度之巅，还特意向吉尼斯世界纪录申请认证。就像当年巨网捕鱼一样，鱼拓艺术的美学价值水涨船高，成为各大节日活动的宠儿，拍卖价格忽高忽低，从千元到上万元不等，甚至还扩散到了服装、明信片等领域，乘风而起。更是淳安的骄傲，曾多次被作为礼品送往大洋彼岸的加拿大、澳大利亚等国，千岛湖由此完成了从生态鱼到文化鱼的华丽转身。2010 年广州亚运会上，由千岛湖鱼拓社创作，汇集千岛湖 87 种鱼制作的鱼拓作品《千岛湖锦鳞图》，在众多的艺术品中脱颖而出，被选为广州亚运会开幕式元首级礼品，用于赠送给各国贵宾。

千岛湖鱼拓艺术产业作为鱼文化产业的重要组成部分，其名声和影响力正越来越大，中国渔业协会鱼拓专业委员会秘书处即设在千岛湖。千岛湖重视鱼拓这一乡愁产业发展，通过举办手工艺品设计大赛，推动鱼拓艺术品转化为旅游商品。先后举办了三届“全国鱼拓大赛”和中国鱼拓优秀作品展，邀请县内外优秀鱼拓大师来淳创作、比赛、展览，加强了鱼拓人才间的互动交流。在 2016 首届“创意千岛湖”手工艺品设计大赛中，千岛湖鱼拓作品脱颖而出，荣获民间组银奖。同时，通过政策扶持，鼓励鱼拓领军人物创办社会性鱼拓培训学校。推动鱼拓进校园，与浙江旅游职业学院千岛湖校区合作开设鱼拓选修课，通过激发学生热情，吸引更多青年人从事鱼拓创作。

十六、南浔辑里湖丝：制作康熙皇袍的“原材料”

（一）乡愁故事与乡愁文化

南浔区南浔镇辑里村是一块极具文化内涵和底蕴的不凡之地，道光年间范来庚的《南浔镇志》里说：“雪荡、穿珠湾，俱在镇南近辑里村。水甚清，取以缫丝，光泽可爱。所谓辑里湖丝，擅名江浙也。”辑里村自元末成村，村民便开始栽桑养蚕，精于产丝，距今已有700多年历史。辑里湖丝，又被尊称为辑里丝，或者简称为辑丝，它是蚕丝中的极品，举世闻名。并且，它是浙江省传统的丝织品，产自南浔镇的辑里村，因此得名“辑里湖丝”，可谓是南浔镇的一张金名片。据历史资料记载，清朝康熙和明朝万历年间，辑里丝早已名满天下，水涨船高。引人注意的是，如今南浔旅游公司档案室中还珍藏着两卷60年前的辑里湖丝，这是唯一没有售出的古旧珍品，但质地却早已鲜艳如新。据传，古代帝王常将辑丝视为御用绸缎，更是黄袍的首选面料，标志着帝王的权威和身份地位。

南浔，清末时期最为富足的江南古镇，被誉为“辑里湖丝”的故乡。近代南浔拥有百余家丝商巨富，群豪荟萃，被誉为“四象八牛七十条金黄狗”的巨富之镇。南浔之所以能傲视群雄、一统江南，全因这里的“辑里湖丝”——一种极为珍贵的丝绸品。“辑里”为南浔的一个村落名，在明朝万历年间，这里种植的育良蚕种“莲心种”，不仅蚕茧体积小巧如莲实，更适宜缫制优质桑蚕丝。再加上南浔当地高超的缫丝技术，所制的优良丝绸“富于拉力、丝身柔润、色泽洁白”，跨越千年时光仍不断盛名四海。

据史料记载，康熙年间织造的九件皇袍，都选用了“辑里湖丝”作为经线。1851年，上海商人徐荣村将南浔辑里村产的生丝参加了英国伦敦首届世博会，并斩获金、银大奖，成为我国制造业中首个获得国际大奖的名牌。这一段鲜为人知的历史，因申博成功而重新浮出水面。而辑里湖丝的起源，则可溯至“七里丝”——其源产地距浙江北部湖州南浔有七里之遥，因而得名“七里村”。究其根源，这一古村落已形成于元代末年，从木制丝车缫制的土丝到辑里湖丝，一脉相承，牢固相连。

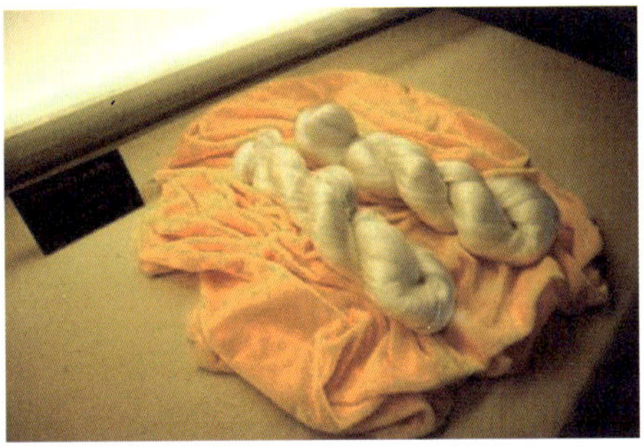

（二）产业特征与发展成效

辑里村具有“世界丝绸文化发祥地”“首届世博会金奖故里”“四象八牛源头与活水”“中国近代工业萌芽地”“憧憬梦想的诗画窗口”等美誉。辑里村是浙江大学农业技术推广中心联合打造的“现代农业综合试验示范基地”之一，更是注目俯瞰的点亮云端的“紫气东来”。2013 年，与浙江大学协同合作，为研发桑叶茶铺就道路，而后，又开发出桑芽菜，桑叶菜，桑葚冰酒等多个项目。这些创新放在桌上，显得诱人入味，然而，背后的目的却不仅如此。辉煌的丝绸文化是这里的基因和荣耀，因此，目光远大的人们还希望以绿色、生态、科技、和谐、可持续的方式，打造一个现代新型蚕桑农业，探索出品牌化农业之路。

值得一提的是，2010 年 6 月，辑里湖丝成功荣膺国家级非物质文化遗产。唤醒民众对品质、文化这些自我内化的追求。2011 年，国丝文化园迅速落户辑里村，总计划占地 2500 亩，总投资额高达 2. 8 亿元。园区不仅以传承和弘扬“辑里湖丝”的文化为主轴，而且尤其注重发展与壮大蚕桑丝绸综合产业。与此同时，这里还与浙江大学、浙江省农科院、湖州市农科院以及众多蚕桑丝绸界专家紧密合作，共谋发展之道。把南浔辑里村还原成“无不桑之地、无不蚕之家”之盛况，是未来南浔国丝文化园规划呈现于世人面前的景象。国丝文化园主要有蚕桑科普教育基地、辑里湖丝文化研究基地、果桑采摘园、珍稀花卉苗圃等。

于 2012 年成立的辑里湖丝文化研究会，是由南浔镇宣传文化中心、辑里村村委、以及南浔国丝文化园发展有限公司倡导下，丝绸文化领域内的专家和学者自愿加入的。该机构主要集中于深度挖掘湖丝文化的历史渊源，弘扬和发展辑里湖丝文化，促进该文化的研究和创新，进一步推动南浔文化的繁荣和发展。辑里湖丝文化研究会总部坐落在辑里湖丝的发源地——南浔镇的国丝文化园内，成员数量逾 70 人。2013 年 9 月，《辑里湖丝》杂志创刊，这标志着该会继 2012 年首次举办的“辑里湖丝文化节”之后，在文化传播领域又迈出了一步重要的进展。这一举动将对南浔丝绸文化的宣传和研究起到极为积极的促进作用。

十七、南浔善琏湖笔：笔中之“皇冠”

（一）乡愁故事与乡愁文化

善琏湖笔源远流长，是中国传统书画工艺中的瑰宝，以其精湛工艺匠心独运，自古享誉天下。湖笔的发源地位于浙江省湖州市善琏镇，其制笔历史源远流长，可追溯至 2000 多年前。据《湖州府志》云：“湖州制笔，工艺遍布海内，制笔之人均来自当地，尤以善琏村龙逸其间。”文房四宝中，湖笔被誉为上品首位，与徽墨、端砚、宣纸齐名。毛笔作为中国的书写工具，无出其右者，有着“笔中之冠”之称的湖笔更是在“毛颖之技甲天下”和“紫毫之价如金贵”褒奖赞美中独占鳌头、独领风骚。

湖笔是善琏人的乡愁，是书法人的乡愁，也是全国人民的乡愁。清末，善琏的笔工在上海、杭州、苏州、北京等地开起笔店。漫步湖州市中国湖笔博物馆，你会被展陈其中的百年老店——湖州王一品斋笔庄折服。在这块人文荟萃的土地上，也许更能领略湖笔的精髓，并听闻书画家们留下的动人故事。比如王羲之的七世孙、隋朝著名书法家智永禅师，云游湖州，安营扎寨在永欣寺长达30载，边写边与笔工探讨技艺，亲手将毁坏的笔头定格为“退笔冢”。智永坚守笔与心境，终老在笔端。湖州的永欣寺因智永的到来，不仅成为书道界的胜地，还引得众多文人前来求学、觅笔。他们络绎不绝，甚至踏损了门槛。后来，为了保护永欣寺，人们只好用铁皮将门包裹，随之而来的“铁门槛”典故因此流传至今。从古至今，湖笔的不断发展得益于历代书画大师的一致偏好和赞美。湖州为官的王羲之、王献之、颜真卿、苏东坡以及湖州籍的书画大家赵孟頫、吴昌硕、曹不兴、王蒙等，都为湖笔的创新发挥了其一已之力。而精美的湖笔，也为他们的文艺创作锦上添花，散发出无穷的魅力。

湖笔享誉海内，而村庄名善琏更被誉为湖笔创造地。明代《弘治湖州府志》中留下关于善琏的记载：“湖州出笔，工遍海内，制笔者皆湖人，其地名善琏村。村有含山，山颠浮屠，其卓如笔。”传统历史将蒙恬奉为湖笔祖。湖笔堪称“笔颖之冠”。制作湖笔需要经历120多个工序，主要可分为“水盆工”和“旱作工”两个阶段。在水盆工阶段，笔工们须在水盆旁将数百万根毛放入水中，细心挑选，按照锋颖长度分类，称作“齐毫”，然后挑选最为优质的毛制成半成品；而在旱作工阶段，需要扎头、装笔、择笔、刻字等复杂工序，其中以择笔为最难，笔工需用小刀修削笔头，去除劣质和表层的毛，使笔和锋颖圆润，达到了湖笔尖、齐、圆、健的标准。湖笔选料考究、制作精湛，成为中华文化的名片，千古传承。

（二）产业特征与发展成效

自古以来，善琏镇以制笔闻名于世。1956 年，善琏村分散的制笔工坊经过公私合营，合并为善琏湖笔生产合作社，马步青先生成为了首任厂长。盛世 20 世纪八九十年代，善琏湖笔厂员工多达 700 余人，声名远扬。尽管工厂在 2000 年进行改制，人员大幅减少，但始终是善琏镇规模最大、品质最高的湖笔厂。如今，年仅 28 岁的马万飚先生接过了马志良先生的衣钵，肩负起非物质文化遗产传承保护和企业转型升级的重任。善琏湖笔赖以生存的精益求精和精湛工艺，至今仍在历史的长河中闪耀着独属于自己的光芒。湖州市善琏湖笔厂于 1956 年建厂，是全国最早生产湖笔的专业工厂，也是迄今为止全国最大规模的湖笔生产企业。厂内建有“湖笔传承馆”和湖笔手工制作，善琏湖笔厂以“宏扬湖笔文化、传承湖笔技艺”为己任，打造湖笔制作技艺的传承基地，保护和发展湖笔传统工艺。

2017 年 5 月，善琏编制《湖笔小镇创建国家 4A 级旅游景区规划方案》，并成立 4A 级景区领导小组，整合各方资源、完善规划布局、加大建设力度，围绕“统筹全局、突出特色、协同发展”的战略，打通吃、住、行、游、购、娱、修、学、养、疗全产业链。善琏湖笔小镇总投资 18.5 亿元，重点建设湖笔文化产业园 · 湖笔工坊、湖笔人家聚落、湖笔小镇写生基地、水墨丹青艺术生活馆、湖笔小镇画家村等重点项目和特色文化场景，涉及产业、文化、艺术、生态旅游、基础设施建设等多个领域，为特色小镇建设注入了新动力。

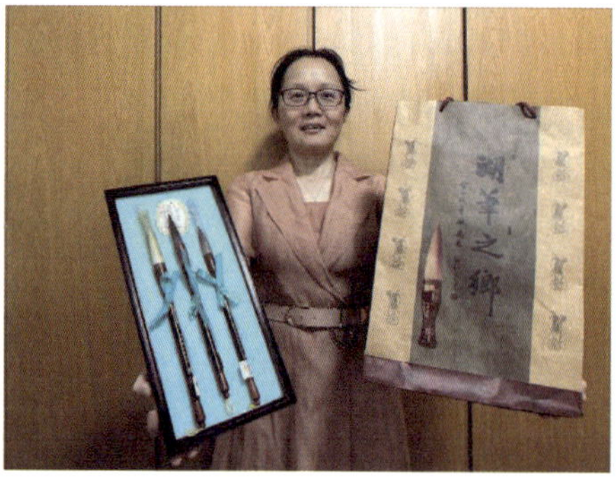

作为浙江省首批特色小镇，南浔善琏湖笔小镇已设计了一条“文房四宝——妙笔生花”旅游线，形成了以湖笔文化为统领，串联“一馆、一街、一寺、一祠、一厂、一山”六大主体的旅游观光带，展现湖笔文化发展历史窗口的湖笔文化馆；以湖笔生产、销售为主题的文房四宝商贸区湖笔一条街；以智永和尚的“铁门槛”传说而远近闻名的永欣寺；善琏笔工的精神寄托蒙公祠；打造湖笔制作技艺的传承基地湖笔厂；体验民俗风情、蚕乡文化和观光旅游的胜地含山风景区。开辟了北京 2018 游学旅游专线，让湖笔小镇成为北京中小学生的研学基地。景区拥有“湖笔制作技艺”和“含山轧蚕花”两项国家级非物质文化遗产，两次被文化部（现文化和旅游部）命名为“中国民间文化艺术之乡”。

近年来，善琏湖笔小镇通过文化带动旅游、营造景区氛围、优化导游队伍、健全管理制度和建立营销模式等措施，极大地提升了景区的影响力，旅游人次呈现逐年攀升趋势。湖笔小镇正在与南浔、乌镇 2 个国家 5A 级古镇旅游景区进行一体化营销，湖笔小镇正在踏出湖州的大门，走向了长三角享受文化盛宴的旅程的景点目的地。

十八、东阳竹编：近代竹编史的“首枚金牌”

（一）乡愁故事与乡愁文化

东阳市盛产毛竹，竹资源丰富。东阳竹编，是浙江省重点保护的传统工艺美术品种，也是浙江省非物质文化遗产代表作，又是浙江最著名的天然植物纤维编织工艺，与东阳木雕同为东阳“三乡”文化的并蒂奇葩。扎根于东阳乡土文化之中的东阳竹编，是东阳乡愁文化的重要元素符号。东阳竹编技艺最为擅长的是立体造型的创作以及细腻编织的技巧，精巧细致之处别有一番风味。众所周知，其悠久的历史，瑰丽的造型，细致的编造，雅致的色调，兼具实用与观赏的特色，使其在工艺竹编之中别树一帜，成为当代数一数二的工艺竹编流派之一。

东阳竹编问世于殷商时代，距今已有1200多个秋冬春夏。如今，我们仍能观赏到东阳竹编之精良。在宋代，龙灯、花灯、走马灯皆由东阳竹编织，随后东阳竹编技艺日臻成熟，风格也愈加独具特色。康熙皇帝曾记载："筀竹质软可作细篾器，旧以充贡。"这既是对东阳竹编久负盛名之肯定，也印证了其传承至今的历史厚度。清末民初，东阳竹编进入全盛时期，妙手神工之人层出不穷，制作技艺愈发凸显。从民国起，东阳竹编更是成为传统出口工艺品，其产品更是达到了东阳工艺竹编的最高峰。1915年，东阳竹编更是在巴拿马万国博览会上豪夺首枚金牌，堪称中国竹编近代史上的一次里程碑。1929年，马富进的竹编作品《魁星点斗》参加了西湖博览会展出，并且他被授予"竹编状元"的奖匾。新中国成立后，东阳竹编事业又进入一个新的发展时期，从民间转向集体，并开始兴盛。1958年成立了东阳术雕竹编工艺厂，有职工400余人。到20世纪60年代，东阳有竹编生产加工点73个。

东阳工艺竹编，自宋而起，已传承千年。明清之间，东阳竹编快步发展，技艺变得愈发高超。然而，一代名匠大师马富进及其伙伴们，将东阳竹编推向了"当时中国工艺竹编的最高水平"，敬仰可想而知。历史的洪流汹涌奔腾，时至民国时期，东阳竹编也难免受到战乱的冲击，生产业过于萧条。但在中华人民共和国的照耀下，东阳竹编得以快速恢复发展，并于20世纪80年代，进入无比壮阔的发展高峰。更发现出传世精品《九龙壁》等惊人之作，产业队伍更是由100多名专业人才及近万从业人员构成，年产值已过三亿元。如今，东阳工艺竹编，已成为东阳市支柱产业工艺美术的重要组成部分，已不可忽视之重要性。

（二）产业特征与发展成效

新中国成立后，东阳竹编进入了一个全新的发展时期。20 世纪 70 年代末到 80 年代，东阳竹编工艺厂进入其鼎盛时期，东阳竹编也进入了一个以出精品为目标的全盛时期。由于特定的历史条件，东阳竹编工艺厂长期（1954—1987 年）作为唯一的东阳竹编生产厂家，1989 年，何福礼离开竹编工艺厂自己创办了东风竹编厂。紧随其后，一批从竹编工艺厂下海和加工点中脱颖而出的民营竹艺企业应运而生，竹编企业遍地开花，东阳竹编迸发出新的活力。目前，全市境内有民营竹工艺企业 30 余家，登记在册的竹编加工点和家庭作坊上千家，北后周、卢宅的竹编，蔡宅、溪口一带的串丝工艺品，千祥的宫灯已经形成了块状经济，年产业规模超过 3 亿元。

20 世纪 60 年代，随着外贸业务的扩大，东阳竹编在完成高档礼品的同时，产品结构向低档实用调整，价廉物美的蟹篮、猫盒、金鱼盒、面包斗、啤酒篮、纸篓等成为国际市场上的抢手货，1966 年面包斗的出口量就达到 60 万只。20 世纪 70 年代以来，东阳竹编在坚持美观实用前提下，开始向高档化方向发展，重点开发了工艺合璧的动物器皿类篮盘罐。1979 年至 1982 年，东阳竹编在地级市及以上工艺美术大展、大赛或博览会上，共获奖项 103 件（项），其中金（特等）奖 45 件（项）。自 1961 年以来，东阳竹编先后 10 余次被拍成电影、电视剧，在中央和省级电视台播出。

2005 年起，东阳竹编先后被列入浙江省重点保护的传统工艺美术品种、浙江省（金华市、东阳市）非物质文化遗产名录，走上了依法保护轨道。近年来私人展馆和民间收藏热的兴起，竹编精品身价倍增，形成了有利的遗产保护群众基础。东阳市工艺精品馆、横店竹编博物馆和大师们的作品陈列室，不仅是东阳竹编精品的荟萃之地，而且是东阳“三乡”文化的旅游品牌。

东阳竹编之所以能流长千年而愈茂愈盛，具强大的艺术生命力，重要的影响因素是东阳市重视竹产业发展的工艺美术大师和专业人士的培育、引进和传承，坚持在题材、品类、用材、工艺、编织技法等诸多方面进行了全方位的探索，不断创新，用竹工艺创新带动产业发展。东阳利用竹编工艺优势制作传统的喜庆用品，提篮、喜盒等竹制品成为婚嫁时娘家必备的嫁妆。还有竹凉席等日常实用产品也占据了一定市场，南马、千祥等地的上百家竹产品作坊生产的竹凉席、学生席、麻将席，畅销全国各地，年产值上亿元。

第五章　脚尖上的乡愁产业案例

一、嘉善西塘古镇古建：传承千年的吴越文化

（一）乡愁故事与乡愁文化

浙江嘉兴有一个宛若珍珠的小镇，传承千年的吴越文化符号，随着小镇的河水静静淌过。春秋时期，伍子胥兴修水利，引胥山之水灌溉此地，人们为了纪念此地，便把这里命名为了“胥塘”，在吴侬软语的乡音中，“胥”与“西”同音，所以这里又被称为“西塘”。延绵的廊棚依旧在为人们遮风挡雨，遍布古镇的保温桶延续着水乡人家的一份温情，古老的七老爷庙，善行义举依旧世代受人膜拜，古镇人家延续了几百年的崇德向善精神，就在这安详踏实的日子里化成了一份水乡古镇最深的乡愁。

唐宋时期，西塘凭借着水运的便利，吸引了四方客商，人们在此沿河建屋，临水而居，逐渐形成一个繁华的商贸集镇。明清时期，西塘已经发展成为江南手工业和商业重镇。“春秋的水，唐宋的镇，明清的建筑，现代的人”，西塘古镇因水而灵秀，碧波中倒映着两岸的古宅，西塘人守着河，临着水，河边的风雨长廊是西塘独有的景观，绵延 2000 多米的廊道，默默矗立了上千年，不知为多少行人遮挡过日晒和雨淋，而廊棚下发生的故事，也成为了古镇人家最浓厚的乡愁记忆。

西塘的街道沿河而建，水乡人家的出行以河为道，以舟代车。江南多雨，在过去，遇上雨天，人们出行就很不方便。明崇祯年间，古镇上有一家小店，一天打烊时，掌柜看见一个乞丐在店前的屋檐下避雨，热心的店家让他进屋休息，乞丐却执意不肯，于是善良的掌柜从店里拿了一卷竹帘挂在屋檐上，为乞丐临时搭了个小雨棚。第二天一早，掌柜开门时，发现席棚里空空荡荡，乞丐不见了踪影，店铺门前的柱子上，却留下两行清晰的字迹，“廊棚一夜遮风雨，积善人家好运来”。乞丐的一句感恩祈福，深深地触动了老掌柜，他找来了镇上的木工，瓦匠，在自己的店铺门前，建起了一间通往河边的廊棚，小小的屋檐变成宽大的廊棚，从那以后，人们在廊棚下，晴天不晒，雨天不湿，过往的人们都喜欢在此停歇，原本生意平淡的小店也变得越来越兴旺。沿街的商户们受到启发，纷纷在自家门前修起了这样的廊棚。慢慢地，古镇上出现了一道独特的风景，一条紧密相接的护街廊棚，傍着小桥流水，出现在了江南烟雨中。

至今，老掌柜跟乞丐的故事仍流传在这条长廊里，被西塘人津津乐道。商家们白天开门做生意，把自家店面的一排门板卸下来，组装成箱子放在廊棚下，不仅装放杂物，也供人们坐下来休息。漫步在西塘的烟雨长廊，你能感受到西塘人以廊行善的过去，也能看到古镇人细心体贴的今天。在长廊中，每隔不远就放着一个不锈钢保温桶上面写着“免费供应开水”。在西塘，无论是寒冬，还是盛夏，人们出门都不用自己带水，古老的廊棚下，现代的保温桶延续着西塘人的友善与温暖。

西塘寻常人家的素雅淡泊质朴友善，行善至乐的传统让这个小镇处处充满了温暖。在卧龙桥有这样一幅石刻“修几百年崎岖之路，筑千万人往来之桥”，融汇了古镇人家的人生智慧，也为西塘留下了一座精神的丰碑。西塘有句老话“人生行善三件事，修桥铺路建廊棚”，在古镇 1.02 平方公里的范围内，有 24 座西塘人修筑的石桥，其中最大的一座是胥塘河上的卧龙桥。胥塘河是西塘的一条主要河流，水深河宽，人们往来主要靠舟船摆渡，明朝时，镇上的居民在河上架起了一座木桥，但是木桥又高又窄，遇到雨天，桥面湿滑，经常有人跌倒落水。一次，一位孕妇走过木桥，由于难以掌握平衡，失足跌入水中，不幸去世，当时，桥的西面住着一个名叫朱公传的竹篾匠，他目睹了这一幕，内心十分悲痛，立志要将木桥改造成石桥。按照当时的造价，建一座石桥要几千两银子，仅凭篾匠的收入，造桥几乎是不可能完成的事情，朱公传卖掉了自家的房屋，剃度出家，法名“广缘”，希望通过化缘募得造桥的银子。十多年的时间里，广缘和尚走遍了江浙一带，苦行化缘严重损害了他的身体，积劳成疾的和尚一病不起，弥留之际，广缘指着自己屋子里的木柜，含糊不清地反复叨念：石料，石料……周围的人面面相觑，却没有人明白他的意思。广缘病故十天后，两条大船来到了西塘，船主人一进镇里便进入大厅广缘和尚的住处，镇上的人告诉他广缘去世的消息后，船主人十分懊恼。原来，广缘几个月前向船主人订购了两船造桥用的青石，船主人备齐石料后，按照和尚所说的地址送了过来，却没想到广缘已经病逝，石料的余款尚未付清。这时人们才恍然大悟，原来广缘临终前挂念的正是这两船青石，大家在他的僧房木柜里找到许多散碎银子和铜板，拿到钱庄一称，正好折合三千两银子。大家到这个时候才相信，镇上的乡亲们纷纷拿出钱来，同心合力建起了卧龙桥。如今的卧龙石桥已经成为了古镇人家心中的一座丰碑，几百年里，广缘和尚修桥的故事影响着一代代西塘人，无论从事什么行业，人们总是把“善”字挂在心头。

自古以来，手工业和商业是西塘两大支柱行业，苏州太湖出产珍珠，每年取珠后会留下堆积如山的蚌壳。心灵手巧的西塘人把这些蚌壳购回，做成服装纽扣，不仅美观，而且价格不贵，在上海、宁波等地十分热销，而这一群纽扣商家每次聚会都会凑一笔钱寄给需要帮助的贫困家庭，并在日常生活中热心慈善。温暖的善行在西塘人的生活中还有很多，乐于助

人、一心向善早已融入了西塘人的血脉，成为了世代居住在这一方水土的人们不可或缺的传统。

每年农历四月，西塘的七老爷庙会都十分热闹，镇里的水上戏台会连演三天大戏。四月初三早上，西塘人就会早早地聚集在庙里，迎接七老爷每年一次的巡游。七老爷姓金，在家排行老七，大家都尊称他为“七老爷”。明崇祯年间，西塘一带遭遇大灾，田地颗粒无收，百姓只能靠树皮、草根为生。一天，镇外驶来一队押运皇粮进京的船队，运粮官就是七老爷，七老爷来到西塘，见昔日繁华的商埠一片荒芜，镇上人人面露饥色，家家无米下锅，便向船上的士兵下达命令，谎称皇恩浩荡，朝廷准许他赈灾放粮。西塘的百姓得救了，自知性命难保的七老爷就在雁塔湾投河自尽。灾荒过后，为了感谢七老爷的救命之恩，西塘人在雁塔湾旁修建了一座庙宇，供奉挽救全镇人生命的七老爷。传说，农历四月初三是七老爷的生日，所以西塘人每年都要在这个时候举办庙会，为七老爷庆贺寿诞。随着一代代的传承，人们把对七老爷的敬仰化作对人接物的生活态度——做善事。300 多年来，庙会的习俗从未间断，滴水之恩当涌泉相报，七老爷的故事在西塘代代相传，影响着一辈辈西塘人，也让水乡古镇在流转的时光中延续着这份浓浓的温情。

（二）产业特征与发展成效

西塘美食是西塘旅游的“金名片”之一。早在 1997 年，西塘迎来了古镇开发的新机遇，丁国强在家人的支持下拿出全部积蓄，在自家的老宅开办起旅游饭店。开业第一天，店里迎来了10位上海顾客，刚一进店，游客们就指着菜谱问他，如果把所有的菜全做一遍要多少钱。因为才开业，菜谱上的菜并不多，丁国强仔细一算，所有的菜加在一起刚过百元。客人们一听，觉得很实惠，让他把所有的菜都上了一次。那天晚上，丁国强算了一下，当天的毛利仅有十元钱，平均一个客人只赚了不到一元钱。做旅游餐饮难有回头客，但即便如此，丁国强也从不坑蒙顾客。“善待天下人”是西塘人家心中的坚守。二十年来，西塘美食的菜价从来都只有一点点薄利，在这样的氛围影响下，西塘古镇的餐馆饭店大都做到了真材实料，价格公道，将诚信经营的美德不断延续。

西塘民宿是西塘旅游的“金名片”之二，也是西塘的一道独特旅游风景线，具有类型丰富、户均房间数少、整体性价比高的特点。西塘民宿起步较早，从1999年第一家民宿“静怡轩”开始，经历了从无到有、多元发展、快速发展、自律发展、品质提升五个阶段。目前，加入西塘镇民宿协会的民宿及酒店共有910家，包括古镇核心区民宿629家，床位共计4099个，缓冲区民宿259家，床位共计4270个，酒店22家，床位共计2526个。此外，西塘民宿拥有浙江省民宿协会评定的金宿1家（留白），银宿2家（拾雨楠舍、贵和园）。

西塘民宿从富有生活气息的本土民居开始，经历了外来风格碰撞融合及自我品质提升，从单一的仿古风格发展到如今的五种主要类型。一是主客共享型创业民宿。这类民宿由镇区内老百姓自主开办经营，民宿主自住在内，并将多余房间用作经营，最大程度地让游客享受到回家和住家的感觉，绝大多数西塘民宿都属于这个类型。二是主题特色型创新民宿。这类民宿多由具备一技之长的新西塘人设计或开办，多在中高端价位，如留白艺术、隐居久舍、亿诺等时尚民宿，此类民宿数量在五十几家。三是区域优势型临河民宿。此类民宿大部分利用临河区位或者深宅小院开办，因资源稀缺所以多为高价，数量在 100 多家。四是明清建筑型古居民宿。此类民宿主要在古镇的文保区和文保控制区域内，数量在 20 家不到。五是统一品牌型连锁民宿。此类民宿主要有木言木语、风雅颂等品牌，数量在 16 家左右。

接下来西塘民宿将向以下两个方面发展：一是不断规范民宿的经营管理。西塘镇旅游管委会坚持以有序引导、协会自律、行业规范等方式对民宿业态进行规范化管理，目前西塘已有 956 家证照齐全，且符合消防安全、建筑安全、治安安全等各项标准的民宿，西塘民宿已进入规范化、合法化、正规化的发展阶段。二是不断提高民宿经营者与游客的融合度。浓郁的生活气息是西塘旅游最大的特色，因此主客共享型的民宿不仅拥有更高的入住率，也能吸引更多的回头客。经营者越来越意识到主客共享的重要性，所以在民宿的设计与经营过程中不断加入与游客交互、共享的环节。

二、庆元廊桥古桥：大山深处的文化元素

（一）乡愁故事与乡愁文化

庆元县是中国廊桥之乡。县境内一座座古廊桥与周围的绿水青山融为一体，构成了一幅幅精美绝伦、多姿多彩的画卷。庆元全县拥有数量最多、历史最悠久、历史沿革最具连贯性、单孔廊屋最长、单孔跨度最大等许多全国之最。“如龙桥”“兰溪桥”“双门桥”“黄水桥”等一大批名廊桥，凿石为梁，叠木成栱，精湛的工艺，优美的造型，深厚的文化，虽历经千百年风雨神韵，依旧发挥着交通、闲憩、聚会、观赏等多重作用，成为庆元一道美丽风景。

庆元编梁木拱桥萌芽于唐宋，成熟于元代，鼎盛于明代，转型于清代，具有脉络清楚的历史连贯性和自我发展体系。据大济《吴氏宗谱》记载，早在大济吴氏先祖吴崇煦迁入之前（吴崇煦于公元1004年迁入大济），大济村就有临清、甫田两社，社坛就设在临清桥（双门桥）和甫田桥上，四时祭祀，香火鼎盛。临清桥（双门桥）和甫田桥，比北宋青州虹桥出现的时间早30多年，比《清明上河图》中的虹桥早100多年。

据《庆元县志》光绪版的记载，庆元早年已修建不少于230座各式廊桥，始建自宋代至今。而如今，庆元境内依旧留存100多种各类廊桥。庆元木拱廊桥历史可谓传承有序，汇集了宋、元、明、清各朝代的精髓。其中，如龙桥是全国纪年最确切、现存最古老的木拱廊桥，兰溪桥则是全国现存单孔跨度最大的明代木拱廊桥，黄水长桥则是全国廊屋最长的单孔木拱桥。大济双门桥和甫田桥则是全国史料记载最早的木拱廊桥，而这一切都恰恰在庆元境内。庆元廊桥不仅拥有精湛的建桥技艺，更具深厚的文化内涵和广泛的用途。它不仅关系人们日常的衣食住行，同时也与生态环保、休闲娱乐、文赋书画、民俗祭祀等息息相关。此外，桥中央常设有神龛，供奉着众多的观音和金童玉女，还有本土神灵如陈夫人、马夫人、土地公等。廊桥卓然独立，凝聚了乡民共同的祈愿之情——祈愿康安、求富贵、求子嗣、求功名。在这些神秘色彩的加持下，庆元的古廊桥愈加瑰丽万分。庆元廊桥还孕育了许多美丽的故事传说，如龙与来凤的故事、咏归桥的传说、蜈蚣桥的由来等，都是有关廊桥的美丽的传说。庆元廊桥，在科学、文化、艺术等方面，都有着极高的物质与精神的双重价值。

（二）产业特征与发展成效

庆元的廊桥仿佛是她的旅游名片，凝聚着山、水、屋、桥的妙趣并存。这些廊桥既实用又美观，在深邃的民俗文化的召唤下呈现出奇妙的自然造化和历史积淀。庆元廊桥巧妙地融合了传统的楼台轩榭建筑风格和精湛的造桥技艺。廊屋部分高桥檐牙，难以斗转重前；桥身单孔横跨，自成一体，支撑而非压迫。于视觉而言，廊桥之美也在于其巍然的山水之胜。隐蓬莱之境，邃幽的山中，一座座阁楼式的廊桥突然呈现眼前，宛如进入仙境。支配这个美妙的场景的是水—山之灵，桥之伴侣。在桥底或波光粼粼，或倒影天空，或冲刷巨石，从远处看，雄壮的廊桥像一条长虹横卧在水面上。又似蛟龙扬首出水，与周围的山水、天地氤氲成一幅幅如画的图景。不言而喻，庆元的廊桥真正拥有天赐良机，成为她最具魅力的旅游资源之一。随着生态旅游的升温，横亘于绿水青山之间的庆元廊桥，不断焕发出勃勃生机，廊桥已成为庆元旅游名副其实的一张金名片。

庆元廊桥，一座见证革命史的伟大建筑。自1933年至1949年，伟大先驱红军北上抗日先遣队、红军挺进师、闽东独立师、闽北独立师等，频繁活跃于庆元这片神仙山水之间。他们的足迹如同带着灵魂的翅膀，在庆元廊桥上不断徘徊，赋予这座古老廊桥红色的神韵。庆元廊桥与战争岁月的红色革命紧密联系着，它不仅成为党组织的诞生地，更是红军秘密交通站、联络点、宣传地、歇息地、宿营地、决策地。甚至，曾见证过红军与敌人生死决战的残酷战场，这一切，都被庆元廊桥铭刻于革命史册之中。这些古老的廊桥见证了红色革命的峥嵘岁月、坎坷历程，红色革命故事又为古廊桥注入红色元素、革命灵魂，增添革命时代的烙印，焕发了新的生机活力，使古廊桥不仅拥有自然之美、人文之美，还具有永不磨灭的红色记忆。

廊桥博物馆是庆元县的骄傲。它以庆元廊桥为主题，汇聚历史、技艺、自然、人文、保护等多重元素，为人们提供了从未有过的收藏、展示、教育和研究体验。这个博物馆不仅整合了廊桥传统文化的渊源，更创新了文化表达形式，提升了人们的文化素养和对廊桥文化的认同感。在这里，您将领略廊桥文化的博大精深，感受岁月沧桑的厚重，同时也能对廊桥保护和传承的重要性有更深入的了解。自开馆以来，博物馆年均接待人数达20万余人次，扩大了影响，并树立了庆元廊桥的良好形象。同时，为了传承和保护廊桥文化，庆元县还先后编写了《庆元廊桥》《中国廊桥之都——庆元》等书籍，拍摄《情缘廊桥》《风雨廊桥》等影视宣传片；在中小学校建立“廊桥文化教育基地”，利用《廊桥乡土教材》开设廊桥技艺等课程。

庆元廊桥是如此独特，散发着难以抗拒的魅力，难怪国内相关部门和主流媒体趋之若骛，不遗余力地关注和重视。2004年8月和2006年10月，中央电视台《走遍中国》栏目分别深入庆元，为廊桥掀开神秘的面纱，拍摄专题节目。浙江电视台《亚妮专访》也不甘示弱，来庆元深入挖掘廊桥的奥秘，并拍摄了专题节目。2008年1月，福建海峡电视台、天津电视台等也怀着敬意和好奇，来庆元探秘廊桥，并带回专题节目。2008年1月，中国民间文艺家协会赋予庆元县“中国廊桥之乡”美名。同一年6

月，庆元木拱桥传统营造技艺成为国务院公布的第二批国家级非物质文化遗产之一。2009 年 9 月，庆元木拱桥传统营造技艺更是荣登联合国教科文组织“急需保护的非物质文化遗产名录”项目。庆元廊桥，引人入胜，不容忽视。

近年来，庆元县利用优越的生态环境、丰富的自然资源和廊桥文化，引进国内外山地、水上、徒步、登山等大型生态体育运动赛事。2018 年、2019 年连续两年成功举办了“庆元廊桥国际越野赛”。2018 年，庆元廊桥国际多日赛吸引了来自 30 多个国家和地区的 500 多名专业选手，2000 多名参赛大众以及近万民群众参与；2019 年，庆元廊桥国际越野赛吸引了来自 52 个国家和地区、16 个省（市、自治区）的 791 名专业选手，参赛选手共计 2591 人。赛事的举办不仅丰富了菇乡群众的文体生活，也带动了“赛事旅游”的蓬勃发展，进一步扩大了庆元廊桥的知名度和美誉度，带动了当地乡村旅游的蓬勃发展。2013 年以来，庆元旅游人数年均增长达 27.9%，旅游综合收入年均增长 39.8%。随着庆元廊桥保护、开发工作的不断深入，将极大地促进本县的旅游、文化、经济、社会的发展，并推动庆元人民追求人文和谐、永续发展的精神得到更好地传承与弘扬。

三、苍南碗窑古村落：山海相连处的人文景观

（一）乡愁故事与乡愁文化

碗窑村是地处浙江最南端的苍南县桥墩镇的古村落，光从碗窑这个名字看，十有八九能猜测出这个村庄的产业特色和历史成色。根据苍南县志的历史记载，碗窑村从清朝时代起就是浙南地区烧制民用青花瓷的重要村落。这处古村庄聚集了古民居、古窑生产线、古庙、古戏台等古迹，总体上还彰显着古代传统村落以手工业工场为代表的古老村落特征，这些古物至今依然保存完好，宛若一座鲜活的古村历史博物馆。从地理区位来看，碗窑古村嵌于苍南玉苍山，距温州市区不过两小时路途，已成为游客和中小学生激发全部感知和研学的绝佳去处。300 多年前，这座古老的村庄就有陶瓷制造历史，它曾是浙江早期笃器民窑的制造之地。旧时，上万工匠在此制作琳琅满目的生活用具以及文房四宝，这些精美的产品更是远销世界各地，可谓是江南瓷器的一张重要名片。而今，许多村民已外出务工经商，只有 70 余人留守在这里。但是，即便人去楼空，古村碗窑的原生态却依旧保持完好，它鲜花盛开在深深的底蕴之中，散发着迷人的文化芳香。2005 年，江南碗窑被电影《长恨歌》选为外景取景地，久负盛名的影星梁家辉亦莅临此地，共同演绎出了一部视觉盛宴。

被认定为古村落的碗窑村，地处苍南县玉龙湖河谷的中上游，形成于明洪武年间。这里的人们以闽南话为方言，寻根溯源，他们的先民是从福

建那边迁徙过来的。根据当地族谱记载，这个古村落里的居民原是福建连城县一带的人。为避战乱，流落到浙南玉苍山麓南坡蕉滩时，被当地的资源条件所吸引，定居下来。因为这里虽四面环山，但交通便捷，一条长年流水充盈的大溪从村前经过，一直通向横阳支江，进入鳌江。古村落聚居的以巫姓为最早，朱姓为多，他们的祖先有烧制陶瓷器皿的手艺，尤以烧青花陶瓷见长，因此代代相传。在清乾隆年间这里陶瓷生产达到极盛，生产期一直延续到解放以后。

苍南桥墩有一处历经数百年岁月的震撼之作——温州南片最具规模的碗窑，岁月的变迁在这儿残留着浓浓的痕迹。那里生产过一种细腻而又粗犷的粗碗，与百姓的日常生活密不可分。当时，人们把碗分成粗碗和细碗，而桥墩碗窑生产的那种粗碗则成为了百姓用餐的常见器皿。早年间，平阳和瑞安的市场上出售的各类用餐碗，多数都源自南港桥墩和北港顺溪碗窑。而南港桥墩碗窑则以其产量较大、声名显赫而著称。《顺溪瓷厂记》中亦有记载："平阳瓷业之兴，始于南港焦滩，其出口可方浙闽诸窑。"由于一些矿老板意识到保护碗窑的历史意义，他们便筹措资金兴建了民间陶瓷文化博物馆，用以纪念这段辉煌的历史时光。碗窑博物馆建于三年前，总投资超过130万元，占地约2000平方米，以与古村协调的木建筑为主，陈列着明初及清各时期的民间陶瓷，为游客们提供了一次历史与文化的穿越之旅。

（二）产业特征与发展成效

统计数据显示，每年到碗窑旅游的人数已达到3万多人。随着民间陶瓷文化博物馆的建成，在古村的老戏台、陶瓷老作坊等风貌映衬下，古村碗窑将会吸引更多游人。有产碗历史，现在又保存着古屋群，沉默了多年的桥墩碗窑古村落出名了，成了苍南玉龙湖景区的一个重要人文景观，文物专家们纷至沓来。早年碗窑生产的老碗、粗碗如今更显得珍贵。

产业盛，才会人丁旺。碗窑一个小小村落，竟吸引了4000多人聚居。碗窑出产的碗，花色品种很多，很适宜百姓的生活需求，有大圈碗、小圈碗、点心碗、酒盏醋碟、调羹汤盆等。曾经，这里每天有大量的碗出产，

古村落里商业气息也非常浓。几千号人口从事手工制陶，村里客商云集，生产线多达 18 条。这里的窑当地人叫它是“阶级窑”，是拾级而上建造的，每条窑有八九级。村子里水资源丰富，当地工匠充分利用水力建成八级水碓，计有 46 个以流水为动力的捣臼。那是真正的“流水线”。

由于手工出品慢，要货的人又多，为了应付春节前的生意旺季，有些商家就囤积货源，在这里一住就是半年。所以，村子里还开了三四家小客栈，如今木结构的三层楼还保持着古老客栈的遗风，这种木结构的老屋，在浙南山区很少见到。为了留得住商客，也为了节日里举办社戏的需要，村子里建了一个古戏台，至今还保留着。一个小村寨有非常精致的古戏台，其造型和工艺与平原乡镇上的戏台相比还要高档和大气，更有客栈配套，可见这个村落早在清朝中叶，商品经济已经进入萌芽时期，成为以手工业工场为中心的带动商业活动的古老村落。

可以说，这里比起其他可以观光的古村落，更多了商品经济的现场“教案”。当时这里的运输水路、旱路直通南北两港，大溪边的埠头有好几个，枕头石的台阶路已经被磨得又光又亮，那也是商气带动物流和人流的见证。如今这里不再生产粗碗了，村民们根据当地具有丰富耐火泥的资源，生产高档的耐火砖。可这里还保存碗窑的作坊，每当旅游旺季到来时，老农民就会为游客演绎古老的制碗手艺。

四、温岭石塘镇石屋：与曙光同升的渔乡居所

（一）乡愁故事与乡愁文化

这里曾被习近平总书记称赞为“曙光首照地、东海好望角”。石塘镇位于温岭市东南沿海，行政区域面积28.47平方公里，海岸线长达58.6公里，辖34个行政村。这里是浙江省渔业重镇、全国著名渔业乡镇，拥有国家一级渔港——石塘渔港。

石塘，因石而得名。民房依山就势、面向大海而筑，建筑布局密集，石头山、石头屋、石头路，形成了稀奇古朴的石头城，构成了石塘独特的格局与风貌。石塘镇拥有石塘石屋、千年曙光、风光海岸、岛屿沙滩、风情渔港、特色民俗等丰富的自然人文旅游资源。

据统计，石塘留存石屋19000多间，其中清代石屋759间、民国石屋1833间。生活在这儿的渔民开山取石，在面朝大海的山腰上建造起一幢幢冬暖夏凉的石屋，用来抵御倭寇的猖獗和台风的肆虐。这些正面墙体用一块块方石垒成的石屋，大多都已经有了上百年的历史，如今墙体经过岁月的洗礼，斑驳陆离，一堵墙就是一幅大自然创作的画。

石屋，这片美丽的土地，为特色石塘注入了生命和活力。在这里，大奏鼓、小人节、渔鼓等别具特色的海洋文化，为石塘的文化内涵增添了独特的色彩。大奏鼓这一渔村传统舞蹈已经存在了数百年，它的表演充满了热情奔放的气息，带着强烈的渔家风情。同时，大奏鼓与七夕小人节也因

其魅力所在成为了国家非物质文化遗产的代表之一。这一股源远流长的文化热度，在这片海岛之上升腾而起，叹为观止，不禁让人击节称赞。

千帆尽渡，鱼虾满仓，是渔港小镇曾经的辉煌。由于渔船“双控”政策、渔业资源衰退、捕捞成本大幅提高等因素的影响，渔业经济利润空间日益缩小，石塘传统渔业面临产业转型。以石屋文化为特色的民宿产业和旅游产业开始走到台前，成为石塘渔村二次振兴的重要抓手。

（二）产业特征与发展成效

石屋民宿担起振兴旅游经济重任。近年来，石塘依托这些可以牵动乡愁和展现山海情怀的旅游资源，以打造石塘半岛省级旅游度假区为目标，借力美丽乡村建设，立足石屋保护利用，通过发展民宿旅游将石屋资源优势转化为产业优势。石塘镇共有精品民宿 34 家，客房数 450 间，床位 800 张，节假日客房都出现供不应求，帮助 3000 多渔民实现梯度转业，探索走出了一条渔民转产转业的新路子。石塘每年接待国内外游客 200 多万人次，实现旅游总收入超 3 亿元。精品民宿营业收入约 7000 万元。石塘旅游民宿及其配套经济的蓬勃发展，带动广大渔民转型转产，走上旅游兴村旅游致富的渔村振兴之路。

2012 年，温岭市规划建设石塘半岛旅游度假区，建成的环海绿道，依山而建，全长约 8 公里，宽 4. 5 米，沿途设置观景平台、亲水栈道、自行车租赁点等，紧密串联车关金沙滩至钓浜渔港海岸线各景点，形成独具特色的沿海观光带。借力石塘滨海绿道的建成，依托当地特有的石屋和石文化，石塘旅游经济开始蓬勃发展。石塘旅游民宿及其配套经济的蓬勃发展，带动广大渔民转型转产，走上旅游兴村旅游致富的渔村振兴之路。

借助温岭市政府美丽乡村建设、石屋保护利用、发展农村休闲旅游政策的春风，五岙村村干部们首先站出来，动员发动村民转让空置、破旧甚至已经倒塌的石屋发展民宿。并将一整套管理民宿的办法制定成村规民约：立面不得改造、违规装修和破坏环境要上黑名单公示、改善留守村民的生活环境、村内道路……

2012 年石塘镇第一家民宿“海山生活”在五岙村开张。2014 年，五岙村投入 230 多万元，对道路、村庄绿化、亮化、污水处理等方面进行村庄全面整治；2015 年，投入 120 万元完成美丽宜居项目；2016 年打造“美丽乡村精品村”项目，包括文化休闲广场、尖山头景观台、海景公共厕所、尖山头露营基地以及基础设施建设，共投入 400 余万元。随后，“写意时光”“风从海上来”“静叶思”“流水人家”等民宿像雨后春笋般不断出现。

五岙村石屋迅速打响了石塘镇特色民宿的知名度。2015 年，在国际海岛大会上，温岭市首次作为国内海洋民宿的代表进行了主题推介，受到 25 个国家代表的推崇。石塘石屋作为浙江海派民居的代表，已经成为浙江海洋旅游新的特色和亮点。2017 年，石塘镇被浙江省列入全省第一批 21 个风情旅游小镇创建名单，与旅游强镇西塘、乌镇等并列，是台州市唯一一个入选的小镇。

政府把舵，民宿 + 旅游助推渔村转型。近年来，石塘石屋经历了一次华丽的变身，日渐规范的开发和规划让挥之不去的破旧韵味离我们远去，取而代之的是各具风格的精品民宿群。随着沿海绿道和其他旅游项目的逐步落成，围绕着阳光、大海、石头、沙滩、航海、渔船、运动、渔歌、海岛等“9S 要素”的“阳光石塘 · 石屋民宿”旅游品牌闪耀登场，风头一时无两。紧接着，随着旅游民宿经济的不断发扬光大，当地在积极引导之下成立了石塘半岛旅游民宿联盟，呼啸而来的培育平台和桥梁纽带让产业规范化管理成为可能。同时，石塘旅游民宿党支部的建立，更是在产业兴旺之路上献上了宝贵的支持和贡献。所有这些，为石塘旅游产业的茁壮成长铺设了坚实的基础。

在渔业向乡愁产业转型过程中也存在一定的问题需要解决。石屋年久失修。由于石屋多为石木结构为主，经过常年风灾、咸潮等侵蚀，造成毁损严重，部分坍塌，存在着严重的安全隐患。保护与居民建房矛盾突出。保护区内居民要求改善住房条件的愿望非常迫切，违法拆建和改扩建屡禁不止。镇政府财力有限。当地政府财力有限，镇政府对于石屋保护的专项投入资金也很少，根本无法支撑石屋保护规划工作的实际资金需求。

石屋乡愁产业，民宿的发展，在各个层面，我们还存在不少行业空白，我们不断总结和借鉴其他地区的发展经验，创新乡愁产业的发展。尽快实施抢修，需要尽快完成核心保护区内历史建筑修缮、基础设施改造和周边环境整治以及里箬村入口的建设和改造；出台安置政策，为了保护好历史悠久，内涵独具的石屋，就需要尽快落实拆迁安置用地和迁建政策，真正解决迁改居民住房问题。落实专项资金，加大资金投入，拓展保护渠道，通过建立多元投资体制来筹集保护和开发利用经费，加快文化遗产抢救速度。旅游开发利用，进一完善内外部交通，进一步延伸沿海绿道，进一步推进土地置换，解决土地指标小和土地用途转型难问题，加大招商力度。

五、富阳龙门古镇：孙权后裔的最大聚居地

（一）乡愁故事与乡愁文化

龙门古镇，坐落于仙霞岭的余脉龙门山下，毗邻富春江南岸，距离富阳市区 16 公里。这座古镇是中国最大的孙权后裔聚居地，同时也是明间孙氏文化保留最完美的瑰宝。庄严的东汉名流严子陵曾经畅游于青山碧水，为龙门的美丽山川赋予了“胜似吕梁龙门”的美誉，由此，龙门古镇的名字也由此产生。此后，“龙门”这个名字不仅成为了地理独特之处的代名词，更被人们演绎成了一种流淌着浓郁文化气息的概念。若追溯古镇的历史，我们会发现，三国时期孙权领导吴国成就了帝王霸业，被尊称为“吴帝”。孙权的后裔们，则以勤奋、聪慧为座右铭，秉承着先祖的开拓进取、勇攀巅峰的精神，将龙门打造成了孙氏家族的“世外桃源”。凭借龙门山水的庇护，孙氏家族最终发展壮大，如今已经拓宽到超过两千户、七千余人，成为江南地区最具规模的望族之一。现在，龙门古镇保留着一批精美的明清古建筑群，充满了浓郁的历史和文化韵味，是江南最大的古村落之一。

古镇历史悠久，传言整座镇子建于孙武后裔和吴大帝子孙眼花缭乱的迷阵之上。除了老街之外，几乎所有的巷道都是弯弯曲曲的长通道。不熟悉地形的人，似乎已经到达了盘旋的尽头，却又走过一个弯弯曲曲的拐

角，马上又回到原地。穿越这一成串充满历史沧桑感和迷宫般长弄的遗迹，真是一段深具历史意义的经历。而相对于古镇的晦涩不易，龙门的面筋却通行于此，是名副其实的特色美食。据传，这是孙权出征前为其儿特制的美食，如今，历代嗣子遵循祖传秘方，手工精制出别具风味的面筋，成为高价值聚会、家宴的上好之选，也成为亲朋好友馈赠的佳品，已经盛传千年。

（二）产业特征与发展成效

龙门古镇，90%以上的村民都是三国时期东吴孙权家族的后代。千百年前，通过一代又一代的建筑，这里从一个大家族的聚居之地，变成了今日令人惊叹的古镇。这座古镇以两座孙氏宗祠为核心，共建有四十多座孙氏厅堂，以及砖砌的牌楼三座、古塔一座和一座寺庙。镇内的房舍相连，街道纵横交错，像个巨大的迷宫，让人感到神秘而有趣。一旦进入这个村庄，人们就会被它独特的魅力吸引，让人流连忘返。

每年的农历十月十九，龙门古镇都要举行规模浓重的祭祖大典。在孙权故居前，礼花四起、鼓号齐鸣。整个大典由孙氏家族最为年长、德高望重的孙家后代主持，各级政府官员也参与庆贺。精彩绝伦的瀑布神龙表演、孙权战马表演和跳“竹马舞”，再现了三国宏伟壮阔的战争场面，自强不息的帝王之风。“孙大嫂腰鼓队”的表演，表现出古时“军嫂”的飒爽英姿。

在大典的文艺活动中，表演的跳“竹马舞”是最为精彩的一环，尤其是孙权后裔们的表演，更是壮观无比。其中，“火烧赤壁”“火烧连营”这

两个场景更是将孙刘联合将曹操扫地出门的战斗场面再现得淋漓尽致。数十位演员个个面带彩花，身着华贵袍甲，骑着多彩各样的竹马，分别扮演着战火纷飞的双方主要大将。交战开始，十四竹马同时冲锋陷阵，随着令旗高举，形成了剪刀、四角和菊花等阵式，生动展现了激烈混战的场面。随着锣鼓声渐渐加快，一对对的竹马开始在台上退场，表现出多个回合下的惨烈伤亡。“竹马舞”的最后，只留下两位主将孤身厮杀，决出胜负，这一情节更是再现了三国中血雨腥风的战斗场景。

回想三国时期的孙权凭着雄才大略，确立了三国鼎立之势，奠定了江南稳定的基础，促进了当时经济的全面发展。今天，龙门古镇的孙氏后裔仍然秉承沿袭着先祖的名门功德，保持了优良传统。

六、临安昌化河桥古镇：中国很早的移民古镇

（一）乡愁故事与乡愁文化

河桥古镇位于临安市的南面，因河多桥多而得名。“唐昌一千年地贯徽杭浙皖，首镇两百里水通富春钱塘”，说的就是千年古镇——河桥。河桥因商而聚，因商而散，是中国很早的移民古镇，自古就是“百姓百行百店百匠”汇作之地。虽名声显赫的大户不多，但留下了丰富的民俗民风，农事家习，成为临安物质文化遗产的丰富宝藏。包括浙西抗战纪念馆、河桥农博民俗馆、青楼文化馆等文化场馆的保护和恢复，让风韵河桥锦上添花。河桥古镇是古时昌化县治所在。明嘉靖年，唐昌即（昌化县）设四镇，河桥因“邑水口形胜商务独冠唐昌”被列为首位，至今镇门上“唐昌首镇”。河桥老街是古镇的象征，是古镇文化最直接的反映。老街有上街、中街、下街，南北长近 2000 米、宽 5 米，皆用条石、鹅卵石铺筑。河桥老街上的店铺也还保留着当年“前店后坊”的风貌，能看到“许益隆”“积善堂”“柴志振”“胡森盛”“惠元堂”“昌南警所”“悦路轿行”等老店。通过这些颇有历史味道的排门院墙，还能回味古镇当年的气派与辉煌。

相传1200多年前，也就是唐玄宗时期的“安史之乱”时，有一户汪姓人家为避战乱，从安徽出发，携老扶幼千里辗转流落到了昌化。此时的他们，因一路的奔波早已人困马乏。就在几近末路的时候，发现此地高山环绕，水土肥美，山川秀丽，一片祥和之景，遂决定在此繁衍生息。据记载，鼎盛时期，人口稠密、商贸繁荣，文化昌明，又地处三江交汇，货船竞发，帆影如云，被称作“唐昌首镇”。20世纪40年代抗战时期，河桥再度繁荣，诸多机构在此设节，颇具影响。

（二）产业特征与发展成效

近年来，河桥镇在大力实施“三改一拆”“五水共治”、小城镇环境综合整治的过程中，以大手笔修理古镇，十分重视古镇的保护、抢救与修复工作。除拆旧拆破拆违，还由政府专门出资收购了部分老房子，千方百计予以保护。并在注重保护的基础上，挖掘历史遗迹，寻找人文故事，采集乡俗民风、串拼历史碎片。把风情与文化融进山水古镇之中，重修古街巷、古民居，恢复历史建筑，开发新景点，处处用心用情，在“宜游”上做文章。

如今的河桥，古镇风采重现，山水有神韵，风光如画屏。吸引了全国各地的人纷纷前来学习取经。2017年，河桥镇启动小城镇环境综合整治，投资6300万元重点实施柳溪街沿线房屋外立面改造，修缮河桥老街历史建筑等项目，让老城焕然一新。据初步统计，仅2018年，已先后接待了来自全国各地的参观考察团共计150余批，共11000余人。更多的游客也被古镇的新旧变迁所吸引，都想穿越时光，到河桥看一看古镇风貌，感受千年历史遗韵。

七、兰溪诸葛八卦村：诸葛亮后裔的最大聚居地

（一）乡愁故事与乡愁文化

诸葛八卦村位于浙江金华市兰溪市西部，诸葛八卦村原来叫高隆村。诸葛八卦村是迄今发现的诸葛亮后裔的最大聚居地，保存了大量明清古民居，是国内仅有、举世无双的古文化村落。来到这个奇村，闭上眼睛随便一指，都会指到一座百年以上的屋子。

诸葛八卦村的每家每户都是面对面，背靠背地紧密相连，迷宫般的巷道纵横交错，仿佛是一个错综复杂的迷阵。村落的建筑规划遵循了“八阵图”的样式，地势如同一个凹底的锅，中心部分略微低洼，四周则逐渐高耸。四面环水而来的溪流聚集于凹底之中，形成一口池塘，被称为钟池。这个钟池不仅是诸葛八卦村的中心，也是“八阵图”布局的基点。以钟池为中心，有八条小巷向所有方向延伸，直通着村外的八座高高的土岗，而这八座土岗的平面布局恰好呈现出八卦图的形状。小巷还分出了数不尽的横向环连的窄弄堂，相互纵横交错，既通又不通，像一个个迷宫。进入小巷的外来者常常迷失方向，好进难出，有时甚至令人坐以待毙。但数百年来居住在村子里的诸葛亮后裔并没有意识到这个小村的奇特布局，生活在“八阵图”之中，却不知“八卦形”。直到有一天，在一本古旧的书中，他们才找到了相关记载，揭开了这个奥秘的面纱。如今，只要站在镇外的土岗上俯视着整个村落，就能够看到它完整无缺地呈现出九宫八卦的形状，它的布局之奇妙独特，无人能不称赞不已。

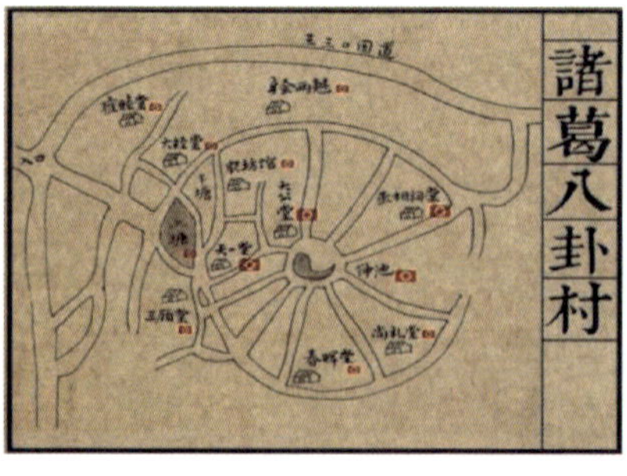

诸葛镇的如此奇特布局，其来龙去脉众说纷纭。有人猜测这种布局是诸葛亮《八阵图》的重新演绎，诸葛后人借此特别设计以纪念祖先，同时更是对八阵图的艺术传承；诸葛后人虽然不嗜争强斗狠，但其战备态度却毫不含糊。如此布局，顺着钟池一呼，便可号令四面八方，将来犯之敌扼杀于池畔，无形中增强了胜利的几率。而除了独特的布局，诸葛镇的古民居更是一个难得一见的宝藏。据记载，这座古镇始建于宋元时代，经历了不少后代的兴建与改建，直至康乾年间才达到鼎盛。全镇共存有 200 多幢明清古建筑，散落在小巷弄堂中，历经风雨依然保存着原汁原味的古风。据传说，鼎盛时期，诸葛镇中共建有 18 处祠堂，大多雕梁画栋，工艺精美。其中，大公堂和丞相祠堂被视为佼佼者。长时间以来，这里的诸葛后人以一种与众不同的方式生活着，淳朴且有趣味。他们的民居多使用铁皮包制，世代传承着诸葛亮的精神，勤勉学习，敬业奋进，因而涌现出许多的英才和豪杰。据传，诸葛亮曾留下“不为良相，便为良医”的言论，在后人的心目中，他作为千古第一良相，无人与之匹敌。因此，诸葛子孙们纷纷放弃仕途，专心学习为良医，不断铭刻诸葛亮的博学精神。

（二）产业特征与发展成效

先保护、再利用、后开发是八卦村旅游发展规划始终贯彻的方针。1995 年，八卦村的旅游产业正式起步。当时，村集体可支配收入不足 10 万元，在这 900 多户、约 3000 人的大村里，既要承担保护 1.2 平方公里古村落的任务，又要带着村民集体走向富裕，其间的压力可想而知。

五元一张的门票，成为诸葛八卦村旅游业兴起之初的唯一支柱。在 20 世纪 90 年代，旅游业尚未盛行之际，诸葛八卦村的出现填补了浙江省甚至整个中国旅游产业的空缺。拥有古老的白墙黛瓦建筑、神秘的八卦街道和诸葛亮后人的传奇故事，这些元素催生着众多的文化追随者前来朝拜。随着旅游业的蓬勃发展，八卦村的旅游品牌优势也逐渐积累起来。直到 2007 年，以诸葛亮诫子书为主题的廉政文化馆也加入了这里的展示区域。此外，“徽州人识宝，诸葛人识草”这句古话，也将诸葛族人长久以来从事的中药业融入当地的旅游文化中。八卦村中药标本展馆的大经堂内，有近千味中药标本让人惊叹。大堂前厅金柱上的对联更是笃定地写下："药业经营，遍南布北，可从志书查记述；医道高明，救死扶伤，且由《宗谱》说端详。"这一切，让每一位观者都不能不生出敬意。

《诫子书》乃诸葛亮晚年写给儿子的信札，流传千年，被诸葛后裔视作家族价值观、行为规范的精华，延续至今。其家训被代代相传，形成《诸葛氏家规》修订的具体内容和准则。这是诸葛后裔家风文化的灵魂，旨在引导接班人更好地立身处世。《诸葛氏家规》所作出的行为规范极其严格，规定了行为的善恶界限，并有罚则，便于执行。为传承诸葛亮的廉政思想和先人遗风，兰溪诸葛村设立了"诸葛亮廉政事迹陈列馆"，将《诫子书》编成少儿歌曲广为传唱，编写《人文诸葛》文化乡土教材供诸葛镇中小学课外阅读，制作了公益宣传片《廉洁，让生活更美好》在中央电视台播出等一系列措施。最终，《中国传统中的家规》第二期推出，兰溪诸葛村《诫子书》上榜。

八、磐安管头村石屋：古代风水理论的代表作

（一）乡愁故事与乡愁文化

管头村是浙江省金华市磐安县尖山镇一个下辖村，是首批国家级生态示范区磐安的第一个生态示范村、全国文明村庄。民居用 2 亿年前火山喷发的岩浆变成的黑色玄武岩砌筑，故又名"乌石村"。曾经管头村村民家里都很穷，造房子是家家户户的大难题。虽然当时已经流行造砖瓦结构的房子，但成本太高，村里只有几户人家才造得起，而管头村附近盛产乌石，村民便采石筑屋，花力气成本却很省钱。现在的整个村庄形如"燕窝"，四周梯田层层，群山连绵，管头村是保存完整的以中国古代风水理论建造的村庄，素有"空中乡村"的美誉。

（二）产业特征与发展成效

2005 年，有几位村民将乌石小院装修一新，取了个好听的名字“怡情石屋”，并选了一个好日子开门迎客。但开业后的近一年时间里，四家农家乐一直处于惨淡经营。后来通过上海的推介宣传，2006 年是管头村农家乐发展史上的“一个春天”。时任浙江省委书记习近平来管头村调研考察后说道：“乌石村历史悠久，建筑风格独特，是宝贵的资源，你们要保护好、利用好老祖宗留下的宝贝，抓住天时、地利、人和的有利时机，搞好乡村旅游，带领村民致富，建设美丽乡村，祝愿农家乐红红火火，村民生活幸福美满。”管头村从此掀开了历史新篇章，开启了时代新征程。管头村建立“乌石村农家乐服务中心”，制定出台《管头乌石村农家乐服务中心管理办法》，实施“四统一”管理模式。在“四统一”管理模式下，管头农家乐实现了诚信经营，有序竞争。“住农家别墅、吃农家土菜、游美丽乡村”吸引了越来越多的城市游客来管头休闲旅游。如今，以“四统一”为主要内容的“管头模式”不仅成为磐安县其他村农家乐管理的模板，还吸引了省内许多农家乐村前来考察学习，为浙江省农家乐发展提供了“管头经验”。从 2007 年开始，不用动员、不用补助，村里的农家乐越办越多。成排的新房子，乌石搭建的古民居，络绎不绝的车辆，来来往往的游客。

近年来，管头村先后投入 5000 多万元，争取上级补助资金 3000 多万元，加快公共设施配套建设，完善旅游设施和功能。村里建起游步道、舞

厅、灯光球场、露天音响等文体设施，制作了游览图、指路牌和形象宣传牌，种植了200亩油菜花、10亩荷花、20亩牡丹花（芍药花），开发了桂花林、樱花林、红枫林和蔬菜基地等。管头村开始向综合性乡村休闲旅游转型升级，努力培育集观赏、娱乐、餐饮、住宿、农事民俗体验于一体的旅游业态。

为了让游客更好地感受乡土文化，村里整理修缮了明代本保殿、清朝四合院、龙湾堂花厅、乌石古巷、双眼井等古建古迹，并围绕10多棵千年古树建设了古树公园。成立了农耕文化展馆，陈列了许多传统的农事用具。2016年，管头村成功创建国家3A级旅游景区，成立了“乌石村旅游开发有限公司”，申请注册了“乌石人家”“乌石小镇”“乌石农家乐”三个商标。

如今的管头村被誉为“金华农家乐第一村”，因每年都有上千上海人在管头过年，又被称为“上海村”。截至2021年底，全村80%的农户从事乡村旅游，其中农家乐经营户200多家，床位5000多张。管头村是全市农家乐规模最大、接待人数最多、经营收入最高、规范化管理最早的农家乐专业村。

九、蒋氏故里的生活印记

（一）乡愁故事与乡愁文化

1949年4月，浙江东部溪口镇一处幽静的小院传出繁忙的发报声，七部电台在这里日夜不停地工作，从这个小小的办公室发出的电波，指挥着全国数百万国民党军队的一举一动。此时，南京已经风雨飘摇，每天数百份绝密文件从全国各地汇总到溪口，这个名不见经传的小镇一夜之间成为国民党当局的神经中枢。溪口究竟是怎样一个地方？在这里又隐藏着哪些不为人知的往事？溪口镇位于浙江省宁波奉化市西南二十公里，东靠武岭，南濒剡溪，北临雪窦山，溪口以剡溪之水而得名，这里山水如画，风景秀丽，融人为、自然、佛教于一体，是游览、观光、度假之胜地，是镶嵌在港城宁波一颗熠熠生辉的绿宝石。溪口镇之所以名声远播，是因为这里出了一位对近代影响巨大的人物——蒋介石。又因深厚的佛教文化而享誉中外，更因成功成为亚洲唯一入选上海世博会“城市未来馆”而名扬天下。

溪口镇背靠风景秀丽的雪窦山，雪窦山是浙东地区的一方宝地。1000年前，一个叫契此的胖和尚经常光顾这里，传说中他永远笑容满面，平日里不修边幅，背着大布袋四处化缘，大家都叫他布袋和尚。后来这个开口能笑，大肚能容的形象被看作是弥勒的化身，雪窦山上的雪窦市成为著名的佛教圣地。溪口是蒋介石、蒋经国父子的故里，玉泰盐铺、丰镐房、武岭门、文昌阁、蒋母陵园、蒋氏宗祠等 22 处历史遗迹保护完整，堪称“民国文化第一镇”。整个建筑为传统的前厅后堂、两厢四廊的格局。中间小天井，两边有金银桂花各一枝，是宋美龄亲手所栽。而两旁则为东西厢房，东由宋美龄居住，西为毛福梅（蒋介石的元配）的住所。但因毛福梅居住在此，宋美龄直至1939年从未到过此地。武岭门是进溪口镇的必经之路，1929年蒋介石将这里改造成三间二房城楼式城门建筑。门额两面都有“武岭”两字，外面是国民党元老于右任先生所写。1925年，建造飞檐翘角的两层楼房，建筑面积500平方米，蒋介石名之为“乐亭”，是蒋介石的私人别墅和藏书楼。1927年12月，蒋介石和宋美龄结婚后每到溪口，常在文昌阁小住，文昌阁就成了他们的私人别墅。文昌阁一楼为会客室，二楼是蒋介石、宋美龄的卧室和起居室。中间的天井有宋美龄所植的金银花。

西安事变后的1937年1月13日，张学良将军被送到溪口软禁，最先的落脚点也是文昌阁，住了10天后才移送到雪窦山。

旧时溪口人有传统习俗，即为祖房立名，且力求古雅。蒋介石父亲去世后，蒋介石兄弟分家，蒋介石一房为丰，其弟蒋瑞青一房为镐。瑞青早死，由蒋介石兼祧承袭，故称丰镐房。

（二）产业特征与发展成效

自古以来，宁波一带迎娶新娘特别讲究，送嫁妆的队伍浩浩荡荡，因此有“十里红妆”一说。行走在溪口镇，仍然有可能看到这种浙东地区传统婚礼的热闹场面。1901年，岩头村一个叫毛福梅的姑娘嫁入丰镐房，毛福梅比蒋介石大5岁，她为蒋介石生了一个儿子叫蒋经国。据蒋经国回忆，父母聚少离多，感情日渐冷落。后来蒋介石向毛福梅提出离婚，毛福梅提出的唯一要求就是“离婚不离家”。虽然离了婚，但她仍以蒋介石义姐的身份居住在丰镐房主持家务。

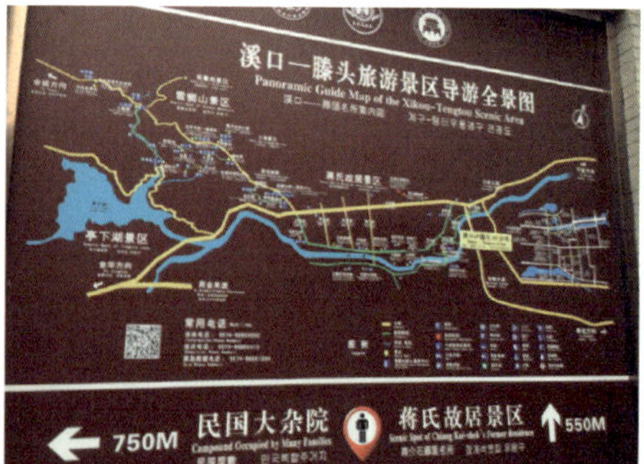

现在来溪口的游客都会吃的‘蒋家宴’，有‘民国第一宴’之称。一道用溪口亭下湖里的胖鱼头制作的鱼头煲，鲜美爽口，备受蒋介石推崇。“跑过三关六码头，吃过奉化芋艿头”，奉化火缸靛骨芋艿独具特色。此外，蒋家大肉圆、野鸡蛋炖蛤蜊、笋干菜烧土猪肉、清蒸宁波黄鱼均极富“老宁波”风味。民国时期溪口镇名声远扬，还有一个重要原因，那就是这里有一个特殊的别墅，这里是雪窦山妙高峰的顶端，因其顶恰好是一个平台，所以蒋介石便在这里建了一处别墅叫妙高台。蒋介石一生三次下野，每一次下野都会回到妙高台。然而 1949 年，连妙高台也仿佛摇摇欲坠，人民解放军正在进行渡江作战，第三次下野的蒋介石就在妙高台用电报和发报机指挥着国民党军队。然而，正如他担心的一样，他所指挥的江防军队终于阻止不了气势如虹的人民解放军。4 月 23 日，人民解放军占领南京，蒋介石深知大势已去，于是在慈庵拜别了母亲的坟墓，最后一次眺望了溪口，在无限惆怅中，乘坐竹筏从剡溪出发，永远离别了家乡。20 天之后，人民解放军解放奉化，毛泽东主席发出命令，不要破坏蒋介石的住宅、祠堂及其他建筑物。

今天，这座因蒋介石而闻名的溪口古镇已经是一处独具特色的旅游胜地，每年都会有来自台湾的蒋家后人来溪口祭拜祖先，溪口也成为连接海峡两岸六十载乡愁的精神纽带。

十、江山仙霞古道：海上丝路的陆上运输线

（一）乡愁故事与乡愁文化

在浙江西部，莽莽苍苍的仙霞山脉中，有一条仙霞古道，它不仅是海上丝绸之路重要的陆上运输线，也是浙闽之间重要的交通要道。因其特殊的交通位置，又被称为“浙闽咽喉”“东南锁钥”。

据记载，仙霞古道起于江山城，一路经清湖、石门、江郎、峡口、保安、廿八都、渔梁、仙阳，最后到达福建浦城，总长 300 里路，其中陆路 210 里，水路 90 里。古道沿线出产的丝绸、瓷器、茶叶等，经仙霞古道源

源不断地输向东南沿海港口。

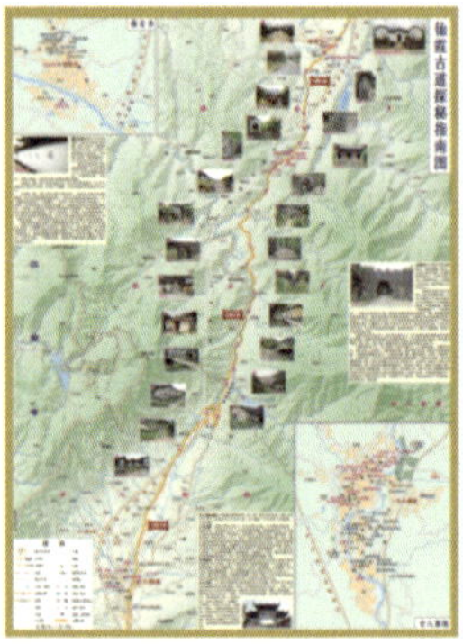

仙霞古道开辟的历史，要追溯到唐朝末年。早在公元878年，唐末农民起义军首领黄巢率领十万农民起义军来到仙霞岭，被巍巍仙霞山岭挡住去路，农民起义大军愚公移山，劈开700里仙霞岭山道，直抵建州（今福建省建瓯市）。劈山开道后，曾经“岭水之山峭峻，车道不通”的巍巍仙霞山成了“操七闽之关键，巩两浙之樊篱”的战略要地和通关要道。至南宋，仙霞古道成为沟通浙闽两省的“七尺官道”。到明清，原本承担军事功能的古道，逐渐发展为一条成熟的商贸运输线，仙霞古道也迎来了全盛时期。

古老而又险峻的仙霞古道，是浙江壮丽山川中的一道古迹。它历经千年，自唐朝起就是浙、闽两省商旅唯一通道，但其地形险峻，堵喉浙闽赣三省要冲。自古以来，这里是兵家必争之地。明时有叶宗留领导的农民起义，清时有杨管应、刘家福等领导的饥民起义。太平天国名将石达开、侍王李世贤在此活动，中国革命战争时期更是留下了众多足迹，包括红军、游击队和工农挺进师。仙霞古道沿途的险峻峡谷，历经风雨，依旧被视为千金之地，它见证着历史的变迁和文化的传承。

钟灵毓秀的钱塘江水系和闽江水系，自古便是浙江和福建的交通命脉。在这两大水系之间的旱路中，有一条跨越仙霞岭山脉的仙霞古道，距离短、通达性好，是连接南北最为便捷之路。虽然这条山路崎岖险阻，但它是一条便捷程度不逊于海路的大通道。据古籍记载，“凡自浙入闽者，由清湖渡舍舟登陆，连延曲折，逾岭而南至浦城县城西，复舍陆登舟以达闽海”，由此可知，仙霞古道建构了承载货物和物资交流的重要陆上通道，成为中国古代“海上丝绸之路”的重要线路之一。而仙霞古道沿线现存文物四十余处，这些烟萝洞摩崖石刻、清溪锁钥门亭、黄巢起义遗址、戴笠故居、水安桥、东岳宫、德春堂药店等文物遗址/遗迹/建筑，也为古道增添了别样的文化底蕴。

（二）产业特征与发展成效

仙霞古道北起江山古县城，途经清湖、石门、峡口、保安、廿八都诸地，翻越仙霞崇山峻岭，直至福建浦城县，全长 120. 5 公里，江山境内达 75 公里，是一条集官道、商路、军事要道于一身的千年古道。仙霞古道历史悠久，人文古迹深厚，历来是兵家必争之地、商贸必经之道、文人必游之路，是海上丝绸之路最重要的陆上运输线之一，沿途串联起了江郎山、廿八都、仙霞关、保安戴笠秘宅等一批 5A、4A 景点和众多历史文化名镇名村，在国内外也享有很高的知名度。仙霞古道从 1991 年起就进行了保护和修复，2001 年成立仙霞关景区对古道进行常态化管理、修缮和保护，2016 年被评为国家 4A 级旅游景区，是国内古道保护开发的杰出代表。仙霞古道是唐末黄巢农民起义的重要遗址，现已是省级重点文物和经典红色旅游路线，这里传说故事众多，人文底蕴深厚。让人每走一步，就能感受到一步的历史积淀。以古道为纽带，串起众多璀璨明珠，形成了“星罗棋布，众星拱月”的全域旅游画卷。您踏上仙霞古道，定是眼睛和心灵的双重享受！

第六章　耳畔里的乡愁产业案例

一、江山大陈“村歌”：妈妈的那碗大陈面

（一）乡愁故事与乡愁文化

村歌，是大陈村的一张最为闪亮的“金名片”。大陈村早些年把流传数百年的一段乡愁故事进行活化和转化，创作了浙江省的第一首村歌《妈妈的那碗大陈面》。“轻轻的在风中翻转，香香的在碗中盘旋，美美的和着我们欢笑，祖宗殷殷的叮咛和嘱托，妈妈的慈爱游子的祝愿，浓缩进芳香可口的大陈面。不管我们走得多么远，故乡永远在我们的心间。妈妈的那碗大陈面，伴随着我们一年又一年……”。

相传明朝万历年间，大陈地方有个医生汪洪文，是个杏林妙手，不仅医术高超，而且乐善好施，碰到穷人看不起病，不但不收钱，还送给病人一些

钱。一次意外让他中年丧妻，留下一个孩子汪普贤（乳名大陈），父子俩相依为命。他常年积德行善的义举，深深打动了寡妇桂香的心。为了不让孩子饿着，思谋再三，他续弦了心地善良的桂香为妻。后妈桂香对大陈视如己出，可年少气盛的大陈对她有偏见，嫌后妈做的面难吃，一生气离家出走了，几十年来杳无音信。后妈桂香内心十分愧疚，整天在家琢磨面条的做法。老年大陈历经沧桑终于回到家，再次吃到后妈的大陈面条，方知养母恩，尝尽人间百草露才明白，大陈面香喷喷的秘方就是妈妈的爱。从此在家孝敬后妈到老。

大陈距今已有 600 多年历史，村中居民 90% 姓汪。到了清代，大陈已是“烟居数百家，云连鳞次皆其一姓”的汪氏聚居村落。独特的风光被近代著名文豪余绍宋誉之为“十里环山皆松树，天下应无第二园”。大陈村首创“党建引领、文化感召”的村庄治理“大陈模式”。一首村歌，牵引出大陈悠久的历史，勾勒出大陈清晰的宗族衍脉，让村民们透过 64 代尘封的记忆，看到大陈的前世今生，深情道出绵延大陈 600 年的孝道文脉。

（二）产业特征与发展成效

大陈村地处衢州江山市北郊，拥有“江南第一古村落”的美誉。全村面积 5.2 平方公里，有 7 个村民小组 453 户 1371 人。整个村子坐落于群山的怀抱，一条溪水似玉带穿村而过，白墙黛瓦，绿树成荫。2018 年村集体经济收入 70 多万元，村民可支配收入 2.56 万元。村歌《妈妈的那碗大陈面》充分见证和支撑了这个美丽村落的蜕变和发展，全体村民共唱村歌，歌声追溯了大陈先祖母慈子孝的敦厚家风，演绎着新时代续写慈母心、孝子情的现代传奇。

村歌已成为大陈名副其实的乡愁产业。一首村歌，唱响了全村的文化自信。依靠村歌带动，通过干部领唱，党员学唱，群众跟唱，全村先后举办了第一届全国村歌之星演唱大赛和全国村歌大赛。大陈村歌唱进了中央电视台，制作成的 MV 作为国礼赠送给 G20 杭州峰会外国元首。

围绕村歌，大陈村确立了“文化大陈、幸福乡村”目标，首创“党建引领、文化感召”的村庄治理“大陈模式”。2013 年 9 月 22 日晚，“中国乡村好声音”村歌演唱会在浙江省人民大会堂隆重举行，大陈 200 多位村民登台亮相，极具乡土味的真情演绎，在社会各界引起极大反响。用村歌这样一种独特的文化手段，推进富有时代气息的农村精神文明建设，既实现乡风文明、治理有效、熏陶村民，又能激发文化的力量，由此走出一条乡村融合、文旅融合、农旅融合的乡村振兴新路子。大陈村先后被授予“中国历史文化名村”“中国村歌发祥地”“全国宣传思想文化工作示范点”“全国文明村”等多项国家级荣誉。

在大陈村，村歌成为了最具乡愁元素的“标志”。村歌是集结号，让邻里和谐无信访；村歌是创刊号，让大陈村惊艳亮相展新姿；村歌是冲锋号，让党员干部干在实处走在前。通过村歌讲好大陈故事、演好民俗风情、布局特色小吃、办好文化活动、推进文创产业，有力地助推强村富民。大陈村新建了村歌主题广场，建造了一条村歌健身长廊，一场实景灯光村歌演艺项目，举办“村歌大赛”等节会活动，开发出大陈面等特色旅游产品，形成了独有的“脸面、灶面、桌面、地面”“四面干净”文化。

“村歌效应”不断呈现，“村歌产业”在不断培育，大陈村每年举办的各种形式的村歌培训和展演达100多场。先后承办了全国公共文化现场会、全国村歌大赛、交响的力量、浙江省基层文化宣讲、浙江省美丽乡村建设现场会等系列文化活动，被央视《新闻联播》等国家级重要媒体展播。唱歌成了大陈村的文化，村里慢慢有了唢呐班、腰鼓队、排舞团……大陈村几乎成了音乐之乡。“村歌效应”在不断彰显，“村歌产业”在不断延伸，村歌里唱的那碗大陈面，成为村民增收致富的乡愁产业。大陈面是大陈村特有的美食，制作工艺已传承500多年。一首村歌一碗面条，不仅增加了村民的就业机会、收入来源，也提升了大陈村的知名度。

二、金华婺剧：被誉为京剧的鼻祖

（一）乡愁故事与乡愁文化

金华婺剧，又称“金华戏”，是浙江地域戏曲鲜明典型的剧种，被誉为“京剧之宗”。梅兰芳先生更曾豪言：“想寻找京剧的祖宗，非看婺剧不可”。这样一部承前启后的作品，以金华为中心辐射浙江建德、淳安、临海以及江西东北部上饶、景德镇等地。金华婺剧讲究高腔、声腔，昆腔、乱弹、徽戏、滩簧、时调六种声音交相辉映。这部戏剧更拥有500多年的历史，明清时期，金华区域曾是盐、丝入江西和漆、瓷入浙江的商业贸易核心地带，加上物产富饶，自古以来就是种种戏曲争霸奇异之地。来源于农民业余娱乐生活的婺剧是一个根深于乡间的戏曲流派，艺人大多具备农村出身的背景。早期，农民农忙的时候在家务农，农闲的时候就走出去组团演戏，并长期在各个乡村之间巡回演出，基本上都是自给自足的状态。直到抗战初始阶段，固定的班子社团方才纷纷涌现出来，随着时间的推移，这一戏曲演艺流派竟有了自身独特的风格。金华婺剧在表演艺术上强调生动有趣与激情粗犷这两大特点的完美结合，保留了许多古老的戏剧动作和套路，如傩舞、傀儡、目连戏等。

1950 年 8 月，全国召开的华东戏曲改革工作干部会议上，将流行于婺州一带的 6 大戏曲剧种命名为婺剧。1952 年底，浙江省由于衢州婺剧实验团的解散，浙江省文工团婺剧组的成员与大荣和班的队伍合并，建立了浙江婺剧实验团。到了 1956 年初，为进一步整顿婺剧实验团，浙江婺剧团在婺剧训练班的基础上成立，同时为保留婺剧的地方特色，将原定设在杭州的团址改设在金华。在金华地区，逢年过节，“做戏”常常是村庄居民生活的大事。以金华婺剧为例，作为国家级非物质文化遗产，是金华传统文化中最具代表性的艺术珍宝，是展现其“婺文化”象征的现存文化基石。不仅保留了大量优秀徽戏剧目和珍贵史料，如《列国记》《龙凤阁》等，其中一些已是海内孤本。此外，不少重大演出，依旧通过婺剧徽戏继承了原有的特色风范。在表演方面，婺剧通过保留徽戏独特古朴的工艺和技巧，在艺术上形成了具有决定性的格调。以脸谱为例，除京剧外，婺剧是仅存的两个已保存自身独特脸谱体系的剧种之一，婺剧的脸谱博大精深，收藏了 200 多种。同时，在表演的相遇上，婺剧没有水袖，演员的技巧大多在于手指和手腕，形成了独具个性的艺术特色。

1960 年，在观看杭州婺剧团的优秀传统小戏《牡丹对课》之后，伟大

领袖毛主席毫不吝惜地给予了热情肯定和鼓励，并接见了郑兰香等杰出的青年演员。1962 年，婺剧首次摇曳着莺歌燕舞进军京城，献上了《双阳公主》《三请梨花》《米栏敲窗》《牡丹对课》《僧尼会》《断桥》等经典剧目，并受到了专业文艺评论家的赞誉和肯定。如今，新一代婺剧人，也正在不断地创作着新的文艺辉煌。在创作方面，《白蛇前传》《贺家桥边》《梦断婺江》《江南第一家》《昆仑女》《宫锦袍》等经典之作不断涌现，多次获得国家和省级奖项；而在人才培养上，一批新的杰出人才也接踵而至，包括党的“十六大”和“十八大”代表、“二度梅”“二度文华奖”获得者、全国劳动模范、浙江省特级专家陈美兰，还有梅花奖获得者张建敏等杰出新秀，在其中脱颖而出的还有梅花奖获得者杨霞云等一批青年演员。

（二）产业特征与发展成效

从乡愁产业发展特质看，婺剧具有社会效益高、经济效益低的特征，近年来，受各方面因素掣肘，金华婺剧文化传承的主阵地婺剧团发展面临种种困境，剧团骨干力量流失严重，婺剧文化传承岌岌可危。习近平总书记高度重视中国传统文化发展，在多个不同场合表达了对传统文化的认同与尊崇，多次强调中国特色社会主义核心价值观和文化自信。高质量发展建设共同富裕示范区，必须加快打造新时代文化高地，为共同富裕注入强大文化力量。戏剧是中华传统文化的瑰宝，传统戏剧传递着礼义廉耻、忠孝节义和真善美，是祖先留给我们宝贵的精神文化财富，也是广大群众重要的文化生活载体。浙江是南戏故乡，婺剧文化源远流长，底蕴深厚。

婺城区蒋堂镇泽口村是金华市首个婺剧特色村，打造了一个婺剧文化园，核心场景包括婺剧知识普及廊、婺剧坐唱班活动室、婺剧传承陈列室、婺剧剧本创作室、婺剧节目排练场等文化活动室以及当地婺剧人才榜、婺剧典故栏。2016 年，金华婺剧在推动全省范围内的婺剧进校园精品汇报演出和中央电视台多次播放校园婺剧方面，展现了其无与伦比的实力和魅力。此外，金华婺剧还在全市范围内冠名、推选了婺剧特色村，并充分发挥了专业团队和乡村职业团队的优势，积极地开展送戏进村、进社区和进企业的活动。这些卓越的努力在丰富城乡文化生活的同时也培育了新一代的婺剧观众，极力推动着婺剧的发展和壮大。

金华婺剧，作为为农民演出的光荣传统的继承者，一直秉持送婺剧下乡的理念。这种信仰在实践中得到很好的印证——我们荣获了“全国服务农民、服务基层文化工作先进集体”的光荣称号。此外，为了更好地服务农民，金华成立了“三农艺术团”“歌舞团”，力图将更多更丰富的剧目带给乡村的观众。2012 年 1 月，浙江婺剧团、金华市婺剧团、金华剧院、青少年影剧团四家单位合并划转为浙江婺剧艺术研究院（浙江婺剧团），2013 年研究院入选全国首批 39 家地方戏创作演出重点院团之一。围绕“农村、学校、社区、城市、国（境）外”五个市场，每年完成以送戏下乡为主的各类演出 500 余场。连续 12 年举办“婺剧进校园”传承活动，先后赴全国的 30 多个省市“文化走亲”和商业演出。受政府委派及境外演出商邀请先后赴五大洲的 46 个国家和地区进行文化交流和商业演出。习近平总书记近年来多次观看婺剧演出，婺剧也连续多年在中央电视台新年戏曲晚会、党中央团拜会、央视元宵晚会、央视元宵戏曲晚会上频频亮相。

三、浦江乱弹：源自“菜篮曲”的说唱艺术

（一）乡愁故事与乡愁文化

浦江乱弹，一个古老的传统戏曲剧种，乃浙江浦江乡间最为广泛受欢

迎的一种，它是浙江婺剧的主要声腔之一，由于发源自浦江故而得名。至今已深深地扎根于以金华浦江为核心的浙中地区，并向周边地区拓展。

浦江乱弹来自浦江当地农民群体的生产劳动创作，最早以民歌“菜篮曲”也叫“什锦班”的说唱艺术为基础，不断传承演绎，逐渐形成和发展起来。自宋代起，浦江乱弹已广泛盛行于浦江，并逐步成为婚丧礼仪和祭神活动的重要表演工具，也逐渐成为浦江及周边地区家喻户晓的地方乐曲艺术。而北宋靖康之变后，北方沦陷，当地盛行的说唱艺术“诸宫调”却被南方所吸收。于是，浦江便逐渐出现了既有北方讲唱形式，又有南方表演风格的艺术表演团体——坐唱班。在发展过程中，浦江坐唱班自然而然地采用大量当地民间乐曲作基调。伴随着北方诸宫调、南方徽调等与踏歌的相互融合，浦江乱弹遂形成一个颇具独特艺术风格和鲜明地方特色的戏曲剧种。

自南宋中期至明代中叶的数百年间，浦江乱弹一直借助说唱艺术“菜篮曲”的形式在世间徜徉，经久不衰。继而，浦江乱弹升华于坐唱艺术之上，跻身于大家的视野中，形成了一种令人神往的舞台艺术，并在邻近县间如烟花般繁衍生长。清代康乾盛世，浦江乱弹以其妙趣横生、独具匠心的表演风格，吸引了浙中、浙西、浙南以及江西、福建和皖南等广大地区的民众欣赏。其曲调和唱腔也被其他剧种借鉴吸收，如浙调和浦江调就成为了江西赣剧一大声腔的代表。浦江乱弹的表演可分为坐唱班和舞台戏班两种。曲调华丽、流畅、舒展，同时也具有激昂、高亢、悲壮、沉郁等多样化的感情特点。伴奏乐器以笛子、唢呐等吹奏乐器为主，弦乐器和弹拨乐器作为辅助乐器。剧目更是丰富多彩，包括《大补缸》《打金冠》等

108个经常演出的剧目。如今，浦江已经收集到一批传统浦江乱弹剧本和录音资料，并出版了《浦江乱弹》《浦江乱弹音乐大全》等书籍。而在浦江农村中，农民们挑担行路、上山下山时随口哼哼出来的浦江乱弹，则更加显露了前辈踏歌的时代痕迹。

（二）产业特征与发展成效

随着国家保护民间艺术力度的逐步加大，浦江乱弹的保护、继承和发展工作也在步步深入，并取得了令人瞩目的成绩。2003年底，浦江县举行什锦班邀请赛，全县40个什锦班参加了分设在六个乡镇赛区的初赛，并选拔了8个什锦班参加决赛，受到了群众的热烈欢迎。2004年4月，全县举办高规格的浦江乱弹学术研讨会，就浦江乱弹的起源、继承和发展等课题进行了专题探讨，与会专家对浦江乱弹的艺术魅力赞叹不已，对浦江乱弹具有如此深厚的群众基础和浦江城乡的什锦班现象表示惊讶。2004年5月，浦江县文联组织业余文艺爱好者，编排了浦江乱弹小戏《蓝知府断案》参加“中国博兴·国际小戏艺术节”，荣获金奖和“全国稀有剧种保护奖”。2006年，浦江乱弹被国务院列入首批国家级非物质文化遗产代表性项目名录。2011年，浦江乱弹《孝亲敬老代代传》参加由文化部、民政部等主办的“红叶风采”大型文艺晚会，受到时任国务院副总理回良玉的亲切接见和慰问。2012年，浦江乱弹《花头台》《变脸》等节目赴法国参加62届第戎国际文化艺术节。2018年，浦江举行“乱弹斗艳”什锦班展演，全县共有82支什锦班队伍参加展演，参演人员达到一千多人。

目前，浦江有以浦江乱弹为主的什锦班100余个，遍及城乡各地，形成一种群众性的文化活动，是一支支拉得起、放得下的本土队伍。近年来，随着浦江全域旅游的推进，浦江乱弹独特的民间艺术越来越引起游客的关注和重视。为传承、保护和发展浦江乱弹，做好文旅融合，推动乡村旅游与浦江乱弹表演相结合，浦江创作出了一批当代题材的浦江乱弹精品节目以及一些浦江故事，游客既能欣赏浦江美景，又能聆听浦江故事，品味浦江文化，有力地促进了文化与旅游的有机结合，不断扩大浦江乱弹影响力和知名度。

四、江山廿八都山歌：源自“方言王国”的曲调

（一）乡愁故事与乡愁文化

“一唱猪坡风光好，阵阵歌声闹盈盈。砍柴男女挑柴回，口唱山歌真好听。二唱香亭晚钟响……”音调或缠绵幽婉，或粗犷奔放，如载着无数浪花的大海在歌唱，可以一人独唱、多人对唱，没有固定的歌词，内容上多以表现人们生活劳动、爱情婚姻为主，同时具有云贵高原山歌的许多特点，即兴创作居多，这就是江山市廿八都既古老又现代的山歌。

江山廿八都镇地处浙闽赣三省交界，史称“两浙锁钥、八闽咽喉”，早在新石器时代晚期就有先民在此定居。1100多年前的唐朝末年，黄巢起义军“刊山七百趋建州”，开辟了仙霞古道，而恰好处于七百里古道中间的廿八都，成了“屯兵要塞”“商旅重镇”。三省交界的独特地理位置，仙

霞古道成为商人进入西部的要道，是连接江浙和内地的交通要道，是兵家必争之地。随着军事功能的加强，以及古镇不断完善的关隘，使廿八都成为一个少受战乱影响、居民安居乐业的“世外桃源”。来自云南、贵州、河南、山东、江西、福建等各地的驻军、守军、家属、商人在廿八都定居，也把故乡的文化艺术带到了廿八都。在这个有 142 多种姓氏，13 种方言的“百姓古镇”“方言王国”中，原本带着各自故乡的印记的山歌也渐渐互相融合、变异，最后渐变成现在具有明显艺术特色和风格的廿八都山歌。

（二）产业特征与发展成效

廿八都是中国历史文化名镇、中国民间文化艺术之乡、国家 5A 级旅游景区。廿八都镇文化底蕴深厚，有着“古建筑博物馆”的美誉。山歌、民舞、旱船、花灯、剪纸、木偶以及民谚、民谣、民间故事、民间传说在镇中盛行，被誉为“文化飞地”和“一个遗落在大山里的梦”。近年来，廿八都依托深厚的文化底蕴，大力发展以旅游为主导的服务业，唱响“山歌”引客来。

廿八都人围绕唱山歌，唱出好故事，唱响廿八都文化，唱响“山歌”品牌，唱旺美丽经济，大力发展乡村休闲旅游业，开民宿、办农家乐，做铜锣糕、卖豆腐，唱着廿八都山歌的廿八都百姓，生活不断富足美满。廿八都围绕“军事、姓氏、方言、建筑”打造“一口三线、七大节点和十三个陈列馆”的古镇景区游览格局，让游客感受到一个“原汁原味”的“山歌”古镇。深度挖掘廿八都镇古圣先贤生平事迹和精神资源，整理编撰《廿八都镇人物传》，运用名人效应丰富古镇的文化内涵。收集整理《廿八都出天子》《刘家福渔梁借兵器》《三省总督过廿八都》《独角公帽》《木匠除鬼》等10多个民间故事，通过制作展示板、编排情景剧等方式，向游客展示一个有故事的“山歌”古镇。

廿八都打造“山歌+旅游+美食”融合共富模式，把最具乡愁味道的“铜锣糕”“廿八都豆腐”等美食精心提炼为“八大碗”“两名点”，通过举办古镇美食文化节，“以食会友、免费品尝”，越来越多的游客专程赴廿八都听山歌、游古镇、尝美食，促进了“山歌+旅游+农业”“山歌+旅游+林业”的有机融合。通过推出《寻梦廿八都》民俗表演、“我和‘非物质文化遗产’有个约会”文化生态行、文化礼堂文艺汇演等方式，传承发扬唱山歌、跳民舞、跑旱船、闹花灯、剪花纸、牵木偶、踩高跷、滑石头等传统民俗，构建“资源共享、游客互送、市场联动”的大旅游格局，不断打响“住古镇，游三省”旅游品牌，带动农民增收致富。

五、上虞梁祝传说：东晋青年男女的爱情悲歌

（一）乡愁故事与乡愁文化

《梁山伯与祝英台》可谓中国古代民间四大爱情故事之一，闻名遐迩。是中国最具魅力的口头传承艺术及国家级非物质文化遗产，也是一则在世界上产生广泛影响的中国民间传说，源自东晋，已有1700多年的流传史。如今，这段凄婉动人的爱情故事在中国家喻户晓，妇孺皆知。从过去到现在，这个故事曾感染了无数人的心灵，仍在不断地演绎传唱着。

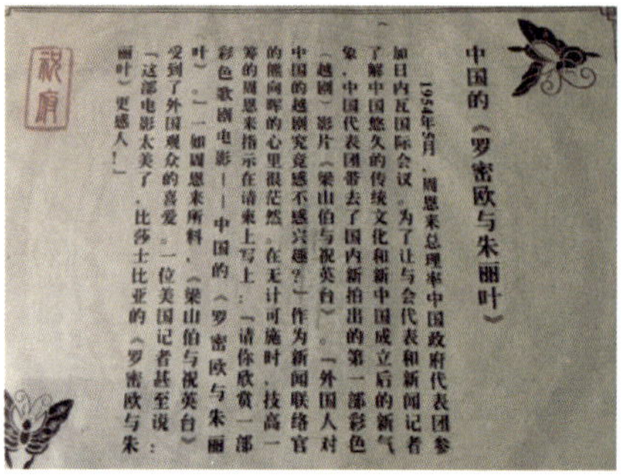

《梁祝传说》被称为爱情的千古绝唱。这一传说以绍兴市上虞区丰惠镇祝家庄村的英台故里为“源头地”，以梁山伯和祝英台相互之间的“痴情和厚义”为核心，以祝英台好学、明理、重情和大胆追求爱情为主线，叙述了一曲东晋时代青年男女的爱情悲歌。

祝家庄，一个悠久历史和传奇故事的村庄，每个村人都能绘声绘色地讲述“梁祝化蝶”的凄婉爱情故事。这段爱情充满了传奇色彩，却是东晋历史上确曾发生过的真实事件，得到了历史资料和文物古迹的佐证。据唐代梁载言《十道四番志》所载：“义妇祝英台与梁山伯同冢，即其事也。”相传，在祝家庄居住的祝员外之女祝英台，美丽聪颖，她扮男装前往杭州万松书院求学，在路上遇到了梁山伯，两人一见如故，在草桥亭结义为金兰，惺惺相惜。三年同窗之情日益深厚，但梁山伯却一直不知道祝英台是女子。等到祝英台中断学业回到家乡时，她在与梁山伯相别的十八里路途中，用众多奇珍异宝表达着自己内心深藏的爱意。可是梁山伯却迟迟未能领会，祝英台不得已，只好讲述与自己极为相似的九妹，并设法牵连当时的恩人为其做媒。梁山伯得知后来才了解到三年知己就是女子。但此时，祝英台已经许配太守之子马文才。两人在楼台上深情对望，泪眼相对，唯有凄然而别。之后梁山伯因过度郁闷而身亡，祝英台被迫出嫁。在祝英台痛心疾首的祭奠中，墓穴突然裂开，英台跃入坟墓，而墓穴闭合后，却冒出一对彩蝶，在世俗与天道的辗转中终成蝶。

（二）产业特征与发展成效

《梁祝传说》2006 年 5 月，被列入第一批国家级非物质文化遗产名录。

它是中国最具魅力的口头传承艺术，几乎无人不知无人不晓，千百年来，梁山伯与祝英台的凄美爱情故事被各种艺术种类改编演绎，小说、戏剧、影视、音乐……，这一传说甚至在世界上都产生了广泛影响，被称为东方的《罗密欧与朱丽叶》。

英台故里——上虞区丰惠镇祝家庄村具有独一无二的历史文化资源，村内有保存完好的祝氏祖堂、玉水河、井空泉、药师寺等古迹。在上虞流传的梁祝传说包括英台出世、井孔洞、英台思读、“仙家”算命、牡丹为记、草桥结拜、水杯为界、先生立规、赋诗离别、马家说媒、英台拒婚、山伯访友、病榻传书、哭祭山伯、裂墓化蝶等16个比较系统、完整的梁祝传说故事，其余还有四则零星的故事片段，分别为敕封“义妇冢”自许终身、一句气话毁姻缘、三世不团圆、梁巷村里有个梁山伯。作为“梁祝传说”主要产生地，旧时上虞民间对梁祝故事耳熟能详，特别是祝家庄村民几乎人人都会传讲，但由于年代久远，现代能传讲完整梁祝故事的人已为数不多。

曾经，祝家村中矗立着一座规模宏大的宅院，可惜经历了战火的蹂躏，如今只剩下住宅面积约500平方米的残垣断壁，却还有着花园遗址、祠堂和石碑等历史遗物，默默见证着祝氏一脉的兴衰荣耀。为了弘扬梁祝文化，2010年，上虞以祝家庄为核心，着力打造英台故里——祝家庄景区，总规划面积达2.84平方公里。其中最为核心的景区——祝府，占地面积17700平方米，设有前庭、员外楼、英台楼、文心苑、双蝶亭、书斋和戏台等附属建筑，完美地呈现出梁祝故事的各个元素，如青梅竹马、金兰之交、借东风、十八相送、楼台会面等，是一个集历史、文化与美景于一身的乡村文化旅游胜地，吸引着游客们前来感受梁祝传说带来的历史厚重感与文化魅力。

六、嵊州越剧：小歌班唱进“大世界”

（一）乡愁故事与乡愁文化

嵊州，一个历史悠久的地方，自古便是戏曲文化之乡。百余年来，越剧在这片热土上生根发芽、壮大成为中国著名的戏曲剧种之一，与京、豫、评、黄齐名，虏获无数艺术追随者的心。嵊州的声名不仅因为越剧的创生和发展，更因有着“千年剡溪唐诗路、万年文化小黄山”的雅号，展现出这片土地的文化灵魂与艺术气质。越剧以其独特的唱腔和动人的表演风格而著称，似乎正是这滋润的江南气息给予越剧如此逼真、动人的表演特色。越剧的源头在哪里？一位现代的文艺大师曾经深刻评价：越剧是生长在农家山野中的根深蒂固的草根艺术。在1851年之后，嵊州的许多农民开始以田间村巷中耳熟能详的民间说唱艺术为根基，经作词、作曲再创造，“沿门唱书”演化成了越剧这样兼具魅力与艺术度的经典形式。

越剧，一个流传了百年之久的民间艺术珍品。嵊县农村早在清代咸丰、同治年间便起源了“落地唱书”，又称“田头说唱”。随着时间的推移，这种艺术形式逐渐流传至本乡卖唱，甚至茶馆、酒肆中都能听到它的婉转声响。到了 19 世纪 60 年代，这一田间歌唱演变成了“沿门唱书”，并在茶馆酒楼中唱出了走台书的经典作品。对应《越剧史要》上的记载，这段历史被统称作“落地唱书”，越剧由此而来。1906 年清明节，嵊州唱书艺人在甘霖镇东王村首次登台演出，越剧由此真正诞生，被命名为“的笃班”或“小歌班”。可哀可叹的是，当时的演员却都是男子，因此上海的观众称之为“绍兴文戏男班”。1923 年，男班艺人意识到自己最大的局限，于是便回到了家乡，再加入女性演员办了一个女子科班。随着时间的推移和女班的成熟，男班逐渐退出历史舞台。球去“三花一娟”（施银花、赵瑞花、王杏花和姚水娟）在这一历程中创办了“四工腔”，走红绍、甬、杭、沪等地，全面展开了“女子越剧”时期。1942 年 6 月，以袁雪芬等为代表的越剧艺人开展全面改革，越剧因此迈入了全新的境界。新中国的成立，让越剧进入了一个大发展时期。在它的成长历程中，不断汲取其他剧种中的艺术表演手段，从而为自身不断添砖加瓦。绕过小歌班、绍兴文戏、女子越剧等历史阶段，越剧逐渐崛起，一扫曾经的乡村形象，号角一响，就要唱进大都市，走红于上海，流行于神州大地，成为中华戏曲之花中的瑰宝，逐步引起了国际文化界的瞩目。2006 年 5 月 20 日，经国务院批准列入第一批国家级非物质文化遗产目录。

越剧的发展离不开其故乡——嵊州市所孕育出的人才和作品。百年的历史磨砺，不仅塑造了越剧独特的艺术魅力，更在世人面前呈现出一幅荣耀的人才画卷。让人赞叹不已的“四工合调”创始人金其炳，令人钦佩的“吟嗄调”创始人金芝堂和相金堂，在他们的创意和努力下，越剧的艺术世界得到了深刻、细致、精准的诠释。嵊州市不止是人才辈出的越剧故乡，更闻名于世的是它独具匠心创作、精益求精排练的众多精品剧目。《九斤姑娘》《珍珠塔》《双珠凤》等传统剧目代表作品，凭借着融入了嵊州本土文化和美学精髓的艺术魅力，在省、市戏剧节上多次斩获大奖，动人地向观众诠释越剧的华彩和艺术价值。

（二）产业特征与发展成效

当前，嵊州以全力推进越剧文化生态区建设为抓手，推进越剧艺术保护传承和创新发展。越剧在发展过程中，嵊州滋养了越剧，越剧也给嵊州留下了许多乡愁记忆。散布在嵊州城乡的200多处古戏台、越剧诞生地东王村、女子越剧诞生地施家岙村等文化遗存，嵊州艺校、越剧之家、越剧博物馆、越剧小镇、戏曲服装道具制作等越剧发展风景，越剧名人故居及越剧名人故事，越剧早期剧目，各大剧团的越剧演出场景，中国民间越剧节、全国越剧戏迷大会等节会，中国越剧戏迷网等现代越剧传媒等构成了可观、可听、可感的立体化的嵊州越剧乡愁。从嵊州越剧乡愁这个核心出发，衍生发展出来了越剧演艺产业、越剧文化旅游产业、越剧综合产业等诸多产业形态，吸引了诸多外地游客前来慕名寻踪、赏乐听戏、休闲娱乐，带动了嵊州乡村振兴、文旅发展、社会进步。

嵊州越剧小镇是浙江省第三批特色小镇，2017年8月2日正式动工建设，投资45亿元。据悉，该小镇是中国首家以越剧命名的特色小镇，旨在将现代农业、休闲旅游、文化创意和生态宜居集于一身。该镇占地约3.68平方公里，地处浙江省绍兴市嵊州市甘霖镇家岙村，位于长三角3小时交通圈，周边旅游资源丰富，有嵊州剡溪漂流景区、施氏宗祠、古戏台、早期女子越剧博物馆等著名文物古迹。越剧小镇的定位是“中国戏曲朝圣地，华东文旅新地标”，并计划通过3—5年的建设和运营，成为全国戏曲戏剧艺术交流体验的新乐园、文化产业创业创新的新平台、文化旅游农业融合发展的新样本，致力于成为中国戏曲第一镇。2018年3月24日，“国际戏剧小镇联盟论坛”在越剧小镇举办，并吸引了来自 12 个国家的戏剧专家参加。他们共同探讨了戏剧小镇所带来的公众效应和发展模式。这些专家来自世界历史文化小镇的出身，他们的故乡因戏剧和艺术而兴，艺术也因小镇而为更多公众所接受。据悉，越剧小镇已成为“国际戏剧小镇联盟”的永久会址，并计划每年举行一次联盟会议。

2019 年 1 月，越剧小镇站在了艺术发展的前沿，率先推出了一个大胆而充满雄心壮志的计划：建造一个专门为“天下第一团”演出的古戏台，孜孜不倦地拯救中国仅存的 120 个濒临灭绝、只有唯一剧团的传统剧种，这在文化史上可谓划时代的伟大举措。越剧小镇热切期盼这些垂危的文化遗产将在这里得以延续，驻唱 365 天。越剧小镇的宏伟目标，不只是成为越剧人的情怀圣地，更是打造一个瞬息万变的艺术城市，一个能让人们梦寐以求的“桃花源”。虽然名为“越剧小镇”，但作为文旅小镇，它推崇的是大戏剧和大文化的概念，追求的是更深层次的内涵和更高质量的艺术精神。为了与世界各地的行业精英一起探讨经验分享，为中国戏剧小镇的建设提供创意思路，越剧小镇主办了首届“国际戏剧小镇联盟论坛”，邀请了来自十二个国家的戏剧专家、从业者，共同研讨关于世界戏剧小镇的发展形态、如何将剧场与小镇紧密结合、如何创造文化 + 旅游的双重社会效应等议题。

七、嘉善田歌：田间地头的吴侬软语

（一）乡愁故事与乡愁文化

嘉善田歌是浙江省地方民歌，属于吴歌的一个品种，是浙江一种独特的歌谣形式，是过去劳动者寻求慰藉、抒发思想感情的歌声。2008 年 6 月 7 日，浙江省嘉善县申报的“嘉善田歌”经国务院批准列入第二批国家级非物质文化遗产名录。

姚庄镇丁栅是嘉善田歌的主要发源地，西塘镇是著名田歌《五姑娘》发生地。嘉善田歌的代表作有《五姑娘》《呆老公》《小犀牛》《四个姑娘去踏车》等。嘉善田歌重要传承人有姚庄镇丁栅沉香村顾友珍、顾秀珍姐妹、丁栅界泾港村高建中等，分别被评为第三批国家级非物质文化遗产项目代表性传承人、浙江省非物质文化遗产项目代表性传承人和嘉善县非物质文化遗产项目代表性传承人。取材于嘉善田歌《十二月花名——五姑娘》的原创音乐剧《五姑娘》荣获第十一届文华大奖，入围国家舞台艺术精品工程。该剧吸收了滴落声、落秧歌、羊搔头、急急调、平调等多种嘉善田歌曲调。

浙江音乐家马骧认为：嘉善的田歌，是浙江省民歌中的一个重要的歌种。田歌的曲调，以吴歌的基本调《平调》（各地名称不一）为母体，发展衍化出《滴落声》《急急歌》《落秧歌》《大头歌》《羊早头》《嗨啰调》等七个曲调。这几个发展衍化出的曲调与其母体相比较，拓宽了音域，丰富了节拍，强化了旋律，使其更具音乐性和艺术性，从而使田歌在吴歌中占有重要地位，成为吴歌中具有代表性的品种。田歌的流行地，范围不大。根据江苏、浙江、上海三省市民歌集成所记录的谱例来看，它只流行在三省市毗邻的嘉善、嘉兴、平湖、吴江、昆山、太仓、青浦等县境内，而其中心，则在嘉善。

（二）产业特征与发展成效

江南水乡怀抱着一种清亮优美的古老声音——嘉善田歌。这种优秀的民歌品种是地方文化的缩影，流连于田野，回响于农夫耕作之声，是一份宝贵的民族音乐文化遗产。在嘉善本土，田歌作为优秀文化遗产，尤其在音乐价值和历史文化价值上占有特殊地位。嘉善田歌是口传的文学艺术，其中叙事歌曲的文学性表现十分显著，既有充满情节的故事，也有固定的长度和文学容量，散发着江南独有的风韵和气息。田歌口音很特别，属于吴方言，因吴地农耕文明的前锋性，其语言构造极其复杂深邃，令人叹为观止。田歌曲调自由，乐句长度随着劳动时间和自然节律变化，再加上代代传承形成的原生态唱法，更是吸引了无数音乐人的眼球。从声学的角度，嘉善田歌打开胭腔，使之往左右扩张，形成令人陶醉的又扁又亮的声音。嘉善田歌，不仅是传统民歌中的瑰宝，也是音乐文化学术价值的展现，总以其无穷的魅力吸引着无数乐迷和文艺青年们，成为一道独特的文化风景线，记录了江南历史文化中不朽的一页。

八、舟山翁洲走书：海岛渔民的曲艺表演

（一）乡愁故事与乡愁文化

舟山走书又称翁洲走书，是一种浙江省的传统说唱艺术。源于定海马岙，是舟山群岛历史文化奇葩之一，约产生于1800年前后。舟山走书，又称文武走书，舟山地方曲种之一，是一种以说、噱、演、唱为手段的曲艺表演形式，边讲边唱边演为其主要特点。在演唱上既有领唱，又有伴唱，很有韵味，非常动听，在表演上一人能担任很多人物角色。各类人物的动作模拟技艺较强，男的，女的，老的，小的，文的，武的……以形动人。在说白中，轻重、快、慢、强、弱清晰而有节奏。运用地方语言表达，易懂好听，通过叙事叙情演唱，推动剧情发展，刻画人物性格，塑造角色形象具有较强的艺术性。

舟山走书是一种自击自唱的单口说唱曲艺，内容精短，旨在展现音乐和表演的完美融合。这种曲艺最初由一人带鼓自唱，后吸取戏剧中的走、唱、念、表相结合的表演手法，逐渐演变为多人合唱的形式。常规演出为1人主唱，辅以1—2人伴奏，清晰的“四工合”帮腔成为其特性音调。除唱外，表演和演说也是其主要表现形式。舟山走书的起源可追溯至定海马岙，光绪年间，安阿小从萧山卖唱至此，带来了经过改革的曲调，用连鼓带板的方式自我伴奏，演唱内容多为传奇和戏曲故事。安阿小的演唱艺术促成了舟山走书在六横岛的发展，这里先后涌现出六代说唱的民间艺人，故又称“六横走书”。随着时间的推移，翁洲走书逐渐有了其新的名字，深入人心。20世纪初，沃阿来迁居六横里岙，以其识文化的眼光，将唱大书纳入表演曲目，并对其进行了重大改革和创新，将单人演出变为两人演唱。一人主唱，另一人伴奏，没有乐器的陪衬，只有鼓板的声音和口技的支持。这种演唱艺术在六横、镇海和郭巨一带流传广泛，成为这一地区不可多得的文化嘉宾。随着文化大革命的破“四旧”，古代书场被迫停办，亟须关注老艺人的生活。赵学敏来自六横文化站，帮助沃阿定，根据其参与的六横暴动切身经历编写了一本名为《六横“暴动”案》的书，旨在加强阶级斗争教育。此书风行六横、虾峙等地，一年的演出数量达到了194场之多。为丰富曲目内容，文化站还编写了《碧海红心》《女队长》《智取威虎山（选段）》等滃洲走书曲谱，并将其分发到六横各俱乐部。沃阿定逝世后，宁波走书的流行势头让他的一些徒弟们转投宁波走书或将其与滃州走书混搭演唱。不过，单一的滃洲走书演唱现已渐渐消失。

沃阿定在演唱滃洲走书时，并没有为之定下一个名称，简单地称之为沃定唱书、方舟唱书或者和先再唱书等。然而，1962年六横办书场，赵学敏提议将其称为“六横走书”，不过这个名字在较小的六横地区并未产生足够的声响。于是，大家考虑了一段时间后，决定将其定名为“滃洲走书”，其中“滃洲”这个名称来源于舟山诗抄中的张苍水、金堤、程世楷等历史人物所写的《滃洲行》和《过滃洲》等古诗，特别是最后查到明朝定海人陶恭的《滃洲书院》，解释为一个弦歌之地，于是这个名称被允许使用。直到20世纪80年代初，地区民间文化进行调查时，走书形式文化才被正式认定为“瀹洲走书”。最终于2009年，瀹洲走书成为第三批市级非物质文化遗产保护名录中唯一的文化形式。

（二）产业特征与发展成效

随着新时代的来临，新的娱乐方式迅速崛起，翁洲走书等传统文化形式受到了巨大的冲击。城区没有场地演出，能演出的场地就是农村的庙里和老年协会、文化礼堂，观众都是上了年纪的老年人。而年轻人大都不愿意学唱走书，这样的境况，让翁洲走书日渐没落。

其实翁洲走书魅力不减当年，翁洲走书第三批省级非物质文化遗产传承人黄素芬等人常下乡唱书，受到地方领导、群众的支持，经常人满为患。这说明喜欢翁洲走书的人还是很多的，从环境条件来看，如果配置一个专门的地方供翁洲走书的民间艺人演出和交流，形成一个相对稳定的演出舞台，必将对改善翁洲走书的现状，会有很大帮助。

古城书场是由翁洲走书爱好者周忠年联合两位省级传承人黄素芬和王如玉一起运营的。书场首先面临的就是租金问题，还有就是邀请各地翁洲走书的民间艺人来演出的费用开支问题。虽然有政府的部分资金支持，但是对一个如此大的书场运营开销来说，依旧是杯水车薪。翁洲走书仍有很大的发展空间，一有翁洲走书唱书，观众多时达二三百人。这说明，翁洲走书仍有很大的市场前景，迫切需要具有翁洲走书这一乡愁产业的市场化运作的平台、机制和人才。特别需要地方政府的支持和年轻的传承人。

九、舟山渔民号子：渔民们的劳动号子

（一）乡愁故事与乡愁文化

舟山渔民号子——一首本土传统民歌，闪耀着舟山独特的韵味。它的起源可以追溯到舟山、岱山等大岛的船渔工，在东南沿海地区都广为流传。舟山渔民号子和舟山渔民生产劳动紧密相连息息相关，是早期舟山群岛船渔工号子的统称，是沿袭世代相传的舟山各岛渔民的口头腔调。其作为舟山独一

无二的海洋民间文化的重要组成部分，与渔民在海上渔船作业和岸上渔货收获的劳动紧密相关。作为浙江省乃至全国代表性民间劳动号子之一，其在《中国民间歌曲集成》和《中国渔歌选》等工具书中都有详细记载。

舟山渔场作为我国渔业作业最为重要的海域，有着“中国渔都”“渔场之首”之称，以其丰富多样的渔业资源，尤其因盛产大黄鱼、小黄鱼、带鱼、墨鱼四大品种而蜚声海内外，其在海洋产业中的地位和影响力不可忽视。舟山市拥有一千三百九十个大小不一的岛屿，包括定海、普陀两区和岱山、嵊泗两县。其中舟山本岛和岱山岛为市区内最大的两个岛屿。作为我国东南沿海的重要海上门户之一，舟山市的三江出海口处是著名的港口之一。岱山作为海洋大县，其渔业资源更是丰富，尤其以盛产大黄鱼的岱衢洋而闻名。在清中叶至民国建国初期，来自闽、粤、苏、鲁等东南沿海的无数渔民曾在岱衢洋聚集，围捕大黄鱼，并在岱山岛晾晒鱼干，场面之壮观令人难以置信，堪称我国传统渔业史上的一个辉煌篇章。

往日里，在岱山以及舟山群岛，木帆船被视为捕鱼和海上交通的主要工具。一切工序，从头至尾都靠手工操作，集体的劳动强度超乎寻常。工人们必须大喊号子，以便做好动作统一、协调情绪。因此，丰富多彩的号子应运而生。舟山渔民号子（又称岱山号子）根据工序不同，分成数十种如《起锚号子》《拔篷号子》《摇橹号子》和《起网号子》等，调子中透着粗犷、豪爽，形成了一系列曲调，具有鲜明的个性和地方特色。

（二）产业特征与发展成效

2008 年，嵊泗县的老渔民周文利，当时已经 76 岁，被授予了“舟山渔民号子”代表性传承人的荣衔，因为他对于《拔篷号子》和《摇橹号子》等嵊泗渔民号子的传承贡献突出非凡。这些号子在周文利 16 岁下海捕鱼开始就和他形影不离，伴随着他度过了 60 多年的岁月。嵊泗渔民号子结构紧凑，节奏鲜明，律动性极强，旋律与当时渔业所需的拉网、收锚、拉船、摇橹等活动相得益彰。同时，号子歌词一般采用语气词，声浪滔天，节拍强劲有力，使人们感受到一种特殊的情感和文化氛围。

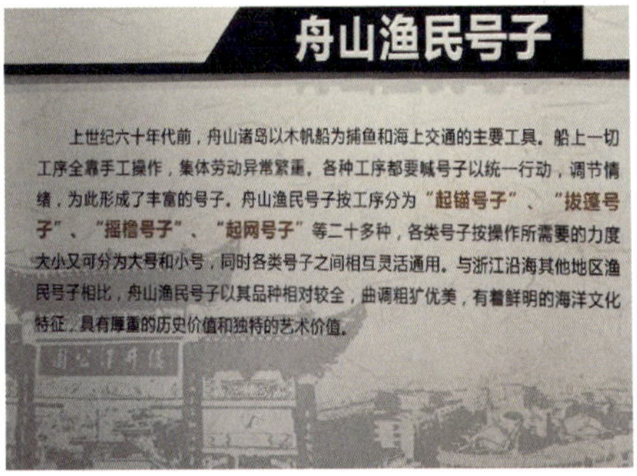

由于年轻时担任过渔船副老大、负责船上的拔篷工作，周文利对《拔篷号子》情有独钟。他表演《拔篷号子》的时候，让人仿佛身临渔船扬帆起航的作业场面，特别是放开嗓门振臂一呼，船上的渔民们就奋力拉动船帆，大家步调一致，统一劳作，渔船顺利扬帆起航。

要想将“舟山渔民号子”吟唱得潇洒自然，可不是件容易的事。唯有让声音雄浑有力，曲调才会更加妙曼动听。在电视比赛《舟山渔民号子王》的总决赛中，被誉为“舟山渔民号子”代表性传承人的周文利凭借扎实的功底和出色的表现力，惊艳全场，不仅获得了“风采”和“大众人气”两项大奖，更是以一曲《拔锚号子》成为比赛中最受瞩目的演员之一。2007 年 11 月，周文利再次应邀参加中国渔歌邀请赛，以出色的表现和饱满动听的歌声打动了现场观众。

随着荣誉和奖项的不断加冕，周文利渐渐成为当地一个知名人物，越来越多的人前来向他请益，越来越多的乡亲们开始了解和喜爱渔民号子。县文化馆还为他录制了渔民号子，作为嵊泗渔歌再创作的重要素材。而新一代的“舟山渔民号子”传承人们也在努力将这份悠久的乡情文化向更广阔的地域推广。

第七章　眼眸里的乡愁产业案例

一、海宁皮影戏：祈求蚕神风俗的“蚕花戏”

（一）乡愁故事与乡愁文化

皮影戏作为一种古老的传统艺术形式，已经历了近两千年的悠久历史。它最初的问世始于西汉，当时被称为羊皮戏或人头戏，后来则演变为影子戏。源自中国陕西的皮影戏，在唐宋时代秦晋豫地区逐渐发展成熟，在清代河北更是经历了极盛的时期，闻名于世。浙江嘉兴的海宁皮影戏作为中国皮影戏的重要组成部分，2006 年列入国家级非物质文化遗产名录，2011 年底入选联合国教科文组织“人类非物质文化遗产代表作名录”。

在风景如画的钱塘江北岸，浙江省海宁市，存在着一种古雅典韵的传统艺术——海宁皮影戏。传统的南宋风格浸润其中，海宁皮影戏在深厚的本地“海塘盐工曲”和“海宁小调”文化的熏陶下，吸纳了古典声音乐的

“弋阳腔”等音乐元素，将北曲改为南腔，形成了气息相融的古风音乐。激昂高亢、幽雅婉转的曲调结合江南丝竹中笛子、唢呐、二胡等乐器，节奏动感而悠扬，将浓郁的水乡情调演绎得淋漓尽致。此外，海宁方言被融入唱词和道白之中，使皮影戏成为海宁民间婚庆、寿宴、祭神等场合不可或缺的节目。更为珍贵的是，由于海宁盛产蚕丝，当地民间有祈求蚕神之俗。因此，皮影戏长期演绎着“蚕花戏”，被形象地称作“蚕花班”。

蕴含悠久历史和独具特色的海宁皮影戏，从声腔、皮人脸谱造型到剧目，皆有其独到之处。声腔之古老，在南宋初期传入，唱腔尚略单薄。但随后，在昆腔和江南丝竹的熏陶下，海宁皮影戏形成了自己琳琅满目的音乐曲调，分为乱弹、长腔、曲牌三大系统。其中，乱弹的高亢奔放常被运用于武打场景，而长腔的幽雅忧伤则是叙事戏中令人陶醉的音乐。皮人脸谱造型亦别具风采，既类似京剧，同时也不同于京剧。为营造不同性格、不同表情下的人物形象，脸谱在花式样式和加倍塑造方面显得更为夸张浓艳。在剧目方面，海宁皮影戏亦香火常盛，涵盖文戏武戏、大戏小戏等将近三百个不同剧目。令人惊异的是，许多剧目如《聚宝盆》《后玉婿蜒》等乃是其他剧种所不具备的。尽管该艺术珍贵无比，但皮影戏剧目的传承颇为困难，由老师父口传心授，艺人一般只能演奏两三十个热门戏，而更多珍贵剧目已面临失传的危机。

（二）产业特征与发展成效

千年文化的海宁皮影戏，距今已有百余代的传承历程。至20世纪三四十年代，海宁境内骄傲地拥有20余个戏班，剧目超过300余个，演员也达到120余人。然而，沧海桑田，时代变迁，皮影艺术的命运陷入了严重的巨变之中。50年代，浙江省文化部门为组建皮影戏剧团，不惜成本前往京城演出，但调查结果却让人唏嘘——浙江省唯有海宁尚存技艺熟稔的皮影老艺人。直至今日，这项重要的传统民间艺术项目所剩无几，仅存数位老艺人，年事已高，加之已掌握的剧目不足250余个，其中正本戏78个，开台折子戏（多为武打戏）165个，在后继人才匮乏的情况下，海宁皮影戏不得不列为急需抢救的艺术项目之一。

海宁皮影戏保护传承初显成效。郎章铭，来自“皮影世家”，自幼受祖父郎自立的熏陶，深深地爱上了皮影戏。祖父曾是浙江省皮影剧团的鼓板手，而郎章铭也跟随着祖父的脚步，频繁前往村后的林海寺庙会表演皮影戏。那些精彩而传世的古老剧目，早已深深地刻在了他的脑海中。尽管在2002年，祖父郎自立离世，但皮影艺术依旧是郎章铭心中永远的牵挂。2004年，另一位省皮影剧团的老艺人沈圣标发起了“海宁市江南皮影艺术团”的创立，期盼有更多年轻人能够继承并弘扬这项非凡的传统艺术。于是在2009年初，郎章铭作为首批进入该团的年轻人之一，真正地拿起了签子棒，开始了对传统皮影戏的学习。为了能够更好地掌握皮影戏的精髓，他逐一拜访了海宁市会皮影的老艺人，并成功地学会了多个剧目，如童话剧《鸡斗》《龟与鹤》，神话剧《闹龙宫》《孙悟空三打白骨精》以及传统戏《南天国》等五个传世之作。而为了推广皮影戏文化，郎章铭与其他三位志同道合的年轻人，于盐官观潮景区开始了他们的皮影表演之路。他们边学边演，见证着皮影艺术因他们的努力而焕发异彩。

海宁市，着眼于传承皮影戏这一灿烂文化遗产，在不断加强保护力度的同时，不遗余力地投入巨资，共计投入250余万元进行抢救、保护和传承等工作。成立江南皮影艺术团有限公司（后更名为海宁皮影艺术团有限公司），在皮革城及盐官观潮景区建立海宁市皮影戏馆，常年开展演出，为海宁皮影戏注入永续活力。基于该项目的特点和现状，量身定制五年保护计划，灵活运用“八个一”的具体要求加强保护工作。2008年，海宁皮影艺术团有限公司、钱江潮旅游有限公司和斜桥镇中心小学，荣幸列为非物质文化遗产传承保护基地，积极展开海宁皮影戏的传承、演出和教学工作。随之而来的是海宁皮影戏传统剧目录音录像工程，自 2009 年开始实施，先后录制了 98 部传统剧目和 180 个曲谱，让这一千年之久的文化艺术长存于世。至 2011 年，《海宁市非物质文化遗产“十二五”保护发展规划（2011—2015）》正式将海宁皮影戏保护工作归入重要纲要，透彻制定出海宁皮影戏艺术团等民营团体的产业化发展目标、运作模式和具体措施等，矢志将之扶持为闪耀中华文化的大旗。

经过十几代人的不懈贡献，海宁皮影戏得以较好地传承保护，并展露出斑斓光彩。这一传统艺术已先后在浙江省内外福建、江西、江苏、上海、舟山等地公演。此外，就连遥远的新西兰也欣然迎接该剧前来开展文化交流。在奖项方面，2006 年 12 月，海宁皮影戏的《鸡斗》作品荣获浙江省第二届曲艺杂技（电影）节金奖，《闹龙宫》作品获银奖；2010 年，海宁皮影戏的《闹龙宫》作品斩获第三届金狮奖国际木偶皮影戏比赛铜奖；而后，该剧又夺取了 2011 年第七届嘉兴市文学艺术成果奖金奖。海宁皮影戏仍旧受到基层群众的热情追捧和衷心喜爱。

二、舟山嵊泗渔民画：渔家文化的“海上敦煌”

（一）乡愁故事与乡愁文化

田岙村，坐落于嵊泗列岛东部的五龙乡，作为“渔家乐”旅游项目的先驱之一，成功吸引了无数游客的目光。作为嵊泗唯一的国家级休闲渔业示范基地，这里不仅有深受人们喜爱的四大佛教名刹，还有东渡鉴真留下的珍贵遗迹——鉴真东渡遗址，更是有大悲山灵音寺，这是三大观音道场之一，充满了宁静和祥和之气。除此之外，当地人还将自然和文化完美地融合在一起，打造了“神鼠觅食”景点，从而体现了独特的海洋文化和风情。此外，大型露天渔民壁画也展现了渔村海岛文化的魅力和风貌。通过传承渔家文化，这里不仅打响了“壁画村”的品牌，还在不断地吸引着更多的游客来探索这片旅游胜地的瑰丽与撼动。

嵊泗渔民画，一种民间绘画的代表，自古以来在田岙村流传，它诞生于新船下水或新庙落成之际，是渔民兄弟们用丰富的色彩和绚丽的图画在船体和墙体上绘制而成。这些渔民画的内容取材于独特的海岛渔民生活，繁荣而别具一格。令人不可思议的是，其绘画人员纯属于本地渔民，缺乏专业的绘画知识，他们凭借自己的生活、回忆和率性而创作。他们以十二渔汛、以民间故事《神鼠山传说》为主题，加之自己丰富的想象，这些作品便栩栩如生地呈现在世人面前，别有一番生命力。

早在2006年，田岙渔民就有组织地在渔家墙头作画，随着时间的推移，越来越多的村民感受到了这种文化的感染，手握画笔，仿佛轻松跃上墙体，而如此勇敢而又独特的创作方式，也让这个小小的渔村变成了一座古朴而亲切的渔民画壁画露天美术馆，吸引了众多游客前来观赏和驻足。为激励村民进行渔民画创作、更好地形成地方特色文化产业，田岙村建有渔民画创意体验馆，旨在全面提升渔民画的创作和表现水平。无论你站在村子的哪一个角度，都可以看见一幅幅栩栩如生的画作：鱼儿游在屋顶、挂在树上、悬在空中，乌贼成双成对，小渔船儿在天上飞……梦幻般的渔家风情，在高远的天空下沿着整洁的石巷款款而来，人在此中，仿佛来到了海上的敦煌，田岙村“壁画村”的名气就此愈加响亮。文化和旅游发展相辅相成，田岙村立足自身独特的区位优势与资源特点，挖掘渔家风俗，发展渔村民宿，打造渔民壁画品牌，努力建设成为生态秀美、人居优美、生活和美、人文淳美的美丽海岛和海洋生态文明示范区，成为美丽海岛“一村一品”的典型。

舟山渔民的画笔下，大海以及与之相关的元素占据了作品的主要题材。即使是神话传说，也融入了大海的遨游元素。舟山渔民的特殊生活经历，常年在狂风巨浪之中搏斗，更是为作品赋予了奇幻、神秘的风格和近乎怪诞的氛围，散发着现代民间气息和浓郁的地域特色。这种主观感受和独特气息，凭借着绚烂丰富的色彩和夸张随意的造型而表现出来，从而形成了舟山渔民画的独特魅力，成为中国现代民间绘画艺术中的瑰宝。渔民画家们把他们对美好生活的向往和追求也深深地融入作品之中，如刘云态的《渔姑梦》《咪咪梦》，张亚春的《嬉鱼》等。有的画作以渔民的生活、生产以及渔家风俗为题，如林国芬的《拣鱼》和《剖鲞》，陈艳华的《补网》等；还有的则反映了海岛的民间传说，如张定康的《穿龙裤的菩萨》一幅画作，其中描述了“青浜庙子湖，菩萨穿龙裤”这一脍炙人口的民间故事。

舟山渔民画家们热爱大海，热爱自己的劳动和生活，因此他们以海为动力，在创作中联想、勾勒、表达自己朴素的思想情感。他们从真实的客观事物形象出发，创意勇敢，笔下夸张离奇，自成一派，想象力丰盈，画笔卓越，情感真挚，深情眷恋海洋，作品中自然散发吸人心魄的“海腥味”。这些富有海洋情怀的艺术作品，传递着浓郁的地域气息和生命气息。比如在鱼的身上，他们巧妙安排了各种海洋元素，例如鱼网、海鸥和海洋动物，创造出有民间特色的、极具想象力的造型。渔民捕鱼和捕蟹需要用到各种工具，渔民画家们在描绘时则将不同时间、不同空间、不同视角及各种物体的特征巧妙地组合在一起，甚至将自己感兴趣的所有元素表现在画面中，勾勒出丰富多彩、生命力旺盛的场面。在造型上，他们肆意发挥，大胆变形，大胆夸张，常常以自己的感情为中心，根据需要将仰视、俯视、平视、侧视等多种角度和视角自由穿插，从而形成了舟山渔民画特有的造型模式，成为中国民间画的瑰宝。

（二）产业特征与发展成效

自 1980 年首届舟山渔民画展成功举办以来，这种颇具海洋文化和岛屿风情的优美绘画作品得到了异乎寻常的升华，不仅成为展示中国海洋文化的一个重要组成部分，更在造型、手法上的夸张、自由和精致制作赢得了国内外专家和观众的普遍认可。1987 年 11 月，舟山渔民画被一个海外文化工作者在中国首都北京的国家级美术馆展出，此次展览获得了全场的热烈掌声和良好的评价。1988 年 1 月，中国文化部（现文化和旅游部）决议将舟山群岛定海、普陀、岱山和嵊泗四县（区）定名为“全国现代民间绘画之乡”，这为舟山渔民画的发展注入了新的活力和动力。至 2008 年，数以千计的杰作在不少全国性媒体呈现，被收录在无数画册中，且获得了多家权威美术机构的珍藏。此外，舟山渔民画还多次前往 10 多个国家，参加文化交流展览，堪称海内外的风靡之作。多年来，田岙村在保持舟山渔民画艺术风格整体性的基础上，强调地域特色，力求多样性，创作了一批又一批渔民画新作，多次在省级、全国及国外展览上展出、获奖。

发展“渔家乐”，“烂田岙”变“金田岙”。20 世纪 90 年代，田岙村还是一个完全依赖渔业捕捞的渔村，村集体经济一片空白，人均年收入只有 2000 多元。村里几乎只剩下老弱病残，年轻人全都“逃”出去谋生存了，待在这里连媳妇都很难娶到。直到近年来，依靠当地渔民的艰辛探索和政府的政策扶持，田岙成为嵊泗最早发展“渔家乐”的一个村，“烂田岙”成了“金田岙”。近年来，田岙村紧紧围绕“渔”字，不断提升渔俗文化魅力，大力打造具有海洋气息的渔家特色村落。全村 90% 以上家庭为渔家民宿。

田岙村通过翻新渔家特色建筑、装点渔家特色的花格栅栏、培育渔家特色的绿化植物、在渔俗广场上摆放渔船模型、渔民雕塑、渔家用具等实物，着力体现渔村风情。这里的邮筒，不再是单一的深绿色调，而是被染上了海洋图案。寄信，成为一种遨游大海的享受。独具浓郁海洋气息的东海渔村主题邮局，展现出渔村与众不同的魅力。

在迎合都市人返璞归真的理念下，为打造独特的“渔家乐”体验，渔民们纷纷对家中渔船进行了大规模改造。如今，游客可以搭乘这些重塑的渔船与当地渔民一起出海垂钓捕鱼，品尝丰收的喜悦。以市场为导向的田岙人，以吸引都市游客为目标，专门开展以“闻钟观日出，驾舟捕渔虾；礁滩拾螺贝，探险验神话；餐食活海鲜，夜宿渔民家”为主题的海岛休闲旅游活动，不断努力打造具有“海岛探险、海上游乐、钓鱼捕虾、拾贝”等特色的渔家乐旅游品牌及更多旅游相关服务项目。因其孜孜不倦的努力，这一独特的旅游品牌取得了卓越的经济效益及社会效益。

三、长兴林城百叶龙：水乡美好生活的礼赞

（一）乡愁故事与乡愁文化

长兴林城百叶龙是浙江长兴县一股独特的传统民俗活动，闻名中外。它的起源和流传历史归根结底在长兴县林城镇。百叶龙，拼凑而成，众所周知，其中并不包含平凡无奇的树叶或茶叶，反而采用了粉红荷花的花瓣作为构成元素。这些粉色的娇艳荷瓣，连成一个个巨大的荷花，再将这些荷花串联起来，就形成了长龙的造型。这条长龙在绿油油的荷叶衬托下，显得更为绚烂耀眼。它时而龙行天际，显露出无畏的气概；时而柔美婉约，传达出浓郁人情味。这种独特的艺术形式，令人叹为观止，叹为绝妙。

当百叶龙的表演开始时，演员们手持着荷花和荷叶的道具，犹如翩翩起舞的蝴蝶在荷花、荷叶丛中徜徉。不久之后，演员们将特制的道具翻转成龙头和龙尾，其他的人则用荷花组成龙身，然后一条华美的花龙便带着舞蹈优美、别致的姿态腾空而起。这场舞蹈则通过绚丽多彩的荷塘景象，讲述了百叶龙在江南水乡中应运而生的传奇故事。在这个过程中，湖水荡漾、荷叶飘逸、荷花盛开、彩蝶扑飞、荷花变身龙、双龙嬉戏、龙变荷花等细节也像是在表达着江南人民对于美好生活的向往和赞美。

据传，这种美妙的传统民俗活动源于一个古老的民间传说。在很久以前的苕溪岸边，住着一对农民夫妇。有一天，妻子突然生下了一个四脚蛇形怪胎。族长认为它是一只妖怪，命人将它扔进了荷花池里。每当母亲来到池边淘米时，小蛇便会游到她的身边吃奶。但事情并不完美，有一天，族长看到了这一幕并用一把锹斩断了蛇尾。可就在这时，天空突然翻滚起来万千黑云，四脚蛇想要升天却因没有尾巴而难以成功。这时，一只蝴蝶飞舞着降落到它的尾巴上，帮助它成功升上了天。转瞬之间，四脚蛇的身躯变成了巨龙，每当此地出现旱灾时，百叶龙便向故乡降雨，让庄稼得以丰收。为了感谢这条神龙的滋润和庇佑，长兴一带的老百姓用百叶荷花和蝴蝶的龙尾制成了长兴特有的“百叶龙”，每年春节都会在这里热闹地舞动它，纪念和庆贺这个传奇故事已经有近 200 年的历史。

（二）产业特征与发展成效

1957 年，百叶龙荣获第二届全国民间音乐舞蹈会演特等奖，由周恩来总理推荐参加莫斯科“第六届世界青年大学生联欢节”演出，荣获金奖，2000 年又获“群星奖”舞蹈大赛金奖。2000 年 12 月 4 日，长兴林城“百叶龙”参与世纪之交我国社会文化舞蹈艺术盛会，与来自 13 个省市的参赛队伍一起入场，迎战顶级竞技。“百叶龙”在比拼过程中，以其独特的艺术技巧和迷人的魅力悉心演绎，最终凭借乡愁神韵的表演，夺得全国第十届“群星奖”舞蹈大赛金奖。自此，“百叶龙”这一民俗艺术奇葩持续展示出它的光辉传奇，铭刻于时光中不朽。

“百叶龙”自获得金奖以来，成为香饽饽般的演出对象，长兴文化体育局更是积极组织其走向全国各地，不只如此，还将其改编为舞台舞、行街舞等不同形式的表演方式。在第四届中国上海国际艺术节上，“百叶龙”与来自法国、德国、智利等世界各地的节目同台献艺，普天同庆。一经邀请，它还参加了全国“群星奖”优秀节目进京表演，并代表长兴压轴亮相，引发热烈反响。如今，“百叶龙”已经成为长兴文化的一张亮丽名片，更是国内首批非物质文化遗产的申报对象，于2006年夏批准入选，光荣列于其中。随着时间的推移，“百叶龙”越来越有名气，甚至被邀请赴埃及参加“欢乐春节过大年”演出活动，以团圆、喜庆、祥和、欢乐的春节元素为主线，生动展现了浓郁的中国传统文化。

四、青田农遗田鱼：中国首个全球重要农遗

（一）乡愁故事与乡愁文化

青田地处浙江东南部山区，历史悠久，既是全球首批、中国首个全球重要农业文化遗产所在地，也是千年古县、华侨名城、印石之都。早在新石器时代，在这块后来被叫做“青田”的土地上就有人居住。青田于唐睿宗景云二年（711）建县，在建县之前，这里归属永嘉郡，上溯各个历史阶段，三国时期隶属临海郡，西汉时期属会稽郡，秦朝时期隶属闽中郡，春秋时期属古越（瓯越）地。也就是说，青田人的祖先属于“古越人”。

聪明勤奋的青田先民，直面“九山半水半分田”的山区地貌，创造了

“以鱼养田、以稻养鱼、鱼粮共生”的协调生态系统，至今已久有两千余年。据《史记》所述，早在两千多年前，“古越人”便享用“饭稻羹鱼”的自给生活。在清代光绪时期《青田县志》中，记录：“土里土气的先人们在稻田和河畔圩塘，谆谆传授养殖红、黑、斑等数色“田鱼”的专业技艺。”他们不仅种植水稻，还养殖鲤鱼，即所俗称的“田鱼”。这样，他们创造了一个颇富当地特色的水产品种——“青田田鱼”，其肉质细腻，鲜美难忘，不仅可供观赏，也值得相当高的养殖价值。

青田稻田养鱼这一古老而又典型的农业生产方式，深厚的文化底蕴，是人类文化遗产的优秀代表。青田千余年一直延续着饭稻羹鱼的传统生活方式。乡村农民有熏晒田鱼干的传统，逢年过节、请客送礼、视为珍品。村里人女儿出嫁，有田鱼（鱼种）做嫁妆的习惯。青田鱼灯、青田石雕名闻遐迩，成为当地节庆必不可少的内容。

青田的“稻田养鱼”源于多年以前一支江浙籍民族迁移到这里，他们习惯于“饭稻羹鱼”的生活方式。但在青田这个“九山半水半分田”的地理条件下，一些河海鱼失去了来源，这种原本习以为常的生活方式不再可行。据《青田县志》所述，青田境内有不少丘陵和低山，水资源也富足，然而溪流之水湍急岩峭，且多石滩，鱼类常遇难事，所以“溪无鱼”。虽然在山区种植水稻是可行的，可以利用山间流水和降雨保证灌溉水源，但要想享受鲜美佳肴却只能依赖溪涧中稀少的鱼类，山区开挖池塘养鱼又难以成行，因而问题亟须解决。在对优质鱼品的追求下，一些聪明灵活的青田人锐意创新，将鱼放到稻田里饲养。他们经过反复试养并驯化，最终从鲤鱼品种中选出与稻田养殖适宜的“田鱼”品种。在这种新型耕作方式引起的拍蝴蝶效应之下，“一传十、十传百”，“稻田养鱼”在整个青田各乡村广受推崇。

2005 年 6 月，青田稻鱼共生系统获得殊荣“世界重要农业文化遗产”，标志着青田稻鱼共生系统重要农业文化遗产“第一个在中国，首批于世界”，以世界级的重要农业文化遗产名录的尊严闻名遐迩。经过千百年的人类智慧与实践，这个充满着生态平衡思维的系统在历史长河中蔚为壮观，彰显出农业与文化之间不可分割的关联。时任浙江省委书记的习近平同志曾批示：“关注此唯一入选世界农业遗产项目，勿使其失传。”

（二）产业特征与发展成效

十年来，青田县坚持保护为先，保护与发展共赢的原则，以“稻鱼共生、鱼米增效”为发展思路，狠抓稻鱼公共品牌建设，大力推广稻鱼共生标准化技术，积极实施稻鱼共生示范基地项目，推动稻鱼共生产业持续发展。2005 年 6 月，闻名遐迩的“青田稻鱼共生系统”被联合国粮农组织推选为首批全球重要农业文化遗产，实至名归。这项传奇的发明不仅是中国第一个入选全球重要农业文化遗产的标志性事件，更开创了一种生态产品价值实现机制，谱写了一个崭新的经济模式——那就是“一亩田、百斤鱼、千斤粮、万元钱”的精彩表现，成为青田模式的代表。这一创纪录的业绩不仅成为了稻鱼共生所到达的又一个里程碑，也为“农民共富”这一美好愿景的实现揭开了一个颇具吸引力的大门。稻鱼共生模式也“走出”了青田，被 20 多个省市借鉴，形成了产业链条，带动了农民增收，释放了农遗价值，为乡村振兴赋能加码。2022 年全县农遗产业稻鱼共生面积达到 71000 亩，稻鱼产业总产值达 3.5 亿元。

青田县积极整合国家、省市支农惠农政策，并在县农业产业化扶持资金中对稻鱼产业发展进行重点倾斜，用于扶持稻鱼共生生产设施建设、实用技术培训和农业科技研发等工作，累计投入财政扶持资金 1.2 亿元。产业扶持资金在稳定稻鱼共生面积、促进稻鱼共生集约化生产等方面起到了积极作用。

借助全球重要农业文化遗产的“金身”，青田县积极推动稻鱼共生产品品牌建设，如今已经催生出“稻鱼共生生态大米”“青田田鱼”等广受欢迎的公共品牌。在这些品牌中，“青田田鱼”更是一举获得了国家地理标志证明商标的资格，更是因其优异表现荣登国家生态原产地保护产品名单。同时，青田县也先后制定了《青田田鱼地理标志证明商标管理办法》以及《青田田鱼生态原产地产品保护专用标志管理办法》，为维护和推广稻鱼共生产品品牌提供了可靠的保障。在青田县的不懈努力下，2018 年，青田荣膺“中国田鱼之乡”的美誉，更是向全球彰显出青田县精湛的农耕智慧和卓越的创新能力。

青田积极推进稻鱼共生示范基地建设。精心打造以稻田养鱼为主的粮食生产功能区达 2 万亩，同时建成了 2 个省级稻鱼共生精品园和 1 个省级稻鱼共生主导产业示范园，这是青田县努力的成果。在推动稻鱼共生产业的同时，青田县不断完善技术标准。自制定《青田田鱼地方标准》和《青田稻鱼共生技术操作规程》以来，青田县更在《青田传统稻鱼共生技术》DVD 音像的出版上进行了积极推广，力争将以稻田养鱼技术标准化。借助稻鱼共生的重要农业文化遗产为观光主题，青田县结合实际推进稻鱼产业与乡村旅游的相结合，加快集保护、展示、示范、观光于一体的稻鱼共生观光农业发展。为此，青田县先后建成了方山稻鱼共生博物园、小舟山梯田稻鱼共生休闲观光园、仁庄稻鱼共生省级示范园、小舟山梯田省级摄影基地等观光农业基地。

五、南浔荻港桑基鱼塘：历史最悠久的综合养殖模式

（一）乡愁故事与乡愁文化

蕴含着深厚历史文化底蕴的荻港，位于湖州市南浔区和孚镇南部。作为杭嘉湖平原上一颗璀璨的明珠，她坐落在江南水乡的怀抱中，以纵横交错的河港和茂密的溪岸芦苇林闻名。如今的荻港依然充满自然与人文魅力，作为“苕溪渔隐”的代表之一，她已然成为历史与现代交相辉映的独特风景。

湖州桑基鱼塘系统坐落于浙江省湖州市南浔区西部的和孚荻港。这个历经2500多年风雨沧桑的“浙江湖州桑基鱼塘系统”起源于春秋战国时期。经过千古岁月的磨砺，这片区域内的劳动人民发掘出并日渐完善“塘基上种桑、桑叶喂蚕、蚕沙养鱼、鱼粪肥塘、塘泥壅桑”的桑基鱼塘生态农业模式。终于，这个完美融合种桑与养鱼、桑地与池塘的江南水乡典型景观，成功形成并成为了丰富多彩的蚕桑文化。

春秋战国时期，由于中原地区战乱不断，迫使北方老百姓通过长江水道多次大批集中向太湖沿岸迁移，从而使湖州人口大量增加，国家经济重心也开始南移。为了满足劳动人民对物质生活的需求和促进经济发展的需要，国家对太湖沿岸土地也开始大规模开垦。然而，“浙江湖州桑基鱼塘系统”区域属于一个低洼地，每当雨季，系统西面天目山山脉的大量山洪水通过东苕溪和西苕溪进入本低洼地区域，由于当时区域内河道不甚畅通，故经常发生洪涝灾害。为了抵御低洼地的洪涝灾害，南太湖区的勤劳人民通过修筑“五里七里一纵浦（溇港），七里十里为一横塘”的奇妙水利排灌工程——“纵浦（溇港）横塘”，将一处处地势低洼、积水沉渣的洼地挖深变成了鱼塘。挖出来的泥土被囤积在水塘四周，作为堤岸的塘基。这种水塘与桑林的结合方式，宛如生态循环农业的模子坯，在湖州灌溉、收获、桑蚕、养鱼、肥田于一身。这一“古老的新发明”催生了南太湖区的丰富多彩的蚕桑文化和鱼文化，被誉为世界奇迹，比著名的都江堰

还早两个世纪。到了唐宋时期，种桑养蚕遍及千家万户，湖州成为了全国蚕桑与丝绸织造中心，同时也是主要淡水鱼生产基地之一。这一特殊的发明，不断拓展了江南水乡的持久发展，谱写出了繁荣的江南鱼米之乡和丝绸之府的传奇。

（二）产业特征与发展成效

南浔，是全球重要农业文化遗产“浙江湖州桑基鱼塘系统”的核心发源地，这里至今仍保有 6 万亩桑地和 15 万亩鱼塘，而和孚荻港更是保留着中国传统桑基鱼塘系统最大、最完整的地区之一，这里留存着桑基鱼塘系统这一综合生态种养模式的核心思维。1992 年，世界为湖州这一综合生态系统而振奋，湖州桑基鱼塘系统被誉为“世间少有美景、良性循环典范”，湖州先民用自己的智慧给我们留下了宝贵财富，并向世界展示了中国洼地开发与农业生态循环的智慧。

2013 年，湖州市全面强化政府引领作用，不遗余力地创建了桑基鱼塘保护领导小组，汇集了全市 11 个相关部门的力量，建立了定期召开桑基鱼塘保护与发展专题会议制度，牵头探索并解决桑基鱼塘保护与发展过程中的种种难题。此外，湖州市制定印发了《湖州市桑基鱼塘保护区管理办法》，这一办法的出台标志着保护工作的重大突破，并将桑基鱼塘保护与发展纳入《湖州市生态文明先行示范区建设条例》之中，划分了核心保护区、次保护区和一般保护区，耗时数年奋斗的结果可谓是不小的。市、区两级每年都会通过专项资金，以项目补助的形式对核心保护区内桑树补植、鱼塘修复、河道疏浚等进行资金补助，已经累计投入了数千万元的保护修复资金。

2018 年 4 月 19 日，浙江湖州桑基鱼塘系统获得了全球重要农业文化遗产的授牌，成为一枚璀璨的金名片。这一农业生态活化石承传至今已逾 2500 年，成为了农业发展的蓬勃注脚。为了促进“桑基鱼塘”系统的可持续发展，更应当加强对其生态和旅游功能的宣传。各界应该积极激励工商业主和广大农户开展以“桑基鱼塘”为主题的休闲观光农家乐和渔家乐，以助力“桑基鱼塘”和旅游业的有机结合。

近年来，“桑基鱼塘”已成为南浔区乡村生态旅游的闪亮品牌。而如今，“桑基鱼塘系统”荣膺全球重要农业文化遗产，促使和孚镇始终秉持着“保护为上、适度而用；多方共同，利益共享”的信条，将农耕文化与美景相得益彰，将生态与农业融为一体，将创新与创造相互印证，将古朴村落与现代化发展相得益彰。正如这一系统的生态与现代化走在了一同的道路上，其保护和开发也与农民的创业创新、乡村美丽建设、生态文明建设相得益彰，并推动了传统农耕文化在高质量发展中的成功传承和利用。

六、建德严州虾灯："九姓渔民"节庆盛典

（一）乡愁故事与乡愁文化

"建德人"是浙江省发现的"新人阶段"古人类化石，标志着浙江的历史被推远了逾4万个轮回。建德作为坐落于钱塘江干流新安江和兰江最宏伟支流之上，浙江历史的源头，对浙江历史的诞生、发展起到了至关重要的作用。身为拥有1200年历史的州府所在地，建德的严州府孕育了众多文化遗物，堪称文化的宝库。

严州虾灯，江南古城梅城镇的传统民俗节庆灯彩舞蹈，别名"虾公灯"。虾灯的造型仿佛青虾，细节之处完美呈现，触角、虾须等元素无一不吸引观赏者目光。在跃动缭绕之时，或弓、或转、或窜、或腾，一阵阵"摇头摆尾""贴地盘旋""群虾闹春"的舞蹈场景勾起万般欢乐。大虾灯和小虾灯配合默契，将江河中青虾形象生动再现。严州虾灯不仅呈现出阳刚之美，挥洒着热情奔放、柔美灵动的欢乐，令人无不陶醉其中。据传，清同治五年（1866）严州知府奏请朝廷让"九姓渔民""改贱为良"获准，当地百姓为此欢庆，扎灯祈福。

严州虾灯始于元末明初，距今有600多年历史，这里的原住民仿照三江口水域中生长野生虾的形状和其在水中游弋窜蹦的姿型动态，用竹片和木架扎制成虾灯的骨架，外用绵纸糊饰，内挂若干只纸灯笼点上红蜡烛照明，下安木质手柄，由两个年轻力壮的汉子擎舞。每年农历正月十三至十八的元宵灯会上，都有鲜灵活泼的虾灯与龙灯一起躬旋起舞，深受百姓喜爱，擎舞不息，代代相传。

每只虾灯由两人擎舞，虾灯起舞时，时躬时直，或贴地旋转，或腾空直串，似真虾弹跳而行。有平安巡游，摇头摆尾，捉对戏须，贴地盘旋，顺势而起，躬如满月，窜似游龙，群虾闹春等表演套路。动作舒展，粗犷豪放，既有充满阳刚大开大合的力量展示，也有嬉闹欢腾柔美活泼的谐趣场景，舞动中处处闪烁着一代代民间艺人智慧的光芒。表演时绣有"风调

雨顺，国泰民安”之类的饰旗分列两旁，随着鼓乐的节奏，虾阵变化多端，热闹非凡。

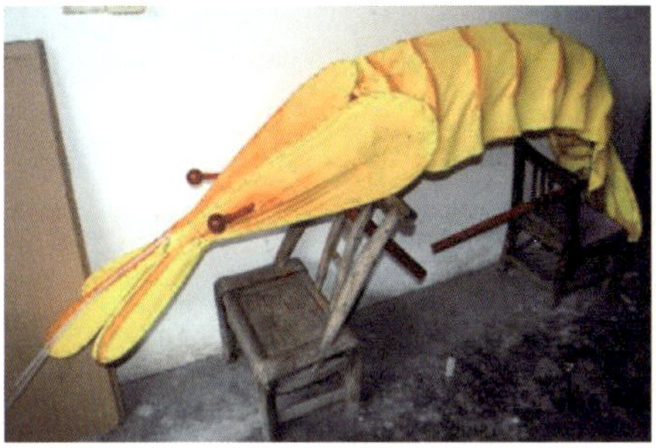

（二）产业特征与发展成效

在2001年的“新安江旅游节”第二届“荷花节”暨三界民间艺术展演会上，“严州斗虾”首次登场亮相；2001年10月，参加杭州市第二届“风·雅·颂”民间艺术展示，获表演金奖和优秀道具奖；并在“西博会·中国·杭州2001娃哈哈西湖狂欢节”活动中荣获最佳表演奖；参加浙江省第二届广场民间艺术展示荣获银奖；还应邀参加绍兴黄酒节等活动；2002年又荣获杭州市政府颁发的“桂花奖”。

2006年以来，经传承人陆涟的精心研究，在传统制作的基础上进行了改造，制作成可拆装方便运输的折叠虾灯。2006年4月底参加西博会建德分会场的开幕式表演。2009年9月应邀参加第五届中国（鄞州）梁祝爱情节开幕式大型文艺踩街活动，2009年12月参加“群星璀璨·群文风采”庆祝改革开放30周年杭州市迎春群众文化大展示。2010年6月参加建德市第三届农村文艺汇演暨非物质文化遗产项目展示活动中荣获优秀保护表演奖，并获得杭州市“民族民间艺术之乡”称号。2011年6月参加了第六届浙江省非物质文化遗产节开幕式暨“吴越流风”浙江省传统音乐舞蹈精品汇演；第七届中国沈家门渔港国际民间民俗大会组委会的邀请，严州虾灯于2011年10月28日，参加在十里渔港边的滨港路举行的开幕式踩街，严州虾灯舞到大海边。

2013年，严州虾灯参加了浙江省第八届非物质文化遗产日金华主会场的文艺演出。婺州婺剧花头台音乐与严州虾灯完美结合，受到婺城市民的热烈欢迎和专家的好评。严州虾灯已经成为建德市独特的文化品牌，不但展示了建德文化，而且提升了建德的知名度。

七、浦江板凳龙：浦江龙图腾特殊感情的佐证

（一）乡愁故事与乡愁文化

板凳龙，又被称作梅竹灯，源自江浙一带的传统民俗活动，并在我国南方各省市流传了数百年。舞龙舞蹈，据传起源于汉代，始于求雨祈福的宗教仪式，久而演变成了热闹喜庆的群体文化盛宴。尤以浦江板凳龙最具代表性，又称作长灯，由龙头、龙身和龙尾三部分组成。这条长龙，串联了几十至上千节板凳，连通八十多个人手持的木棍。每段板凳上，绑着一盏花灯，代替了龙的身躯，每盏花灯上都绘制了各自的图案，花草、树木、鸟儿，纷繁万千，八十多只花灯互不相同，即使五六条龙相伴而行，也极难寻到相同的图案。夜幕低垂，烛光摇曳，板凳龙在田野、山间、小巷穿梭，带着锣声、号角、鸣枪、喝彩，重现了广场民间舞蹈的壮观和细腻，让人们豪情万丈，感受到了娱乐和信仰融合之美。据说，板凳龙的由来，还有一个掉泪的故事：很久很久以前，遭逢大旱的东海之滨，一条水龙冒死跃出水面，为天下苍生祷告祈雨，果真倾盆大雨。可惜，它却因违反天条，而被残忍地剁成碎片，撒向尘世。人们悲痛欲绝，便将龙体安放于板凳之上，用力相连、极尽呼喊，将板凳龙呼之欲出，据说，这正是板凳龙的诞生时刻。

每一个特殊灯种的诞生，都有一段精彩的故事。比如魏村花灯、郑宅跷脚灯、夏张字灯等，各村的龙灯自成体系，别有特色。郑义门的板凳龙灯头与众不同，每走一步都要点一下头，所以被称为“跷脚灯”。郑宅跷脚灯的来历与明建文帝朱允炆有关。相传燕王朱棣篡位，朱允炆落荒而逃，随郑义门后裔官居待招的郑洽潜入浦江家中避难。元宵将至，郑义门照例迎灯赛社，建文帝蛰居密处，半年来平安无事，于是戒心渐失，也想出门看看热闹。刚走到街上，迎面来一灯队，执掌灯珠的头首一见是建文帝，不禁半跪行礼。

（二）产业特征与发展成效

浦江有万年上山文化，民间艺术历史悠久。因此，作为中华民族图腾的龙，被浦江先民当作祖神敬奉，从而使扎龙舞龙等民间灯彩艺术发挥到极致。据《浦江县志》记载，浦江早在宋代就已十分流行舞龙。虞宅宋代席场桥圆桥时，就有龙灯参与庆典活动。到了现代，全县几乎村村都有龙灯，便是浦江对龙灯具有特殊感情的佐证。2006 年，浦江板凳龙被国务院列入国家级非物质文化遗产代表性项目名录。

逢年过节，或逢重大喜事，浦江各地都有“舞龙”来娱神祭祖的习俗，以企盼神龙保佑人间风调雨顺、五谷丰登和国泰民安。迎灯是一项系统的、复杂的民俗活动，它由制灯工艺、灯会民俗、舞龙表演艺术、组织指挥四大系列所组成，具有知识含量较大、工艺复杂程度较大、组织指挥难度较大的特点。而灯会的头首必须全面系统掌握它，才能运用自如，指挥自如。因此，锻炼和培养一个灯会头首极有“千军易得，一将难求”的意味。一条浦江板凳龙，就是一座移动的民间艺术馆。里面呈现着书法、绘画、剪纸、雕刻和扎制编糊等各种工艺。每年腊月扎制板凳龙的时候，各村宗祠内都挤满了扎灯能手，编扎的、提诗的、绘画的、剪纸的，样样都有，无不彰显浦江书画之乡、非物质文化遗产大县的深厚底蕴。

近年来，浦江文化部门围绕“文化+旅游”持续发力，板凳龙是当地群众喜爱的团体性乡愁活动，地域文化特征明显，从自发到自觉，群众的精神文化和凝聚力、向心力得到充分体现。板凳龙以其良好群众基础、强大的吸“粉”能力和独特的艺术形式始终活跃于全国摄影大展、书画节开幕式等重大文化活动中。

第八章　节庆里的乡愁产业案例

一、德清三合防风节：防风古国的千年庆典

（一）乡愁故事与乡愁文化

德清三合乡二都一带旧时为防风古国的中心，乃山环水抱的风水宝地，也是古老的良渚文化、马家浜文化、防风文化发祥地。早在五千多年前，就有先民在此耕种劳作、繁衍生息。古代二都“出陶器，交易者云集，故成市。”有民间传说，明代之前，二都一带曾屯驻“千军万马”，地脉极佳，号称“九龙之风水宝地”，刘伯温辅佐明太祖，成事以后，要求天下太平，发展生产，于是就破“九龙”为“九窑”，化“千马万军”为“千砖万瓦”。故二都从明清以来，盛产沙缸砖瓦，附近有瓦窑村缸窑村之名。

防风祠，毗邻防风山而坐北朝南，南望下渚湖，是当地百姓朝拜防风王的重要场所。所谓防风王，便是守护封禺之山的国王，位列封禺方圆百里之地的庇护神。早自西晋元康初年起，当地乡人在玉屏山南麓乌墙头筑了防风祠，以祈祷出行平安。防风祠所处的防风古国，又名汪风族，其部落因生活于汪洋的沼泽地而得名。

防风祠背负着史前最大的一起错案，呈现出一段陈旧的恩怨史。古文字史藏《国语·鲁语下》记载了此事：“昔大禹奉命主持会稽之山祭祀群神，防风氏后来，大禹便杀了他们并将其骨节专车。”防风氏事足可谓防

风王国的创始者。传说，防风氏遇到天目山的洪水时，抢险救灾迟迟未到达目的地，结果被大禹杀害了。为让冤屈得到昭雪，大禹特封防风氏为防风王，防风国建造了防风祠，供奉着他的神像。祠成后，大禹亲自前来祭拜。但他的分封和祭拜并未消解防风王国与夏国的矛盾，直到大禹的第十二代孙帝廑时期，防风与夏的冲突才画上句号。帝廑的兄弟禺分封到了防风故地，而禺则取悦防风民众，德比合一，博得民心。禺去世后，安葬于此之地，杨坟附近的山峦以其名命名为禺山。一段公案、一段恩怨，从此化为绵延千年的祈愿。

据说大禹亲赴祭祀之日是农历八月廿五，他下令载入夏朝祀典，传之后世。这一传便是数千年，防风氏早已成为封禺之地的庇护神。德清县三合乡防风山的防风庙，始建于西晋元康年间（291—299），“邑令贺循建”。梁任昉的《述异记》中不仅提到“防风庙”是“土木作其形，龙首牛耳，连眉一目”，也最早记述了祭防风之情景，“越俗，祭防风神，奏防风古乐，截竹三尺，吹之如嗥，三人披发而舞”。到五代吴越王钱镠重建防风祠，称为灵德王庙，并立石碑纪念。如今古石碑还立于祠前，这是江南现存最古老的石碑之一，距今已有 1060 余年的历史。传为罗隐书，碑高 262 厘米，厚 25 厘米，宽 88 厘米，造型别致，古朴庄严。后来，防风祠在清乾隆年间扩建重修，三进土木结构，分山门、戏台及天井、大殿，头山门有马袂、伞袂神像，戏台在庙会期间演社戏。大殿内塑有高大雄伟的防风王神像，其尊容是“龙首牛耳，连眉一目。”大殿前还存活两株巨大的古树，盘根错节，枝繁叶茂，是千年古木，也是防风祠最有价值的遗存物之一，但在“文化大革命”期间与祠同遭厄运，被人连根拔起，毁于一旦。目前的防风祠于 1996 年在原址修复。

防风神像非常通俗大众化，以君王面目示人。四周壁画详细记录了防风氏治水造福一方的事迹。而祭祀防风王风俗由来久远。最早记载祭祀防风的文字这样描述：“奏防风古乐，截竹三尺，吹之如嗥，三人披发而舞。”后来发展到农历八月二十五日秋祭，还在前后各一日举办防风庙会，吸引四乡八邻赶庙会，唱大戏三日，人山人海，热闹非凡。

（二）产业特征与发展成效

在防风山南麓，秋祭是一个备受瞩目的盛事，防风节便是这场盛宴的象征。自古以来，历代官民对此都格外看重。在农历八月廿十五前后，也就是廿十四、廿十五、廿十六，人们会举办一系列的活动。

首先，官方会进行一场祭典，跟随着一系列的仪式，而后出殿巡游于社会。各社会分别亮起旗帜，在庙会广场集结；老龙引领，青龙紧随其后；而台阁、高跷、马灯等则按照规定的路线列队；而在四弟相公的前方，硬牌执事会紧锣密鼓地操办着。钢叉开路，鸣锣放铳，其他的龙灯、渔灯、马灯也跟随巡游，被称为“龙灯会”。各地还会举办三场拳会，包括钢叉、顶缸和各种武术表演。在到达桂花厅的时候，当地的土产熏豆茶就会被供奉出来，人们一起“坐茶”“供茶”。有的地方为了方便巡游，还会搭起浮桥。最后，人们可以观看三台社戏表演，而在这几天，乡民也会相互串门拜访，一边喝着“烘豆茶”，一边聊着防风神茶的故事。其中，乡里人会说故事称古代的防风氏曾经为治水而不眠不休，湿气持续侵袭身体使其举步维艰，可是，一碗防风神茶后，他如获新生，精力充沛，治水事业一发不可收拾。由此，防风神茶在乡间成为了家喻户晓的宝物。现在，整个防风庙会已是人山人海，各地摊位琳琅满目，乡亲们互相串门，“做客人”，祭防风，说防风，喝防风茶，祈求着丰收几多、灾害不再的美好未来。

1996 年以来，德清县积极推动对防风文化的保护，除了对风山的修复之外，庙会会被连续市场，下渚湖风景区的相继建立也辅助了这一系列工作。2007 年 6 月，“防风氏祭典”被公布为第二批浙江省非物质文化遗产名录。2011 年 5 月，“防风传说”也正式被列入第三批国家级非物质文化遗产代表性项目名录之内。

二、德清新市蚕花庙会：蚕农延续千年的桑蚕文化

（一）乡愁故事与乡愁文化

新市，是浙北地区一座拥有 1700 多年历史的运河古镇，是我国著名的蚕桑产区之一，自宋朝建镇以来，商业、文化、旅游业态不断繁荣，养蚕缫丝自古就是当地人赖以生存的经济来源，蚕农们用辛勤汗水和智慧创造了丰富多彩的桑蚕文化。每至清明谷雨后，家家关门育蚕。养蚕是件辛苦差事，为保佑风调雨顺，祈求蚕茧收成好，蚕农保留了在养蚕之时祭拜“蚕神”和“蚕花娘娘”的习俗。久而久之，每年清明期间就形成了蚕花庙会。

蚕花庙会在新市镇民间又称轧蚕花，是一项融民间艺术、宗教信仰、物资交流、文化娱乐为一体的民俗文化活动。据传，蚕花庙会可追溯至春秋战国时期。据说，范蠡曾带领越国美女西施前往姑苏的途中，路过新市，她们遇到了 12 位美丽动人的采桑姑娘，她们翩翩起舞。于是善良的美女西施把一篮绢花赠送给了这一群采桑跳舞的姑娘，祈愿姑娘们蚕丝丰收。此后，西施给采桑姑娘送绢花这个美丽而古老的故事就一直流传至今，每年的清明节，这些妇女会聚在一起，举办盛大的蚕花庙会，纪念西施并祈求蚕丝丰收。在庙会上，人们头戴各种蚕花，观赏采桑姑娘的精彩表演，聚集在觉海寺、司前街、寺前弄、胭脂弄、北街一带，喜气洋洋，浩浩荡荡，庙会结束后人们便开始春耕育蚕。

（二）产业特征与发展成效

新市蚕花庙会历史悠久，可追溯到唐朝和宋朝时期，而如今已是江南新市镇的盛会。在此之前，蚕花庙会一直保持自发性的举办方式，其时间恒定于每年清明时节。然而，由于历史原因，在解放后，这场传统活动曾遭遇 63 年的中断。而后，在 1999 年清明节到来之际，这一项极富乡愁文化的传统活动成功重现，受到了超过 4 万人狂欢追捧。此后，新市镇也机敏地推出了每年一次的蚕花庙会，为数十万民众带来了精彩纷呈的表演和活动，成为了一个倍受瞩目的乡愁文化盛会。自从新市蚕花庙会在 2007 年 6 月被列入浙江省非物质文化遗产项目以来，这项盛会已经连续举办 25 届，吸引了数百万来自海内外的宾客和大众参与。在这个庙会举办期间，新市的街市熙熙攘攘，人声鼎沸，格外热闹，成为了一道靓丽的文化风景线。

如今，新市的传统蚕花庙会焕发新生，盛世清明时，县乡评选出“蚕花娘娘”，活动期间，蚕花娘娘放衣抛蚕花，行走于新市镇，人潮汹涌、巷房人空，无人不期盼蚕花娘娘的绝艳风采；狂欢者在追逐着蚕花娘娘和蚕花仙子的表演，同时参与当地铜管队、腰鼓队、武术队、唢呐队、舞龙队等活动，祷告富贵双全，盼得蚕花满天。夜幕垂下，蚕花庙会灯会为景致印上陶醉色彩，各种奇特的景灯、花灯以蚕文化为主旨，虚实相生，生动如生，反映出丰富的桑蚕文化。活动还有经贸洽谈会和招商引资，抑或是外地的艺人前来献艺，为古老乡愁民俗注入欢乐气息。

2023年，对于新市蚕花庙会而言，可谓是意义非凡，蚕花庙会既是蚕桑文化的典型代表，也是浙江省非物质文化遗产项目。新市镇政府自1999年恢复这一重大民俗节日以来，到2023年已走过25个年头，25年的经历传承赋予了蚕花庙会新的历史文化内涵。万人空巷的盛况，重燃古镇烟火气。2023年蚕花庙会围绕“宋韵”“运河”元素展开，通过大巡游、宋韵市集、文旅演艺等系列活动，将传统民俗节庆与现代元素结合，展示新市古镇灿烂千年的文化底蕴。

对于新市人来说，蚕花庙会早已成为一种念想、一份乡愁，每年都盼着轧闹忙。除了新蚕娘为蚕农祈福外，为了能将蚕花庙会这一民俗活动传承下去，花轿巡游结束后，蚕花姑娘们来到江南蚕文化馆进行祈福礼、轧蚕花活动，祈福蚕农风调雨顺，祈福新市蓬勃发展。25年来，通过众多人数的参与、乡贤推动和历久弥新的延续，新市蚕花庙会将古镇深厚的底蕴与蚕文化不断地传承与发扬，它不仅是当地百姓祈福的民俗盛会，更是湖州对外文化旅游交流的一张金名片。

三、海宁盐官观潮节：“天下第一潮”的围观

（一）乡愁故事与乡愁文化

观潮节，是一项民间盛会，具有浓郁的地方风情。它流传于浙江杭州

和嘉兴地区，每年农历八月十八，钱塘江迎来大潮，潮水冲击岸边，如山崩海啸，惊心动魄。据史书记载，南宋时代就已经流传着这一盛事。杭州人早在十一岁时，就开始准备观潮，到了十六、十八岁时，更是纷纷前来观赏。从庙子头到六和塔，沿江楼房都被租赁作为观潮的理想观赏地点。清朝初年，由于河流的变迁，观潮节已经迁移到了美丽的海宁城。历经千年，观潮节依然是一项引人入胜、令人神往的民间节日。

浙江的钱江涌潮可谓是“天下第一潮”，文人墨客对此评价颇高，如苏轼所说：“八月十八潮，天下壮观无。”这场潮水的最高点高达 9.58 米，潮速也可快达每秒 12 米，虽世界上巴西亚马逊河河口也有着涌潮，但其文献记载的最高潮位只有 5 米，早已远不及钱江的壮观。钱江涌潮能够形成，主要是得益于特殊的地形环境。钱塘江囊括了宁波的出海口，并拥有宽达 98.5 公里的宽阔面积。但上溯至余姚市的西三闸，宽度仅 19.4 公里，到达萧山围垦外的八工段与海宁盐官之间，更是仅有 3 公里的距离。当东海潮波径直奔入此喇叭般的口岸后，因两岸迅速地收缩，潮波便备受压迫，高度不断增加。而在临近萧山围垦的时候，河床迅猛变浅，猖狂的潮水因此也急遽涌高，这样一来，便形成了让人惊叹不已的潮水前沿波浪，仿佛“若素练横江”的天然壮景。历代文人墨客对钱江涌潮的着迷已数不胜数，有李白的“浪打天门石壁开，海神来过恶风回；浙江八月何如此？涛似连山喷雪来”，米芾的“天排云阵千雷震，地卷银山万马奔”，苏东坡的“若问潮头高几许？吴山浑在浪花中”，郑板桥的“云雷风霆为前驱，潮头耸并青山立”，等等。根据传说，南宋高宗赵构在逃到杭州后，曾在半夜听到了涌潮之声，失足几近狂奔，只因当时误以为金兵已经迫近。然而，除去这些地理原因，涌潮现象也会随时间不同而呈现多样化。即每逢农历朔/望之后的 1—2 天时，太阳与月亮的潮汐效应相加，形成了大潮。相应地，每逢上/下弦之后的 1—2 天时，则为小潮。不过，在天体秋分的大潮中，涌潮则会显得尤其壮观。而在农历八月十八这一天，一场高大整齐的潮汐冉冉升起，大气磅礴，自古以来，观潮节也便约而成。

欣赏钱江潮，南岸北岸皆观赏。南岸赏潮之区多在沙滩之中，尤以青龙山、赭山为佳。每年中秋十五至十九，彼此万里之外的男男女女，欣携

酒肴，赶往江畔，纵情感受大自然的妙作。到了十八日午后，海水汹涌而至，堤岸上熙攘川流不息。据记载，南宋时期逢此盛会，官方专门训练水师进行“弄潮”表演，当时诗人潘阆赞道：“弄潮儿向当潮立，手把红旗旗不湿”。南宋周密甚至在《观潮》中写下更具象征生动的描绘，叙说：在这百般滋味的几百名游泳达人中，披文身挥英锤、手持十幅绯红巨幅，厮杀激战，冲向波峰澎湃，或离水上空，旗帜飘舞，旗尾不沾半分水珠，以彰其能。奢侈贵族争相奖赏银财，众目睽睽之下，此情此景，令人叹为观止。如今看来，这种弄潮技艺令人叹为观止。他们的弄潮地点大多选在杭州附近，以便南宋时期达官贵人的赏鉴，而那里已然是钱江潮的尾巴。如若选在潮汐之巅，每平方米的潮汐能量超过七吨，几千公斤的护岸石或会被卷走，而沧海一旦起风波，浊浪滔滔，山岳易摧，置身潮水之下，实无还手之力。

自汉魏时期起，钱江观潮便引人入胜。历经两千余载，盛极唐宋。南宋年间，每逢农历八月十八日（据传为潮神生辰），南宋政府定期检阅水师于钱塘江上，自此走俏，好评如潮，观潮节重头戏就此定好。苏东坡更名扬天下，曰：“八月十八潮，壮观天下无。鲲鹏水击三千里，组练长驱十万夫。红旗青盖互明灭，黑沙白浪相吞屠。人生会合古难必，此景此行那两得。”百姓更称此节为“潮神节”，这一天，沙地处处祭祀潮神，香火缭绕，传统习俗不可忽视，张神殿、镇海殿、静海殿、靖江殿等的规模更是盛大。这种风习与钱塘江河口段“坍江”频有关。当时人类无法解释潮汐起因，因而不得不将神力用以旁证印证，潮神的传说便由此而来。在历史长河中，钱塘江河口段拥有诸多潮神，但沙地民众普遍崇奉的是张老相公，又名漕运官张夏，每逢潮神节、“坍江”及农历三月初六张老相公生日必将礼仪备到。

而海宁盐官潮景观潮区，则是观潮最壮观、最安全之地。这里不仅可以饱览“一线潮”之奇观，还可探访捍海长城的“鱼鳞石塘”和明代占鳌塔等古迹。太平无事、安全无忧，历年来景区未曾有过恶性事故，名副其实为钱塘江河畔观潮地中最为安全之选。

（二）产业特征与发展成效

传统的观潮胜地是海宁盐官镇，所以又称“海宁潮”。这一带有镇海塔、海神庙、中山亭等景点，每年中秋前后，有10万余人聚集，形成人潮海潮齐涌，热闹非凡。观潮最佳胜地有三处。一处是在盐官附近可看银涛滚滚整齐而来的“一线潮”。二处是在盐官以东的八堡大缺口可看东、南两股潮头相撞，掀起万座冰山、千里雪峰的“碰头潮”。三处是在盐官以西的老盐仓可看潮头猛冲丁字坝后，浪涛壁立，冲向天际的“返头潮”。

钱塘江潮涌，又名海宁潮，乃是一项壮观自然奇观。其气势磅礴、景象宏伟，荣膺“天下奇观”之名，为世人所瞩目。钱江潮与“雷州换鼓”“广德埋藏”“登州海市”携手并列，构成了“天下四绝”之一。在以“观潮胜地”著称的浙江省海宁市，每年农历八月十八，都会举办中国国际钱江（海宁）观潮节，至今已连续举办了25届，成为中国最杰出的旅游节庆活动品牌。

海宁自古繁华，名人辈出，涌现出国学大师王国维、新月诗人徐志摩、著名武侠小说家金庸等一批批文化名人。潮文化、灯文化和名人文化

是海宁人引以为傲的三大文化。海宁潮是老天爷给予海宁的得天独厚的一张好牌，海宁发展乡村旅游，在用好天文大潮的同时，打造好时尚潮、生活潮，让潮城真正成为海宁吸引游客的一张金名片。

25载观潮盛典，海宁的旅游业愈加成熟。为迎合游客对品质的不断提升和对多元体验的渴求，海宁推崇“文化 + 旅游”新模式，而非传统的“单纯玩乐”。如此一来，游人开始追寻各异的地域文化，并越发重视特色旅游产品。海宁，拥有闻名天下的人文景观和自然美景，不仅是旅游胜地，更是深厚文化底蕴的积淀之地。如今，全域旅游和乡村游在这里如火如荼地推行，目前的海宁正以无可匹敌的姿态迎接更加辉煌的明天。

四、武义白姆斗牛：东方文明斗牛的代表

（一）乡愁故事与乡愁文化

斗牛，乃是浙江金华武义的传统民俗娱乐活动。距今已逾千载，源于宋初，盛行于清末民初。武义斗牛不同于西班牙的人与牛之间搏斗，而是牛与牛相互厮杀。被誉为“东方文明斗牛”的场面，让人气息憾然。壮观之极！惊险之至！真乃怡情养性之良方。其中最有名的就是在白姆乡境内的后树斗牛。每年秋收后，武义白姆乡后树白鹤殿都会举办斗牛活动，是珍贵的非物质文化遗产。白鹤殿自宋朝创建以来，每十二年开光一次。南宋开禧年间，乡民为纪念董大夫之骁勇，以董大夫诞辰的农历十月初六，定为白鹤殿开光，并特增加了斗牛活动，至今已有八百多年的历史。

白鹤殿开光期间，殿内灯烛高烧，殿外爆竹声声，而且请了戏班演戏，台上文臣武将粉墨登场，展示精湛的演技。锣鼓声、丝竹声声声入耳。开光、演戏、商贸小摊林立。300多个摊位的小商品交易，各样货物琳琅满目、应有尽有。购买者人群拥挤，熙熙攘攘。人们不光可以品尝各地风味小吃，还能选购称心如意的服装、五金、日用百货等。人流、车流壮观非常，显示出质朴的乡间民俗文化，让人得以享受原汁原味的民俗文化风情。后树白鹤殿斗牛是白鹤殿开光之前奏，一直沿袭至1948年。文化

大革命破“四旧”曾一度停办 40 余年，1993 年乡土有志之士成立白姆乡后树斗牛管理会后，每年举办一次，至 2019 年已举办 27 届。

在白鹤殿入口处，标志性的一头黄牯牛，以搏斗状态矗立村口，周边以墙画加以辅助，栩栩如生地再现了斗牛现场之激情，营造了浓厚的文化传承氛围。当然，也不乏有的传说将白鹤殿斗牛故事化：很久很久以前，后树当地村山妖怪树魔较多，人们不得安宁。白鹤王为了保护黎庶生命财产安全自发与魔鬼斗争，终被魔鬼所害，白鹤公主也受了伤。有一天，后村一位青年牧牛郎在村前山上牧牛，有一只漂亮的白鹤停在牛背上。牧牛郎发现是一只受伤的白鹤，于是带回家，用草药把她治好了伤，并放飞白鹤。第二天一位美丽的姑娘前来找牛郎，同时如实告知详情。白鹤公主与牧牛郎商量好斗魔鬼的计策，白鹤公主把自己修炼的精力传递给牧牛郎家的两头公牛。有一天，两头牛在山岗上斗起来，大魔头感到好奇，也来看斗牛。两头公牛趁大魔头不备，一齐将大魔头斗死，并冲进魔洞，消灭了所有魔鬼，牧牛郎与白鹤公主结为夫妻。人们为了纪念白鹤王修建了白鹤殿，并在白鹤公主的生日这一天组织斗牛活动。

斗牛纳斗神，是各地庙宇开光的重要活动，近乎一月一大斗，半月一小斗。而斗满一周年，便称之为“一案”。斗牛之文化琳琅满目，金华更是不同凡响。著名文学家鲁迅早年即撰文感慨金华斗牛，用“使牛和牛斗”而非西班牙式的“人和牛斗”相较之。金华的农村庙会“五侯三佛”（五侯指卢灵贶侯、胡赫灵侯、邢刚应侯、钱火应侯、陈铁应侯；三佛则指定光佛、大士佛和慧光娘娘）更是斗牛盛行之地。民间诗人王廷扬《斗牛诗》中写道“越俗信鬼好佞佛，金华赛神乃斗牛，胡公邢公割南北，一保一庙如山丘”，更表明了金华斗牛与神明诉求之间的紧密关系，南乡北乡皆斗牛。《斗牛诗》中提及的胡公即永康人胡则，他在北宋仁宗明道年间为官时，曾为婺、衢两州居民求免身丁税，令百姓印象深刻。自其逝世后，金华北山岗岩处便立康济庙，供奉胡公大佛。每逢农历八月十三之时，金华斗牛再度掀起高潮，敬献斗牛以娱胡公之神。每逢八年一“转”，斗牛革新，向胡公献崇，以示感恩。

（二）产业特征与发展成效

1993 年，白姆乡率先恢复后树白鹤殿斗牛盛会，并于每年农历十月初六和初七举行。为了庆贺这一历史性事件，主办方会重点邀请武义县与金华市各县市最勇猛的斗牛“选手”参加斗牛大赛，这一传统已经连续 20 年一届接着一届干。自从斗牛活动在白姆乡恢复之后，壶山街道桃溪滩陈堰殿在 1999 年也开始恢复这一传统。2008 年，七彩武亿生态旅游饭店开辟斗牛场，经常性地向中外游客展示武义斗牛的神奇魅力。2009 年，履坦镇履三村也开始恢复斗牛活动。这一系列的斗牛活动成功地保留了“金华斗牛”的传统程序、仪式等历史文化信息。这些活动生动体现了“东方文明斗牛”风采，弘扬了崇尚力与美、爱护畜力的精神。

“武义斗牛”长盛不衰，得益于一大批有志于保护和传承这项传统民俗文化的热心人士和政府的关心和支持。这批热心人士有的担任各地斗牛活动的理事，义务募集资金、组织赛事，想方设法创造条件确保每年斗牛大赛如期举办；更多的热心农户积极喂养斗牛，为斗牛大赛培育“选手”。深厚的斗牛传统文化积淀和斗牛活动理事会运行机制的有机结合，使“武义斗牛”一经恢复就生机勃勃，充满活力。

斗牛时日，一般选定在春秋农闲之际，数十天便举行一次，多选周山环抱的水田为场地。斗牛大赛当天清晨，斗牛理事会举行迎接斗牛仪式。各村各户的参斗之牛，头扎彩牌、戴金花，身披红绸，背插彩旗，一大早从四面八方赶到白姆乡白鹤殿斗牛场附近的下徐宅村集中，斗牛理事会的迎牛队伍前来迎接，旌旗开道，敲锣打鼓，鞭炮轰鸣，数十头参赛斗牛在牛主人和护牛壮士护送下，排成一列长队，穿越原野，浩浩荡荡地开往斗牛场，场面壮观。到达斗牛场后，各家斗牛在斗牛场周边田野里散开扎营候场。赛前给斗牛卸下盛装，在牛额头扎上皮褡以护头。临上场前，牛主人还给斗牛喂食黄酒和生鸡蛋以提高“战斗力”。号炮一响，参赛的两头斗牛，在“拆牛手”牵引下，从斗牛场两座对角旌门入场，让两牛牛头相对，声气相闻。顿时，两牛眼红耳竖，牛性大发，夹尾低头，四角相架，奋力拼抵争斗。一时间你来我往，泥浆四溅，攻守易主，轮番进逼，武义斗牛的格斗招数颇多，有撞、挂、顶、抽、落头等。势均力敌的双方往往斗得难解难分，常有斗了二三十分钟还未分胜负。场地内，一对对黄牯牛轮流上阵促对拼杀，一决高低。场地外，从各地赶到现场的观众和摄影师把斗牛场围得里里外外好几层，大家不断地为参赛“选手”呐喊助威，观众少则数百，多则数千。斗牛场地如战场，惨烈而又残忍，败者身陷难堪境地，鲜血淋漓，仓皇溃逃而去，而胜者则奋蹄而追，紧随其后，斗牛即告结束。这里，所谓成王败寇，更是得到深刻诠释。凡败退之牛，必将被主人贬为耕牛甚至宰杀，走向人生低谷，而胜者则身价百倍，功成名就，威风一时。

发展斗牛这一乡愁产业，对于弘扬乡村传统文化，提升文化内涵，推动乡村振兴具有重大意义。就目前后树斗牛现状而言，加快产业壮大主要还存在不少问题和短板，一是时间短，斗牛活动就集中在每年农历十月的两天，没有形成全年性的活动。二是活动单一，除了观看斗牛比赛之外，群众参与性不足，缺少配套的娱乐休闲活动，很难留住客源，形不成气候。

白姆乡山清水秀，生态资源丰富，这里将充分依托后树斗牛这一传统民俗活动，借文化之力展演经济之花，丰富业态，提升文旅融合水平。计划分三步走：一是激励“斗牛”观光产业发展，注入牛文化元素，建造牛耕文化园，推广集吃、住、行、玩于一体的牛耕活动。将一年一度的民俗盛宴转化为常态旅游庆典，吸引游资不断涌入，将白姆打造成熙熙攘攘的旅游胜地。二是大力扶持有机农业，以“有机农业第一乡”为己任，持续壮大有机国药、茶叶、茭白、笋竹等特色产业，为游客供应绿色、滋味鲜美的特色农产品，借助斗牛节庆活动推动农产品销售，推广优质农产品，致富脱贫两不误。三是推进全域旅游格局，挖掘周边旅游资源，以大红岩景区为龙头，打通短连接，拓展沿线品质乡村游。力求办好斗牛节、露营节等特色庆典，塑造茶文化及峡谷风情旅游特色线，提升白姆乡知名度，留住游客心。

五、金华磐安炼火：中国传统民俗的“活化石”

（一）乡愁故事与乡愁文化

磐安炼火，古老的一种崇拜火神的民俗活动，是中国传统文化的珍贵遗产，错落于金华市磐安县双峰、盘峰、仁川、深泽乡及周边区域。每年重阳节农历九月初九，当地人推舟送福，向天降火，感恩之情溢于言表。一旦遭受灾害或疫病，或生病时，便会请人主持该仪式，以求神庇佑，踩火避灾，又称“炼火”。这一场景与古代的狩猎文明相似，炬火点燃的岁月中，山区人民用炽热的篝火，辟邪驱魔，保境安民。随着时代的演变，炼火融入了神秘而神奇的巫术元素，成为吸引人民心灵的民间艺术，主持仪式的人们，红衣鲜花，赤足践踏天然炭火，心怀敬畏。炼火，顾名思义，不畏刀山火海，而是勇往直前，坚忍不拔，敢于挑战，体现了中华民族的不屈不挠的民族精神。所有参与的人，都能使独立的个性，在浴火中历练而更加成熟不断进化。

深泽乡西邻灵山，名曰“灵山案”的炼火传说由来已久。阴历八月十三日的时候，当炎炎夏日遮蔽了灵山的天穹，一群人将用特别的方式来庆祝兴胡公。这个被称为“灵山案”的炼火表演，通常会在方岩进行。传说在某一年，方岩和尚因为嫉妒兴案者的胆略，蓄意将犁头、铁锅埋在了炭火中，意欲进行恶意攻击。但老降侗当时因为有事不能参加，委派年轻人代替。在表演当天的黄昏时分，老降侗突然出现，他发现了和尚的不轨之举，怒不可遏，火速赶到了相距 120 里远的方岩。在这个时刻，炼火者刚刚开启了水火之门，准备开启盛大的表演，但老降侗却冲进了火堆，用他的赤足踩着犁头，头戴着铁锅追赶和尚，直到和尚求饶才罢手。自此，每年炼火活动中都会以隆重的仪式迎接老降侗，传说也因此在邻近各县名声大噪。

磐安炼火是一个千载难逢的故事，从最初的娱人到娱神再到娱人，历时三个阶段。炼火行为最初源于一种娱人活动，随着巫觋时代的到来，炼火开始向娱神方向转变。当时，巫的身份地位极为崇高，其字上下两横代表了天地之神，而中间的人跳大神表现了巫能够与神平等沟通的能力。由于炼火在当时备受崇拜，成为娱神祭祀的最佳形式。实际上，炼火在古代是去除陈旧习俗的抗衡，因此，在庆丰收等喜庆之际，人们总是将娱神祭祀与炼火紧密结合，以求平安。而在得了久治不愈的病痛时，人们会邀请神巫炼火，缺乏条件的时候，就会选择在火堆上烙火浴，迷信此举有助于治病。到了宋代，磐安炼火达到了鼎盛时期。据传，胡则热爱观看炼火，去世之后，当地以“胡公大帝”案堂每年在永康方岩举行炼火，以‘跑炼乌金’祭奠他、尊崇他。《磐安县志》记载，宋代越国公卢琰因“义不臣宋”，为官不当，携柴荣之遗孤柴熙诲，流离至浙江，后定居于磐安县灵山之麓。

随着经济社会不断推进，这项极具古老韵味的传统艺术——炼火，又一次从娱神转变为娱人。当地民众则在传承基础上增加了更多令人目眩神迷的细节：钻火箍、在火堆中滚叉、展示武术等表演与阵图，使整个活动更显浓郁的地方特色和渊源悠久的古老艺术氛围。活动必须遵循严格的戒规、仪式和规定，晚间则在广场上盛大举行。火炭的数量必须极多，木炭和干柴被分别堆成若干堆，在广场上分工明确的人群共同助燃，让这场炼火成为熊熊燃烧的大火。炼火者赤膊，脚踩炭灰，他们高歌狂舞着，冲进通红的火堆中奔跑，洒脱无拘束，将整个炼火升华为一场令人陶醉的视觉盛宴。

（二）产业特征与发展成效

炼火，起源于远古时期人类祖先对火的崇拜。从深泽乡金钩村古遗址出土的云纹饶石斧等古文物，让我们惊诧地发现，新石器时期的古人类在这片土地上便已繁衍生息，共同群居。他们用奇思妙想，炼制出闪耀着火光的工具，将原始社会的文明力量不断推进。而在这漫长的进化过程中，火始终扮演着至关重要的角色，将命运联系在一起。古人们围着篝火狂欢、尖叫、跳跃，就像是现代人在大型综艺节目中一样狂热而开心。炼火，不仅是生命的安全守护者，更是一种内向而激情的表达——武术、体育、舞蹈、音乐、戏曲，多种艺术形式交织贯穿，融为一体，构成了这门完美的艺术之门。在四方乐、大头舞等形式的陪伴下，锣鼓、唢呐、念唱等元素，悉数聚齐，小品《点绛唇》、咏史歌曲《满江红》、传统戏曲《朝天子》、京剧独板《小桃红》等组成了绝妙的曲艺大联盟。它们艺术性的高度和综合性的完美，无可匹敌，让人们为之倾倒。

磐安的炼火活动变幻多姿，最典型的有“踏火山”和“闯火海”两种。其中，“踏火山”是将80厘米高的烈火之山布置成火山形状，炼火者要赤脚赤膊上阵，提着平头刀冲上火山，挥舞拨弄，让通红的木炭四处溅射出火星，人从火炭中踏过来回循环，直至火山被踏平，这就是“踏火山炼平安火”，别名为“炼平安火”。而“闯火海”则是在八卦图案的地面上放上燃木，将它们平铺成火坛，炼火者在火坛中狂舞，作出“十字插花”“双龙出水”等高难度动作，表演时人们飞快地穿过火坛，炭火四溅，火光满天，因此也称为“火舞”，具有非常强烈的观赏性。表演结束后，普通民众也可以走进火坛踩火，据说这样可以驱散邪气、保佑平安。而炼火活动结束后，还要庄严地举行谢火仪式，感谢火为人类带来的文明，感谢那些勇敢无畏的战士，参加炼火活动并没有任何的报酬，这都是出于纯粹的热爱。

在漆黑的夜幕里，一份古老的仪式正在淳朴的乡村中上演。村民们挑着笨重的木炭，从门到门，从家到家，聚集到炼火场上。顶着烈火势燃的木炭，高高地平展在八卦图案的上面，点燃火源，顿时，山包上冒出了无边的火光，好似来自天际的流星雨。村民们涌向场地，尽数占据每一寸空隙，他们把炼火场围得水泄不通。炼火的仪式大可不必相互借词，炉火冲天、火龙腾跃，灵异而浩荡，传递出一份生命的重量感。在这场对自然的挑战中，炼火的主角必须提前三天吃斋、沐浴净身，夫妻不能同房。剃短头发，涂文身，并赤着脚，炼火者带着隆重的气氛，用响铃、钢叉等工具绕着东南西北4道水火门巡行一周。于是，在北门冲入火坛，经燃尽的煤屑中东进西出，或者在南门杀出，绕到西边，再次冲杀而至，沿着东西方向交替进入火坛，狂风中的火焰蔓延着炼火者，弥漫着神秘而肃穆的氛围。这种雄浑恢宏的磐安炼火，彰显了人与自然的艰难并存。

炼火，一份重要的原生态文化遗产，为着重阴阳五行相克原理，设立了八卦图与水火门，彰显着周易文化的精髓。充满神秘气息的炼火仪式，则是对火崇拜文化、巫觋文化、佛教文化、道教文化和儒家文化在特定历史、社会环境中的演变与融合所作出的精彩呈现。如此“活化石”式的传统民俗文化，足以引领我们追溯历史之风情，探究文化之真谛。

时光荏苒，社会飞速发展，科技水平不断提高，生活习俗也逐步改变，炼火活动便渐感变幻莫测。为此，磐安县不遗余力地采取了一系列保护和传承的措施。开展普查工作，深入挖掘历史沿革，全方位衡量分布区域等基本情况，并以此为基础建立了致力于打造《炼火资料集成》的数据库和编辑团队。同时，磐安县还建立了炼火表演基地，在民间艺术展览馆中设立专门展示炼火文化的场馆。

磐安县对于传统艺术“炼火”的传承和保护审慎而不懈。为了刺激“炼火”的持续传承，补贴每次活动费用，提高炼火产值和民众参与率，严防这项神秘而古老的技艺消失于民间。同时，针对商业化需求，采购表演服务，为大型活动提供让人眼前一亮的节目，同时增强民众收益，刺激炼火文化注入价值，这也为传承工作带来了积极影响。如今，参与炼火的人群岁数偏大，故商业化也许是一种拯救之道，用利益吸引年轻人积极投身于这一传承瑰宝。让我们一同感受和见证磐安县对于“炼火”传承的信心与决心，共同续写这段令人振奋的传奇！

六、庆元月山“村晚”：中国乡村春晚的发源地

（一）乡愁故事与乡愁文化

“半月烟居半月山，松篁荫翳抱东环”。月山，坐落于庆元县城东南57公里的一座小村庄，因其后山一簇翠竹酷似弯弯的半月，村前溪水曲似银钩，民居和群山整体组合围成了一个完整的圆月而得名。自1981年开始，月山村村民每年以自编自导自演的形式举办了极具浙江乡村特色的“月山村晚”，引发媒体和社会的强烈关注，成为乡村文化的一张亮丽金名片。

“尝遍了天下佳肴，品不够的依然是那大山里的菇香。那里的山淳土芬芳，朵朵香菇都绽放着希望……”没有过于华丽的舞台布景、嘈杂炫眼的灯光效果，伴随着一首质朴的庆元本土歌曲《深呼吸·庆元》，月山村

晚就这样缓缓拉开帷幕。距今已经持续了30多年的“村晚”，全部创作和表演都来自于村民们的日常生活，以生活中的乐事、趣事为依托，加上大家的群体献策，制作出贴近乡村文化的优秀作品，引发在座观众的情感共鸣，为人们欢迎和喜爱。

自2005年《钱江晚报》首次通过《中国式过年之文化样本——月山村春晚》三个整版报道以来，“月山村晚”便受到了媒体及社会各界全方位、高密度的聚焦和关注，被高度评价为“中国式过年”。中央电视台、浙江卫视、《人民日报》《中国文化报》《南方周末》《浙江日报》《钱江晚报》及人民网、新浪网等30余家媒体都对此进行了专题报道，称赞其为“中国式过年之文化样本”“中国最牛山寨春晚”，并因其举办时间的连续性、参与群体的广泛性、节目内容的独创性及原汁原味的草根属性，荣获中国社会文化政府最高奖“群星奖”，成为享誉全国的“草根文化”品牌。

“月山村晚”是对农耕文化的传承和尊重，更是对乡村振兴的强烈文化自信。据村民回忆第一次筹备村晚的情景，20世纪80年代初，由于身处深山，没有什么娱乐活动，几位在月山村任教的年轻老师提议，既然是过年，就可以由我们自己来排演几个节目，自己欣赏。这个建议，一经提出，引得各位村民一致赞同，于是在1981年，第一届“月山村晚”就这样办了起来”。谁也没想到，这一办，就办了这么多年，而且办出了名气，办出了规模，甚至办上了中央电视台，让全国人民都了解到了月山村的春晚。

（二）产业特征与发展成效

月山村被誉为“月亮休息的地方”。古称金乡、举溪、逢源镇、举水市，建村历史悠久，一直是闽浙通衢要地。在明、清时期，月山村一度人口繁衍，经济发达，商店林立，一派繁荣景象。月山村大部分村民为吴姓，是庆元吴姓的重要一宗，“吴文简祠”为浙江省级文物保护单位。明末清初年间，通过抗清战争失败后返乡的乡绅吴懋修（人称“八老爷”）的首议和安排，月山村规划乡土名胜“月山八景”，制定村规民约使历代乡民谨记遵守。数百年来，月山村民风淳朴，人好修文，时至今日，我们依旧可以通过村晚的舞台，可以看到月山村的人文历史，聆听这其间孕育的乡土文明。

“村晚”带动了当地旅游业，使越来越多的城里人来到月山村。为构建月山村美丽风景，月山村通过拆除违章建筑，修缮老旧屋舍，投建新式文化资源，在建立最美庭院评选制度下，将整座山村慢慢转变成了一幅白墙黑瓦、水清红鲤的景象。2016 年，更是入选成为国家级美丽宜居示范试点村。举水乡共接待游客数十余万人次，旅游收入超千万元，更吸引到了天宸农业公园、谷坪公社、海丰花卉等多个投资上亿的项目，村民各项收入得到极大的提升。“月山村晚”充分见证和支撑了这个美丽月山村的升华和发展。

村晚已成为月山村名副其实的乡愁产业。一台村晚，演绎了全村的文化自信，彰显了文化风采。依靠村晚带动，通过全民参与，政府支持，同心共力，“月山村晚”已然构建起自身的品牌优势，实现“专业化、常态化、商业化、品牌化”经营，并以此为主平台提升乡土文化档次。截至目前，报刊媒体已有 300 余次报道，其中头版头条 40 余篇，新华网、人民网、新浪网等网站还进行了深度报道。

“中央一号文件”强调，乡村振兴，乡风文明是保障。围绕“月山村晚”，庆元将其与搓黄粿、蒸年糕、打糍粑及闹元宵、迎神庙会等传统民间民俗风情有机结合，推出特色节庆旅游，增强对游客吸引力，实现了文化与经济互促发展。月山村街头巷弄摆起百家宴喜迎八方客，从上海、杭州、宁波、义乌、福建等地专程来体验“月山村晚”的游客及月山春晚粉丝团，有效地推动了生态文化及香菇、廊桥文化发展。

“村晚效应”不断彰显，“村晚产业”不断延伸。借助月山村“文治武功、代有显人”的历史传承和“二里十桥”廊桥风光，提炼季观远、八

老爷、三让世家等历史名人故事，结合时代背景，将历史传说改编成小戏小品；赋予其廉政文化寓意，建成月山廉政文化教育示范基地；充分发扬月山乡土文化所蕴含的“新农村时代农民精神面貌”，由单纯的自娱自乐表演向文化精髓传承及新时代精神传达的转变。庆元县各乡镇及行政村以农民群众为主体，自办春晚、灯会等“乡村村晚”活动。各乡镇还结合本地特色，举办“合湖田螺节”“龙溪采茶节”“淤上荷花节”等乡村特色文化节，逐步形成“一乡一品”的区域文化活动品牌群，进一步增强了村民的归属感、道德感、责任感和认同感，消除了赌博、迷信等社会陋习。

乡村春晚发源地—月山村，之所以能够成为人们口耳相传的网红村，“村晚”毫无疑问扮演了核心和灵魂的角色。“村晚”已然成为月山村发展乡村旅游，活化乡土文化的最大品牌，最浓乡愁，最厚文化，最亮名片。

七、宁海十里红妆：江南传统婚俗文化的典型案例

（一）乡愁故事与乡愁文化

浙江东部宁绍地区旧时女方出嫁时，女方到男方的嫁妆队伍排列绵延数里，故称“十里红妆”。民间常用“良田千亩，十里红妆”来形容嫁妆的丰厚。从广义上来说，十里红妆婚俗包括了浙东地区的婚嫁仪式中迎嫁妆习俗和红妆器物工艺传承这两块的文化内容。

据传，南宋时期，宁海西乡村庄的一位村姑救下了当时在逃亡期间的宋高宗，高宗就想娶人家回去以示感谢。然而那位村姑知道，一入那皇宫

深似海，就找了个理由谢绝了皇上的好意。宋高宗为了表达谢意，就下了一道圣旨：方圆百里人家，女子出嫁时可以享受半副銮驾，半副凤仪的待遇，也就是乘坐四抬花轿，轿上可雕鸾画凤，从此，新娘出嫁享有坐花轿和出嫁巡游的权利保留下来，出嫁的队伍是浩浩荡荡，这就是所谓的十里红妆婚俗。

以宁海地区为代表的十里红妆婚俗是江南传统婚俗文化历史传承的一个典型案例。在婚俗中的主体结构和程序沿袭了旧时明媒正娶的婚姻必定要经历的纳彩、问名、纳吉、纳征、请期、迎亲“六礼”，承袭了中国汉族民俗婚礼的传统程序。宁海十里红妆婚俗进行过程中的繁文缛节，又突出地反映了浙东沿海地区人民的生活风貌，是不可多得的民俗遗存。明清时期，宁绍地区经济发达，富庶人家嫁女互为攀比，不惜财力，主要是保证女方在男方的一定地位。对十里红妆奢侈追求，使相关器具的精工细作到了极为奢华的地步。绚丽华美的朱金色彩，形成了它独特的艺术风格和装饰特色，具有浓厚的乡土风情。其红色表达了喜庆吉祥、热烈的美好愿望，是江南民俗传承重要组成部分，集中体现了江南民间手工技艺精湛，被民俗学家、古家具研究者、工艺美术爱好者认同为是一种特有的民间文化遗产。

（二）产业特征与发展成效

宁海县高度重视文化振兴，致力打造富有特色的本土文化品牌，特别在红妆文化上，精心谋划、精致打造、追求精品。2003 年创立十里红妆博物馆，2007 年谋划建设十里红妆文化园，2016 年启动打造十里红妆特色小镇，并衍生出民俗风情歌舞剧《十里红妆·宁海风》、新编越剧《十里红妆·风雨情》等文化产品，十里红妆已成为宁海一张靓丽的文化名片。

世界红妆看中国，中国红妆看宁海。2008 年 6 月，宁海十里红妆婚俗上榜第二批国家级非物质文化遗产名录。经过多年发展，宁海十里红妆婚俗文化，已经成为浙东地区一颗璀璨的明珠，也是宁海靓丽的文化名片。如今在宁海，十里红妆婚俗流传完整广泛，乡村依然村村有出租花轿、担篮、穿箱杠的专业户，为婚嫁服务。传统的红妆器具仍在流行，有婚嫁的人家，在婚期一年或半年前就准备嫁妆。吉日里经常能看见坐花轿结婚的喜庆场面，年轻人都以进行传统婚礼为排场、时尚，十里红妆婚俗在乡间传承，是四乡八邻、老老少少参与的喜庆的社会活动。对宁海人来说，十里红妆不仅是一种传统的婚俗礼仪，也是千百年来的非物质文化沉淀。为传承和保护十里红妆婚俗，近年来，宁海县挖掘红妆资源，结合旅游开发，编排出大型风情歌舞旅游剧《十里红妆》，打响红妆品牌。同时，助力泥金彩漆、朱金木雕等传统手工艺迈上产业化道路。民俗生命力和传承队伍的稳定性，使十里红妆婚俗得以更加广泛地传承，传统文化的美丽得到充分绽放。

“十里红妆”博物馆，一个宁海的名字。这座博物馆创立于 2003 年 9 月，2004 年 5 月正式对外揭幕。它不仅是一座独具特色的专题博物馆，更是规模庞大的民间民俗博物馆之上乘者。博物馆展现出明清江南富家小姐生活所用到的家具与器物达千余件之多。每年，来自世界各地的游客达 15 万人次，使它成为集保护、展览、研究、旅游于一体的绝佳景点。

2018 年 5 月 18 日，以“十里红妆风情展”为主题的十里红妆文化园，在宁海县政府、社会力量的扶持下，一座集红妆场景、红妆藏品、红妆情怀、红妆产业的十里红妆文化产业园惊艳亮相。按照高起点规划、高标准设计、高质量建设、高效益运营，让十里红妆更加“鲜活”起来。宁海县将加快推进十里红妆婚嫁传统与现代婚庆文化、二三产业融合，带动泥金彩漆、女红小件等加工业精深化、家装化，加快博览会展业智慧化、互动化，发挥“中国徐霞客开游节、宁海美食节”的优势，培育以徒步养生、现代婚庆为主的多元旅游业态，推动文化产业、旅游产业、城市建设相融共促。十里红妆小镇是以一种别样的产业规划而打造的乡愁特色小镇，围绕着“十里红妆文化园”而建。这座小镇，依托于“十里红妆文化园”与“东方艺术博物馆”，旨在将“十里红妆婚嫁民俗文化”“现代婚庆文化”和其衍生之“婚俗文化旅游”作为其独特内核，拓展文旅多样性，推动本地城镇化，达到“民俗文化经典产业小镇发展模式”的目标。

八、宁海前童元宵灯会：“浙东小丽江”的民俗

（一）乡愁故事与乡愁文化

前童元宵灯会是一种古老的传统民俗文化活动。宁海前童古镇，依山傍水，傲然屹立于南宋末年。早在当时，官居迪功郎的始迁祖童潢便一眼

相中这块宝地，随即将家声迁徙至此地，因居住于慧明寺前，故得名前童。明代大儒方孝孺亦曾赞叹此处卓越的教育环境，两度驻足于此，成就了不朽的著述与教书育人之功。值得一提的是，这里也是两次民主革命和抗日战争的基地。抗日战争时期，前童是浙东行政公署的所在地。历经多少风雨和沧桑，前童依旧保持着整齐精致的民居布局和保存完整的明清古建筑。白溪水缓流而过，贯穿村落，老街、书院、祠堂、亭台、牌坊……每一处细节都彰显着前童的点点韵味，宛若一幅山水画卷铺展眼前。更有千年古木、妙手神匠、永流不散的药泉，还有徐霞客游记开篇之地——梁皇山。这一切，都为前童增添了缤纷多彩的自然景观，以及丰富瑰丽的文化内涵，成就了它又一个浙东“丽江”的美誉。

前童灯会缘于濠公引水的传说：古代的前童虽处白溪沿岸，但水利条件较差，年成的丰歉，常常取决于天时。明正德年间，有一位男子名叫童濠，他倾心于清理白溪上游，引水灌溉农田。为此，他带领全村老少，劳作艰辛开渠引水。可惜，这片沃土却都被一些盛气凌人的豪户所占据，童濠三番五次提出高价收买之意，毫无进展，童濠被绝望和愤怒包围。为了寻求一线生机，他打算寻求娘舅的帮助，后者是个顶级读书人，眼光独到，果断直行，他了解到这是一件大到关乎民生的善事，但由于官府昏庸，如果无法敲开对方的门户，就只能用金银贿赂这一办法了。他向侄儿提议：在鹿山顶上摆放三口大稻桶，下部填满沙土，上面堆满银子，阳光下，闪闪发光，五里十里，轻松辨识。同时，散布流言蜚语，有用银子来打官司相互竞价。很快，几家豪门望风而降，碶口一开，清清的白溪水汩汩而来，流入百渠千沟，美好的收获随之而来。为了纪念这位功勋卓著的祖先，庆祝他们的丰收，一项独特的庆典——行会应运而生。每年农历正月十四至十六，流动的元宵灯会在此举行，成为百姓的喜庆活动。

前往前童，若能遇上元宵旅游文化节，可谓是一生中的一大愉悦。自明代中叶以来的每个农历正月十一之后，前童的街道与巷道，都会热闹非凡。甚至那靠近的栅下、下叶等村的田户也从四面八方奔赴而来。锣鼓声传遍群山田野间，欢呼声回荡云霄。这是前童人充满敬意地纪念祖先童濠，“濠公老爷”的地方传统。濠公一马当先，见机立断，带领乡亲们克服重重困难，在白溪流中筑堤攻坚，最终灌溉百渠千沟，包括与古镇“八卦水系”等。这项工程源远流长，而后，前童人就把护碶养渠小组以户为单位分组，每年轮换一次，直至今日。元宵节纪念濠公的活动也通过时间的洗礼代代相传，流传至今。

前童元宵灯会，自古以来便是一门传承的民俗文化。每到正月十四、十五，纪念活动如火如荼，盛况空前。四邻八乡的游客们携亲带友，涌向彼地。古亭台阁，狮舞龙舞，搭配恰到好处，由龙旗引领，好像不停地往下走，带领鼓点和炮声一同震荡欢庆，车水马龙，人声鼎沸，浩荡队伍长达数里，穿梭于村庄和河溪之间，紧凑有序。如此感人肺腑的热闹景象，以及如亘古不变的淳朴民俗，若不能亲身体验，则难以想象。

（二）产业特征与发展成效

前童古镇，人称“浙东小丽江”。美学大师陈逸飞电影《理发师》的取景地，为第三批国家级历史文化名镇。是文化和旅游部第二批全国乡村旅游重点镇。前童旅游资源十分丰富，拥有浙东地区规模最大、保存最完整的古民居建筑群，独特的八卦水系贯穿全镇，素有“五匠之乡”“鼓亭之乡”之美誉。同时，该镇元宵文化、耕读文化、五匠文化、餐饮文化等传统文化更是独具特色。

近年来，前童抢抓休闲旅游时代机遇，引入文创、文投、民宿、传媒以及互联网等现代元素，打造了 20 余家精品民宿、10 余家传统工艺馆，丰富古镇业态。以前童古镇景区为核心，打造大郑新时代红村、梁皇霞客首宿地、柘湖杨濒溪休闲基地等，把“古镇、古村、古寺、古院”等辖区内的景点串联组合，形成“一核多点”的全域图景。前童镇相继获得中国历史文化名镇、国家级生态镇、国家 AAAA 级旅游景区、浙江省非物质文化遗产保护景区、浙江省民间文化艺术之乡，浙江省首批 5A 级景区镇、浙江省美丽城镇样板镇等荣誉称号。2021 年共接待游客近 116.075 万人次，旅游综合收入约 1 亿元。

前童元宵行会延续了 500 多年，受新冠疫情影响，自 2020 年起，前童古镇停止了一年一度的闹宵节活动。2023 年 2 月 4 日至 5 日，前童古镇举办了“‘趣’前童，闹元宵”活动，景区游客人次突破 15 万，“十四夜”当天，游客人次更是突破 8 万。每天都是人山人海，热闹非凡。元宵行会除了传统的舞龙舞狮、耍牙等绝技表演，还引入时下流行的国潮巡游、皮影戏以及泥金彩漆等各种手工体验，为游客提供了多样游玩方式，让广大游客赏民俗非物质文化遗产，品传统小吃，打造极具民俗年味儿的前童元宵节。

前童旅游资源丰富，境内拥有灿烂的人文景观和优美的自然风光，镇东有孝女湖、浙江第一樟、莲福风景区等自然景点；镇南有方孝孺讲学处“石镜精舍”与“手植柏”古迹、大坑山“石泄龙吟”与“300 万年前的冰石流遗迹”；镇北有梁宣帝隐居处梁皇山（国家 AAA 级旅游景区）、一代游圣徐霞客的首宿地梁皇古村；古镇景区为国家 AAAA 级旅游景区，集人文之萃，得山水之美，近 800 年来，一直是游民的游历之地和商贾云集之地，至今仍保存着浙东地区规模最大、保存最完整的古民居建筑群，独

特的八卦水系贯穿全镇，形成“家家连流水小桥、户户通卵石坦途”的江南集镇独特之奇观。近年来，每年接待游客超百万人次，门票收入超千万元，旅游消费收入近3亿元。同时以“乡愁、乡情、乡思”为品牌的民宿经济得到蓬勃发展，一批特色精品民宿集聚古镇，形成了具有浓厚古镇特色的民宿板块，共有各类特色精品民宿28家，年民宿行业经营性收入达3000万元。

九、临海上盘花鼓：“凤阳花鼓”的临海遗存

（一）乡愁故事与乡愁文化

上盘的“花鼓”，又被尊称为“花鼓戏”，是民间文化的瑰宝、上盘及其附近乡镇广为流传的精华。据说，上盘花鼓文化有着五百多年的历史，经过悠久的社会生产实践不断发展，最终形成了凤阳花鼓的表演形式，并融合了明清江南俗曲和本土民间小调，逐渐演变而成。这种充满着浓郁的乡土气息，极受群众欢迎的传统民间歌舞艺术，已经口耳相传、代代相传数百年。上盘花鼓是临海一带留存下来的特定历史背景下地域风俗人情的精华，其起源与历史存在着多种传说。有一种说法是上盘渔民自创一种传统艺术，没有凤阳花鼓的曲调，只有独属于上盘的特殊风格。而另外一种说法则认为上盘花鼓源于安徽的“凤阳花鼓”，受其影响，将本来只唱不舞的坐唱花鼓戏，改变为以江南地区民间小调为基础的边唱边舞，增加了地方特色。至于上盘花鼓的起源与凤阳花鼓的关系，历史上也曾经存在多种传说。明朝末期至清朝初年，安徽凤阳一带饱受天灾的摧残，百姓们日夕祈求丰收却始终无望。民间流传更是用“三年恶水三年旱、三年蝗虫灾不断”来描述此地的苦难之境，农耕田园也被废弃无人烟。每逢数之不尽的灾民跋涉千里，奔赴江浙一带，手持花鼓，口吟小曲，在路上苦行讨生活。上盘等地的演唱艺人无意中接触到了这种表演形式，深深地被它的饱满情感和独特韵味所吸引。他们提炼其精华，将小调唱腔一改，用音乐和舞蹈动作来表现，展现出当地群众特有的个性。他们不仅在表现手法和舞

蹈动律上与凤阳花鼓相似，更将之与本地的娱乐需求结合，在保留原味的同时，为其增添了别具一格的风采。如此一来，上盘花鼓和凤阳花鼓便缔结了不解之缘，成为神韵独特的一种民间艺术品种，数百年来，在上盘大地传承发扬。

民间也另有传说，在清朝同治和光绪年间，安徽凤阳地区发生了大旱，民生陷入水深火热之中。此时，一支由游荡艺人组成的花鼓班，辗转来到江浙临海沿海地带，其中的一个家庭班却因瘟疫遭殃。父母双亡，姐妹二人独自应对。妹妹身患疾病，为救妹妹于水深火热之中，姐姐毅然插草标价，委屈求生。上盘村民深受姐姐孝心的感动，不惜奉献资助，有好心人舍下了两具棺材，让她们把父母的遗体安葬，帮其全家回到了凤阳。于是，姐姐心存感激，孤身一人远涉而至，来到了上盘，为好心人的儿子做了妾，育有两女二男，更亲自执教了两个女儿，每逢节日到寺庙演唱，她既要适应着当地的风俗，又结合着小鼓小调的特性，开创了独特的大鼓作表，小鼓作舞的表演形式。如此一来，凤阳花鼓也自此在上盘这片土地上安顿下来，并以其独树一帜的表演风格，成为当地人们心底的一抹亮丽印记。

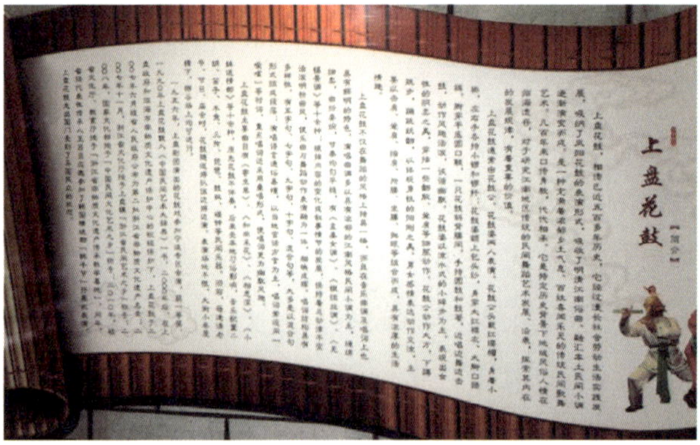

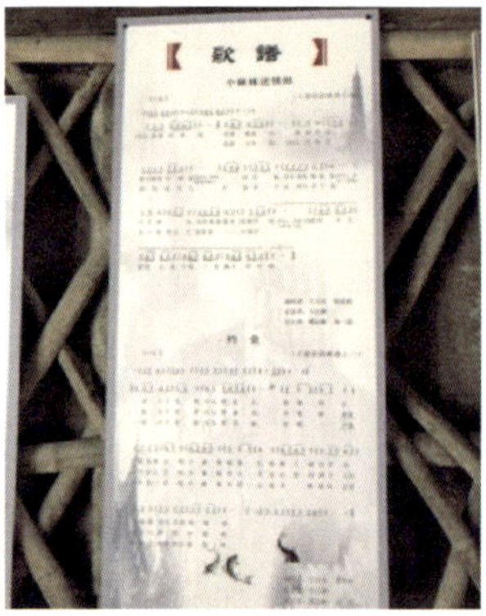

据传，还有另外一种关于上盘花鼓的来源说法：一个贫困家庭的子弟在黄岩乱弹中崭露头角，但由于其唱腔不佳，未能出人头地。归家后，他因生活所迫，听闻安徽的凤阳花鼓班子人少事小，于是他毫不犹豫地邀请了一位境况不佳的琴师，二人将自己的子女打扮成凤阳花鼓的舞者，并将秧歌与凤阳花鼓形式相结合，创造了上盘花鼓。女儿们挽起长辫，系成蝴蝶结，身着红衣绿裤花鞋，在称之为“花鼓婆”的演出中得以大显身手。

上盘花鼓，以其独特的演出形式，成为了节庆和庙会的必备节目。演出方式为花鼓婆和花鼓公边唱边击鼓边对唱边舞，并在表演中彼此交换角色，其动作洋溢着机智趣味，表情幽默诙谐。该形式的舞蹈律动融合了当地戏曲的架子功和武术元素，令人大呼过瘾。曲调方面，上盘花鼓以江南民间小调为基础，再配以伴唱、帮唱和领唱的独特形式。为了满足群众的需求，艺人们根据演唱需要编写了《寄生草》《姑娘看花灯》等十余种花鼓曲调，并且逐渐加入了鼓板、二胡、笛子、三弦等民间乐器。因此，上盘花鼓从最初的单一表演形式发展为了一种歌舞形式，展现出浓郁的地方文化，令人称赞不已。

（二）产业特征与发展成效

20 世纪 80 年代后，上盘花鼓经上盘、杜桥新老艺人的传授和抢救、整理、挖掘，再经上盘专职人士革新，在音乐和表演等方面继承传统，形成了自己独特的艺术风格。虽然受凤阳花鼓影响，但摆脱了凤阳花鼓固有的表演手法而自成一体，从原来单纯的卖唱发展成为载歌载舞的形式。

1956 年，上盘剧团演出的花鼓戏参加宁波专区会演，获一等奖。1957 年元旦，上盘花鼓公演于杭州人民大会堂，获演出团体奖。1959 年参加温州专区和浙江省两地文艺汇演获优秀奖。1990 年上盘花鼓载入《中国民间艺术大辞典》一书。2000 年后，在上盘政府和临海市非物质文化遗产保护中心的积极保护下，上盘花鼓于 2007 年 6 月，被浙江省人民政府公布为第二批浙江省非物质文化遗产名录；2007 年 11 月，浙江省文化厅（现文化和旅游厅）授予上盘镇“浙江省民间艺术之乡”称号；2008 年文化部（现文化和旅游部）授予“中国民间文化艺术之乡”称号；2010 年被浙江省文化厅（现文化和旅游厅）、教育厅授予上盘镇中心校“浙江省非物质文化遗产传承教学基地”称号；同年，省级代表性传承人王吕员应邀参加了韩国横城郡“韩牛节”开幕式表演，上盘花鼓走出国门受到了异国民众的欢迎。

目前，有省级代表性传承人王吕员，上盘镇下灯村建有上盘花鼓非物质文化遗产展示馆。随着时间的推移，这项传统表演一度因传承“告急”。2008 年 6 月，临海市上盘花鼓被列入“浙江省非物质文化遗产”保护名录，上盘镇在当地建立传习所，定期开展内容丰富、形式多样的体验和展示活动，让大家感受优秀传统文化的魅力的同时，号召更多的人加入传承队伍。上盘花鼓的传承师傅王吕员，自 12 岁起便开始学习打花鼓。那个年代，文化活动较单调，农村比较盛行的就是组织各种有地方特色的曲艺表演队，逢年过节时拉出去热闹一下。王吕员小时候长得眉清目秀，人挺机灵，那时当地花鼓队要培养小演员，就把他选上了。现年 86 岁的王吕员从此与上盘花鼓结下了一辈子的缘。上盘花鼓这项非物质文化遗产的传承正面临窘境，虽义务传授了很多徒弟，但随着时代的变迁，如今也只有五六对传人在坚持。上盘花鼓传习所占地面积近 500 平方米，传习所内设置上盘花鼓历史展示中心，花鼓培训教室、老艺人工作室、实习基地等。按照功能定位，新建成的花鼓传习所将是培养传人、展示技艺的场所，是艺术家与民间艺人技艺交汇、思维碰撞的结晶。

十、建德新叶三月三：江南最盛大的祭祖典礼

（一）乡愁故事与乡愁文化

新叶村是目前中国最大的叶氏聚居村，也是“中国历史文化名村”“中国首批传统村落”“全国重点文物保护单位”。几百年来，玉华叶氏家族在此建起了大片的住宅，如今，新叶完好地保存着16座古祠堂、古大厅、古塔、古寺和200多幢古民居建筑。由于年代久远，建筑类型丰富，新叶被海内外古建筑专家誉为“中国明清建筑露天博物馆”。

每年的农历三月初三，新叶村都会举行盛大的祭祖典礼。从元代叶氏七世祖开始形成，农历三月初三为中国传统的“上巳节”，叶氏祖先将祭祀活动与传统的“上巳节”结合起来形成了很有特色的三月三庙会。这一民俗活动从玉华叶氏六世祖就开始了，据了解，祭祀由叶氏宗族现有的五个支派，按天干地支的顺序轮流执掌，崇仁派、崇智派、崇义派因人口相对较多，故以十年一轮为序，单独主祭，称为“大年”。传统习俗已传承了800多年。族谱有诗云：“一年花市九分九，千古兰亭三月三”，平时，这座古村十分古朴宁静，一旦到了“三月三”便锣鼓声响，以盛大的祭祀和仪式向传统文化表示敬重和传承。叶氏以延兰亭诗会之风，耕读传家，形成了祭祀、祈求风调雨顺、文运昌衡的传统节日，它也是新叶村的文化节，在2012年被列入浙江省级非物质文化遗产名录。

（二）产业特征与发展成效

“新叶三月三”每年的农历三月初三都会举行盛大的祭祖典礼和民俗文化巡游、展演，其热闹程度甚至超过“中秋”“春节”，有“三月三大于年”之说。如果3月30日是农历三月初三，也是新叶的传统节日。三月三庙会“大年”（每10年一次）由全村人合办，每年祭祀由叶氏宗族现有的5个支派轮流执掌。这一天，要在叶氏宗祠内举行隆重的祭祖活动。在祖宗牌位和遗像前，摆开十几张八仙桌，摆放各房敬献的祭品，供桌两旁的木桌上供奉着头插状元花，口含大红橘，尾编小辫子的全猪全羊。祭祀开始后，子孙们在鼓乐声中点燃香烛行跪拜礼，气氛肃穆庄严。礼毕，村民抬上菩萨和全猪全羊，挥舞旌旗，在震耳欲聋的铜锣声、鞭炮声、火铳声中绕村游行，所到之处，家家户户鸣放鞭炮以示敬诚。

绕村一周后，游行队伍向距村1.5公里外的玉泉寺进发。游行队伍到达前，玉泉寺大殿外迎候者早已人山人海，锣鼓喧天。当抬送的菩萨进入大殿，主持人宣布祭祀仪式开始后，首先是“跳八仙”（八人装扮），接下是“跳魁星”（头戴面具、手持“神笔”）和“跳财神”（头戴面具、手捧金元宝和官帽），用不同的肢体语言和舞蹈，作祈求五谷丰登、文运财运亨通的表演。在完成祭天、祭地、祭祖宗仪式后，村民从“财神”手中接过象征财运和官运的金元宝和官帽，整个仪式在“迎三圣”时达到高潮。主祭人极其虔诚地将“协天大帝”“白山大帝”和“周宣灵王”的红木雕像请入神龛内，然后，浩浩荡荡的祭祀队伍，在锣鼓和爆竹声中将“三圣”迎回村，供奉于祠堂内。祭祀队伍所到之处，家家户户都在门前摆放香烛迎神。在崇仁堂的祭祀仪式中，“八仙”“魁星”“财神”再次登场作祈福表演，以示将文运、财运、官运带回村内。接下来的三天，还有近乎狂欢的社戏和集市，把整个新叶村热闹的氛围里。

新叶三月三同中国的众多传统节日一样，都产生于农耕文明时代，随着社会历史的变迁，其赖以生息延续的文化土壤发生了很大的变化，很多习俗和传承已经不复存在。新叶三月三是叶氏家族的重要精神家园，新叶村的叶氏族人精诚团结、善良朴实、乐于奉献的精神，支撑着叶氏家族生生不息、薪火相传，新叶三月三已成为新叶村的叶氏族人的强大精神力量。

十一、象山石浦开洋谢洋节：渔民的精神家园

（一）乡愁故事与乡愁文化

开洋谢洋节，是象山渔民在他们独一无二的自然环境和历史文化熏陶下，悠久耕海牧渔的过程中所积淀出来的独具特色的传统民俗。作为渔民们精神寄托的开洋节和谢洋节，主要包含了两个方面的内容，即娱神和娱人。围绕着祭祀活动为核心，民俗文艺表演成为了主轴，而且涵盖了历史、宗教、生产等方方面面的文化内涵。

渔民们的开洋和谢洋节是象山渔民举办的一项群众性和民间传承性的庆典活动，蕴含着丰富的意蕴。开洋节每年都会从传统捕大黄鱼的季节开始，在妈祖娘娘庙等庙宇举行盛大的祭祀仪式。这项祭祀仪式则绵绵至农历三月十五至三月二十三之间，每天都在涨潮的那个时刻举办，以期待财源滚滚而来。主祭人到庙里翘首等候，等待吉时的来到，烛火高燃，上香

献爵，虔诚祝祷，船上众船员跪拜如仪。礼成并邀请“菩萨”上船，引路灯笼悬挂船头，以驱除邪气保护平安。而后，文艺表演队开始庆祝，演出自己的节目。庙会期间，则是村民相互邀约、互致问候，宾朋大门敞开，人群如潮涌动，庙里挤满了人，而村里则一片祥和与欢腾。

每年的黄鱼季节结束时，渔船幸运归来，通常在农历六月二十日至六月二十三，象山渔民都会通过一项欢庆活动来感谢神明和海洋。他们会在庙里上演“谢洋戏”或“还愿戏”，以表达他们对丰收以及平安的感激之情。这场饱含感恩的戏剧活动是由高产渔船出资包演，招致来自各处的群众踊跃加入，演出期间甚至连续七天七夜，渔船船主们则迫不及待地为自己的戏班争取出类拔萃的表现和荣誉。这项活动不仅是象山渔民的传统盛宴，也是一种古老而珍贵的文化遗产，传承至今。

象山石浦渔民开洋谢洋节，在石浦东门岛相当热火，代代相传。除了祭祀、民间文化艺术表演以及演戏之外，还有踩街、妈祖金身上船绕石浦港、东门岛巡游一周，以及妈祖坐像沿着东门沿港路与石浦渔港路进行巡游。在这些活动中，鱼灯、马灯、抬阁、龙灯、船鼓等民间表演队伍争相表演，呈现出史无前例的规模、形式和影响。

（二）产业特征与发展成效

2010 年 6 月，被文化部（现文化和旅游部）设立为国家级海洋渔文化（象山）生态保护实验区，成为全国唯一一个以海洋为主题、以县为单位不跨区域的文化生态保护实验区，也是浙江省唯一一个国家级文化生态保护实验区。石浦镇成为国家级海洋渔文化（象山）生态保护实验区的核心区，目前入选国家级非物质文化遗产代表性项目名录的就有渔民开洋谢洋节和石浦—富岗如意信俗两项，省级非物质文化遗产名录 4 项。

石浦镇荣获宁波市非物质文化遗产小镇称号。经区县（市）推荐、现场考察、专家评审、网上公示等程序，象山石浦镇、宁海前童镇、海曙高桥镇 、余姚梁弄镇、鄞州横溪镇 、北仑梅山街道 、慈溪龙山镇 7 个乡镇（街道）被命名为首批创建宁波市非物质文化遗产特色小镇。宁波非物质文化遗产特色小镇创建与目前经济领域开展的特色小镇创建有所差异，经济领域的特色小镇更多地着眼于促进当地经济发展，而非物质文化遗产特色小镇则强调非物质文化遗产保护、活态传承以及产业融合。

非物质文化遗产小镇创建工作于2016年底正式启动。由于这项工作在宁波尚属首次，没有经验可循。市非物质文化遗产保护中心积极开展调研考察工作，在文化部（现文化和旅游部）、浙江省文化厅（现文化和旅游厅）等有关部门的指导下，结合宁波实际，制定并出台了创建非物质文化遗产小镇的标准和实施细则。根据方案，创建以乡镇（街道）为单位，创建周期为3年，原则上一个非物质文化遗产项目只评选一个非物质文化遗产特色小镇。石浦镇入选非物质文化遗产特色小镇的非物质文化遗产项目是“象山石浦镇开洋谢洋节”。

十二、杭州吴山庙会：吴国大夫伍子胥的祭祀大典

（一）乡愁故事与乡愁文化

杭州是中国八大古都之一，从跨湖桥文化开始，约有8000年的历史。杭州曾先后命名为“禹杭”“余杭”“钱唐”“钱塘”“临安”等。公元前222年设钱唐县，至今已有2200多年的建城史；五代十国时期，吴越国于公元893年，建都杭州，历时86年。南宋建炎三年（1129）宋室南迁至杭州，绍兴八年（1138）南宋正式定都临安，历时152年。吴山是渔民下海捕鱼后在此亮晒网的一座山，也是春秋时为吴越争夺地。也有说是因为伍子胥的缘故，山有子胥祠，讹伍为吴，遂称吴山。庙会是一种古老的传统民俗及民间宗教文化活动。庙会都是以一个祭祀仪式开始，再加上一个集市活动，鸣鼓、上香、供奉祭品之后就由主祭祀宣读祭文，整个祭祀活动在一种肃穆的气氛中进行。

吴山庙会是融民间艺术、宗教信仰、物资交流、文化娱乐为一体的传统民俗娱乐文化活动。吴山庙会，是浙江杭州规模最大、历史最久的庙会。八百余载，吴山庙会熠熠生辉，历久弥新。早在春秋战国时期，吴国名臣伍子胥一生曾留下丰功伟绩，为纪念其功勋，人们建造了第一座伍公庙，自此，两千年悠悠，杭州吴山寺庙庵观不断增添，盛况空前，几乎铺

满整个吴山境内的云居、七宝、峨嵋等十多处大小山头。至今，杭州流传着“吴山七十二庙”的美谈。

据《西湖志》记载，南宋时的吴山庙会是杭嘉湖一带规模最大、历史最悠久的庙会之一，是展示杭州风土人情的重要民俗节庆活动。吴山庙会当年，香烟弥漫，沟沟坎坎都布满了算命、看相、测字摊，加上卖字画、庙台戏、卖唱小曲、变戏法、耍杂技、卖花等琳琅满目的摊位，吸引了众多游客“闻风而至，满载而归”。尤其是庙会辖下的清河坊一带，胡庆余堂、孔凤春、张允升、方裕和和状元楼等商家，业绩繁荣，客流不断。

（二）产业特征与发展成效

现在的吴山庙会，是省级非物质文化遗产。2008 年，吴山庙会被浙江省人民政府列为第二批浙江省级非物质文化遗产保护名录。每年金秋时节，参加吴山庙会，赶赴一场古今之约，以宋韵造型为底蕴特色，以“曲”“艺”“乐”“戏”“画”为四大核心主题的吴山庙会，有效地推动着宋韵文化与现代文化的有机融合，已经成为不少杭州市民和游客驻足聆听宋乐宋舞、尽情欣赏曲艺杂技的重大庆典活动。

每年的十一月，都是杭州吴山庙会举办的时候。每年的吴山庙会都讲究内容丰富，持续时间一般为一周，有吴山庙会开幕式（伍子胥祭祀大典）、文化巡游、展会展览、互动活动四大板块，庄严肃穆的吴山庙会开幕式暨伍子胥祭祀大典礼毕后，在河坊街、南宋御街将进行一场盛大的巡游。舞龙队、舞狮队、幡旗队，鸣锣开道，途经鼓楼、南宋御街、河坊街、华光巷，直至吴山广场，一路巡游祈福，场面热闹壮观。

第三篇

乡愁产业保障措施

第九章　保障举措与政策建设

乡愁产业作为一种新型产业业态，迫切需要各方面加以支持和协同推进。为此，从组织领导、顶层设计、人才保障、科技支撑、文化引领、资金投入、宣传引导、集成改革等方面提出相关的保障举措与政策建设。

一、强化组织领导，构建乡愁产业发展的组织体系

一种新业态的诞生往往是自发的，但它的发展壮大离不开政府的组织领导力量。各级地方政府要把乡愁产业发展建设工作摆到更加突出的位置，要把加强组织领导管理作为推进乡愁产业发展的最根本保障。根据以往推进乡村新兴产业和新兴业态发展的经验做法，领导重视和组织保障是最关键的举措。各地区应把发展好乡愁产业作为推动乡村产业振兴和深入贯彻落实绿水青山就是金山银山“两山”论断的重要抓手。在干部配备上优先考虑，在要素配置上优先满足，在资金投入上优先保障，在公共服务上优先安排。同时又要特别强调发挥基层党建引领作用，把全面提升村党组织战斗力，夯实基层党组织谋划发展思路创新能力，作为乡愁产业发展示范建设的坚强堡垒。

各地要把这项工作纳入乡村振兴和共同富裕领导小组的领导，实行一个口子交办、一个平台点评、一个团队核查、一个标准考核，按照职责分工，加强试点工作领导，强化协调配合。各地应在推进乡愁产业发展中专门成立乡愁产业发展领导小组，成立各级政府乡愁产业发展指导办公室。建议农业农村部适时明确提出“乡愁产业”的概念，对乡愁产业进行准确

定位，配套成立乡愁产业发展领导小组，组建乡愁产业发展指导办公室，简称“乡愁办”。牵头统筹负责全国自上而下的乡愁产业发展工作，发改、财政、文化旅游等共同参与，形成乡愁产业整体推进格局。

二、强化顶层设计，谋划乡愁产业发展的战略规划

党的二十大明确提出“发展乡村特色产业，拓宽农民增收致富渠道”“加强改革顶层设计，坚决破除各方面体制机制弊端”。我们要进一步提高站位，确立产业在乡村振兴和共同富裕中的核心地位，把乡愁产业作为乡村振兴战略性新兴产业加以培育。乡愁产业是乡村特色产业和乡村文化的深度结合，可以推动新的乡村产业革命，既代表着乡村文化创新的方向，也代表着乡村产业发展的方向，在实施乡村振兴战略背景下，将乡愁产业作为乡村振兴战略性新兴产业加以培育，可以加快乡村产业振兴步伐，推进乡村产业转型升级，实现乡村发展方式转变。要优化乡愁产业结构，提升乡愁产业层次，加快转型升级乡愁产业，加强乡愁品牌建设，提高质量效益，推进乡愁产品规范化、质量标准化、加工精深化、产业集约化、品牌国际化、市场全球化，全面推进全省乡愁产业发展。

按照改革试点先行和稳步推进的原则要求，为又好又快推进这一战略性新兴产业的发展壮大，建设乡愁产业发展试验示范省、示范市、示范县。在全国总结推广浙江省缙云县、开化县等典型地区发展“乡愁富民产业”和“历史经典产业”的经验做法，让典型地区先行先试。建议把浙江省作为全国乡愁产业发展试验示范省，同时在国内选择若干个基础条件好、创意创新意识强、乡愁文化深厚的县（市），作为全国乡愁产业发展的试验示范县，开展乡愁产业成果展示、乡愁产业人才培训、乡愁产业发展经验交流等，做好典型示范和经验推广工作。

三、强化人才保障，组建乡愁产业发展的人才队伍

党的二十大明确指出，“人才是全面建设社会主义现代化国家的基础

性、战略性支撑，人才是第一资源”“深入实施人才强国战略，深化人才发展体制机制改革”。要不断强化乡愁产业的人才保障这一重大要素支撑，将懂乡愁产业、爱乡愁产业、干乡愁产业作为基本要求，聚焦乡愁产业发展壮大和活化转化，扎实推进科技进乡愁产业、资金进乡愁产业，人才进乡愁产业的“三进”专项行动，全面加强村支部书记、村干部、农创客、农二代等的培训培育，努力把乡愁的产品化、商品化转化和乡愁产业培育发展作为各类农业农村经营主体、乡村运营主体和各类农创客主体等建功立业、创业创富、历练成长、共同富裕的大平台大舞台。

建立科技推广机制与成果激励机制，鼓励科技人员以技术等折算入股农民合作社，鼓励农民合作社与龙头企业、家庭农场、涉农院校成立产业联盟。鼓励科技人员和科技管理干部下乡，允许到农民合作社和农业企业任职兼职领取报酬等方式，发展壮大乡愁产业专业人才。建立“乡愁产业合伙人”机制，面向企业家、创业者、金融投资者、专家学者等各类人才招募“乡愁产业合伙人”。借鉴苍南县财政资金“折股量化”到集体，形成“集体 + 农户 + 企业”紧密型利益联结模式，让下乡企业、人才等利益主体共享资源开发收益。结合“两进两回”行动计划，探索建立一支懂乡愁、关爱乡愁产业、挚爱乡愁产业创新的人才队伍。积极引导科技人员、大中专毕业生、基层“三农”工作者、法律工作者、金融管理人员等投身于乡愁产业发展制度创新这项伟大的事业中来。进一步强化这一项制度创新的顶层设计的创新人才和实践推进的应用人才等的全方位多层次的人才支撑保障。

四、强化科技支撑，推动乡愁产业发展的科技创新

全面建设社会主义现代化国家赋予农业科技工作新的战略目标。习近平总书记指出“中国要强，农业必须强”“农业现代化，关键是农业科技现代化”。全面建设社会主义现代化国家，加快建设农业强国，对农业科技工作提出了迈向高水平农业科技自立自强新的战略目标。建设农业强国，提高农产品供给保障能力是根本，增强农业竞争力是关键，提高农业

科技创新能力是核心。推动高水平农业科技自立自强，就要以夯实粮食安全根基和主要农产品稳产保供为根本任务，以破解“人多地少”资源瓶颈和“大国小农”人地约束为主攻方向，抢占农业科技制高点，提升农业竞争力。推动乡愁产业发展要把提升农业科技支撑能力放在特别重要的位置。

通过整合农业高校、农业科研机构、农业企业等科技资源，解决乡愁产业发展中的技术瓶颈问题，促进产学研的紧密结合。加速培养一批首席专家、学术带头人和科研骨干。围绕高质量推进农业农村现代化发展新需求，结合实施各类人才培养计划，培养农业科技领军人才和创新团队，推进涉农高校、院所相关学科结构的调整，大力培养高素质急需乡愁产业科技人才。不断强化乡愁产业科技支撑，特别是要加强对乡愁产业发展的数字经济技术支持，结合5G技术应用推广，利用互联网、物联网、云计算、大数据等新一代信息技术，推动乡愁产业与物联网技术融合，通过大力促进智慧农业、农产品“新零售”等新模式新业态发展，推动科技要素融入农村农业。结合“两进两回”行动计划，引进数字化技术和专业人才，服务农业数字化的转型。完善农村金融联络员制度，有效借助金融联络员的人熟、地熟、情况熟优势，拓宽金融支农的深度和广度。大力推进网上支付、移动支付等电子支付业务在农村地区的应用，助力乡愁产业的数字化发展。

五、强化文化引领，推进乡愁产业发展的文化赋能

推进文化自信自强，铸就社会主义文化新辉煌是党的二十大作出的重大决策部署。农业文化是知识形态、价值形态、制度形态、文艺形态和物质形态的总和。农业文化和农耕文明是中国传统文化的源头，自强不息的精神追求和历久弥新的精神财富。乡愁是文化的凝练和结晶，推进乡愁产业发展的文化赋能，就必须深入挖掘乡村的文化根脉和人文基因，深入发掘和汲取乡村的传统节日、民俗风情、民间习俗、古树古井、老屋老桥等所蕴含的历史智慧、乡土人文、农耕精神、乡村规范，坚持创造性转化、

创新性发展，实现乡村文化从资源—产品再到品牌—产业的创造性转化与创新性发展，全面强化以文化赋能推进乡愁产业发展的新思维，不断提升乡愁产业文化软实力和乡愁产业发展的文化影响力，在乡愁产业创新发展与实践推进中彰显农业文化自信。

推进乡村文化建设，推动乡村文化振兴是全面推进乡村振兴“五大振兴”的重要任务和核心标志。把乡愁产业发展全面融合乡风文明建设，依托农村传统文化底蕴深厚、流传久远的优势，把眼眸里的乡愁、脚尖上的乡愁、节庆里的乡愁、耳畔里的乡愁等乡愁产业培育与农村文化产品供给、农村文化阵地建设、农村文化人才引育、农村文化活动开展联动下来，传承发展提升优秀传统文化，坚持物质文明和精神文明一起抓，大力弘扬红船精神，培育与乡村生产生活生态相适应的现代先进文化。深入挖掘历代先贤文化，继承和弘扬有益于当代的乡贤文化，形成乡风文明、家风良好、民风淳朴的乡村文化氛围。

六、强化资金投入，加大乡愁产业发展的财政保障

培育和发展乡愁产业必须加大资金投入力度，解决钱从哪里来的问题，资金投入在某种程度上对乡村资源配置具有决定性影响。满足乡村产业发展的巨量资金需求，必须拓宽投入渠道，形成多元投入格局。对“三农”资金投入，现有渠道主要是财政，要加大对乡愁产业发展的资金投入保障特别是财政保障。要把乡愁产业发展作为公共财政的支出的一个新领域，在优先保障“三农”投入稳定增长，如何在确保财政对乡村振兴投入不断增长的前提下，吸引更多金融资本和社会资本投入乡村振兴与乡愁产业这一领域，发挥财政资金“四两拨千斤”作用，为乡村振兴与乡愁产业提供长效资金保障，是一个重要战略考量。需要将财政资金与金融投入和社会资本投入有机地结合起来，通过制度创新，发挥财政投入撬动作用，撬动更多各类金融和社会资本投向乡村振兴，从根本上解决乡村振兴资金量的保障和来源单一的困难，更好地满足乡村振兴多样化金融需求。

围绕乡村特色产业发展的战略定位，聚焦乡愁产业的培育和发展，必

须强化农村金融服务供给与创新，发挥好农业发展银行的政策性银行优势，调动支农积极性，将林权证和信用证抵押贷款的支持范围进一步扩大。在乡愁产业发展中率先推进农村金融市场、金融机构、金融产品等金融体系创新构建与系统完善。加大金融政策支持力度和金融产品创新力度，总结嵊州试点财政创设“三农转贷基金”推进金融要素供给侧结构性改革的做法，开展金融产品创新，聚焦“两进两回”行动，对社会资本、工商资本下乡参与农业农村发展和乡愁产业建设的实行差别化服务。鼓励政策性银行、商业银行与社会资本共同出资设立种子基金、天使基金等农村金融产品。一方面加大财政资金对乡愁产业发展的管理、保护、开发等投入力度，注重发挥财政资金的杠杆撬动作用，引导更多的社会资本、工商资本等参与乡愁产业的有序开发、有效保护。另一方面，强化乡愁产业的资金配置、使用的监管，更好地发挥财政资金在驱动乡愁产业发展的导向激励作用。推进建立“三权”抵押贷款风险补偿基金，实施贴息和担保费用补助政策，降低“三权”抵押资金成本。

七、强化宣传引导，营造乡愁产业发展的环境氛围

要强化宣传引导，浓厚乡愁产业发展的新氛围，把宣传引导作为乡愁产业发展的一项重点工程，创新宣传内容、宣传载体和方式方法，及时将乡愁产业发展的路径措施、产业成效和亮点成绩，宣传到基层群众中去，讲好“乡愁产业好故事”，推动形成乡愁产业发展的整体合力，提高乡愁产业发展的群众知晓率和参与度，营造全民参与、共建共治共享的浓厚氛围。可以考虑组建专业的乡愁产业研究推广机构，建议在有关专业机构和专业人员的基础上，成立乡愁产业研究机构，专业开展乡愁产业的有关理论研究，依托农业、林业、文化旅游等部门，开展乡愁文化资源开发利用等实践应用研究。同时有条件的地方，可以适时成立乡愁产业协会，通过定期举办国内外有影响力的乡愁产业会议、论坛，加强各产业之间的对话和交流，促进各产业技术的相互借鉴和融合。

建议组建区域性的乡愁产业网络和乡愁产业联盟，打造和建设一个专

业性网站，如乡愁产业网，使之成为作为区域性乡愁产业宣传推广的主平台，一方面加强对乡愁产业发展成果的推广展示，应用现代信息采集技术进行评价和知识产权保护；另一方面通过网络对各级干部开展乡愁产业相关知识的培训，提高其发展乡愁产业的能力，在不同层面形成重视乡愁产业、包容乡愁创新、参与乡愁转化、扶持乡愁产业发展的价值导向和社会风气。坚持“线下宣教＋线上输出”的宣传方式，综合运用多媒体宣传渠道的同时，进入乡村、园区、社区等，深入开展乡愁产业知识培训，实现乡村、园区、社区联动，让乡愁的价值化、产业化的理念深入人心。

八、强化集成改革，重塑乡愁产业发展的制度政策

推进乡愁产业发展建设，根本途径是体制改革和机制创新，就是用改革和创新的办法推进农业产业新业态新平台新模式的发展。要紧紧围绕使市场在资源配置中起决定性作用和更好发挥政府作用，不断深化农业农村改革创新，理顺政府和市场的关系，全面激活资源、激活市场、激活要素、激活主体，为农业农村发展注入强大动力。

全面深化农村土地制度改革。要把推进农村产权制度改革作为促进乡愁产业发展的重要改革制度保障。全面推进农村集体产权和农村自然资源产权等制度改革，特别是要把农民的房、农民的地、农民的山等各类资源通过产权制度改革加以盘活。完善农村承包地和农村宅基地“三权分置”制度，落实集体所有权，稳定农户承包权和资格权，放活经营权和使用权。完善土地流转政策措施，鼓励土地向新型农业经营主体、农村特色优势产业转移，积极发展适度规模经营。规范村股份经济合作社运行管理，建立健全集体经济组织成员和股权登记备案制度，加快实现股权信息登记联网。探索股权权能实现的通道和机制，提高股权分红比例和收益水平。

推进三位一体农合联制度改革。要把“三位一体”农合联作为助力乡愁产业发展的重要组织制度。实施乡村振兴战略和促进乡村产业振兴赋予了推进“三位一体”农合联改革的新使命任务，通过深化“三位一体”农合联改革，要聚集于促进资金、人才、科技等要素向农业农村流动。要将

散布在各部门各领域的农业生产、流通、信用等为农服务资源融为一体，构建现代农业社会化服务体系。要进一步整合各类为农服务资源向农合联聚合，构建覆盖各产业门类的农业通用性服务体系。要进一步提升农业经营集约化、规模化、组织化、社会化、产业化水平，全面推动农村经济高质量发展，高水平推进乡愁产业发展，高水平建成乡村振兴示范省。

探索推进运行体制机制改革。创新制度供给，探索建立“政府引导、农民主体、企业参与、市场运作、科技支撑、文化灵魂”的乡愁产业发展运行体制机制。推动设立地方乡愁产业发展基金，研究制订“乡愁产业”创新发展扶持政策，在乡村振兴专项资金中设立乡愁产业发展基金，撬动更大范围草根创业。适时召开“乡愁产业”发展交流大会。总结推广浙江缙云、开化等成功经验，在全国掀起、推动和形成“乡愁产业”大发展、百姓大增收、乡村大振兴的生动局面。

后 记

“小时候，乡愁是一枚小小的邮票，我在这头，母亲在那头……”著名诗人余光中的一首现代诗《乡愁》，把抽象的乡愁具体化地植入了我们的心间。“乡愁”从此揭开她神秘的面纱，成为了若即若离、既看不见又摸不着，但却实实在在的诗和远方。今天，“乡愁”这个词相信大家都很熟悉，但“乡愁产业”这个词可能很多人都没有听说过。

2018年，我写了一篇调研报告《关于加快“乡愁产业”发展的建议》，先后获时任中央农办主任和时任浙江省委省政府主要领导批示。领导批示很快就转化为政府行动，2018年浙江省乡村产业发展大会上首次提出了“乡愁产业”的概念，2019年1月27日浙江省政府工作报告提出“加快发展乡愁产业”。2019年2月26日浙江省委农村工作会议提出“大力发展乡愁产业”。2019年4月17日印发的《浙江省乡村振兴战略规划(2018—2022年)》提出“发展壮大乡愁产业”。2019年浙江省发展和改革委员会农业资源区划办立项《浙江乡愁产业发展的路径创新与战略对策研究》重点课题，由我领衔专题开展乡愁产业研究。

岁去弦吐箭，时间一晃过去了整整5年。领导重要批示让我们深受鼓舞，对开展乡愁产业研究工作起到了十分重要的推动和促进作用。2021年5月20日，中共中央、国务院正式印发《关于支持浙江高质量发展建设共同富裕示范区的意见》，我们开始思考如何让乡愁产业成为乡村富民产业。2022年12月23日中央农村工作会议上习近平总书记深刻指出：产业振兴是乡村振兴的重中之重，要做好“土特产”文章，依托农业农村特色资源，向开发农业多种功能、挖掘乡村多元价值要效益。习近平总书记的重要讲话进一步驱使我们思考，如何让乡愁产业成为乡土特色产业。借助重要批示和政策实施的东风，我们开始重视乡愁产业、调研乡愁产业、挖掘乡愁产业、总结乡愁产业、研究乡愁产业、解读乡愁产业、宣传乡愁产业，最终积累了大量乡愁产业方面的理论资料与实践素材。五年来，我们围绕乡愁产业上所作的基层调研和所取得的研究进展，为本书的写作打下了坚实基础。

多年来，浙江以“干在实处、走在前列、勇立潮头”精神和尊重农民首创精神，用好“市场化改革、优化要素配置、农民共创共富”组合拳，推动农业农村改革发展走在全国前列。我们本着充分发挥浙江作为乡村振兴和共同富裕排头兵的基础优势，坚持立足全省、服务地方、面向全国，把“浙江三农”“浙江特色”和“浙江优势”做足做强，找准浙江省推进乡村产业振兴和农民农村共同富裕的重大需求，坚定文化自信，勇于回答新时代乡村新课题，使研究成果充分彰显“三农味”“未来味”“文化味”“共富味”“乡愁味”“浙江味”。我们把调查研究作为最重要的手段，几年间，我们踏遍数千余个村，穿梭浙江大地几万里，走进美丽乡村，站在田地坎头，坐上农家板凳，与县市领导、乡镇干部、乡村书记、村民代表、企业主体面对面、心贴心地聊，听基层呼声、农民心声、群众回声，现场探讨交流、现场答疑解惑。

本书的调研、咨询、写作过程中，得到了诸多领导、专家、同事、朋友的大力支持和无私帮助。首先要真诚感谢浙江省发展改革委、浙江省财政厅、浙江省农业农村厅、浙江省科学技术厅、浙江省文化旅游厅、浙江省粮食物资局、浙江省社科院、浙江农林大学、浙江电视台钱江频道等，为我开展乡愁产业研究提供了项目、资金、资料、宣传等大力支持。其次要诚挚感谢杭州市农业农村局、宁波市农业农村局、嘉兴市农业农村局、湖州市农业农村局、绍兴市农业农村局、金华市农业农村局、衢州市农业农村局、台州市农业农村局、丽水市农业农村局、温州市农业农村局等，为我推荐并提供了大量有参考价值的乡愁产业典型案例。我的老师顾益康教授给予了诸多的理论指导和实践经验，我们经常一起研讨交流，一起赴浙江省内省外典型地区调研。浙江省政府咨询委夏阿国副主任、乡村振兴部陈荣高部长等领导同事，一起多次深入湖州、嘉兴、杭州、宁波、台州、丽水、金华等地市开展基层调研、召开座谈会等收获了大量好素材好点子。我的研究团队和我的研究生谢小梅、聂波、谭小健、张凝、王毅、李慧、李波、李宁、倪心茹、于晨蕊、李银雪、赵雨荷、朱佳欣等帮助收集相关资料！还有相关县（市、区）、乡镇、村的领导、专家、师长、朋友们在调研与写作过程中提供了支持、指导和帮助，虽不能一一列举，但发自内心的感谢是衷心和真诚的，在此深表感谢！

正如中央农办主要领导批示所指出的："发展乡愁产业是挖掘乡村多方价值、促进乡村产业振兴的重要思路和举措"。"乡愁产业"还是一个新名词，发展乡愁产业意义重大，但面临的困难很多，建设的任务很重，相关的理论政策研究还极为鲜见，基层实践探索还处于起步阶段，本书的研究只是抛砖之作，受时间仓促、研究者水平和主客观条件掣肘，书中还有疏漏和不妥之处，恳请各位学者读者不吝赐教。

胡 豹

2023 年 12 月